本书为广东省2016年哲学社会科学共建项目"广东少数民族文化遗产法律保护兼与日本的比较研究"（GD16XFX01）和华南理工大学中央高校项目"地方治理中的民间规范与地方立法研究——以华南地区为中心"（2DPY06）的研究成果

MINZU ZIZHI DIFANG WENHUA YICHAN BAOHU LIFA YANJIU

民族自治地方文化遗产保护立法研究

张洪林　主编

·广州·

图书在版编目（CIP）数据

民族自治地方文化遗产保护立法研究/张洪林主编．—广州：华南理工大学出版社，2019.12
ISBN 978-7-5623-6252-4

Ⅰ.①民… Ⅱ.①张… Ⅲ.①民族自治地方-文化遗产-保护-立法-研究-中国 Ⅳ.①D922.164

中国版本图书馆 CIP 数据核字（2019）第 301164 号

民族自治地方文化遗产保护立法研究
张洪林　主编

出 版 人：	卢家明
出版发行：	华南理工大学出版社
	（广州五山华南理工大学 17 号楼，邮编 510640）
	http://www.scutpress.com.cn　E-mail：scutc13@scut.edu.cn
	营销部电话：020-87113487　87111048（传真）
责任编辑：	朱彩翩
印 刷 者：	广州市新怡印务有限公司
开　　本：	787mm×1092mm　1/16　印张：11.5　字数：263 千
版　　次：	2019 年 12 月第 1 版　2019 年 12 月第 1 次印刷
定　　价：	58.00 元

版权所有　盗版必究　印装差错　负责调换

前　言

2014年11月7日，受连南瑶族自治县县委的邀请，笔者随华南理工大学法学院徐松林院长、李良成书记等领导班子成员来到了美丽的瑶乡。当天由于路上塞车，到达连南已经较晚，饭后，就在连南瑶族民族大酒店休息了。第二天清晨打开窗帘，对面层峦叠嶂的瑶山映入眼帘，笔者一下就被这美丽的瑶山吸引住了！之后到了"千年瑶寨"，观看了瑶族"盘王节""耍歌堂""长鼓舞"及文艺汇演，印象最深刻的是对中国（广东）瑶族博物馆的参访。走进博物馆，置身于瑶族千年文化之中，尤其是站在"瑶族石牌律"碑前时，脑子里迅速闪出一个念头：这就是我要研究的新目标。2010年完成了博士论文《清代四川盐法研究》后，从1992年攻读硕士研究生时确立的研究目标——四川盐法的研究就告结束了，之后笔者一直在寻找广东地方习惯法的研究目标，但都未能确定。这一刻真有"众里寻他千百度，蓦然回首，那人却在灯火阑珊处"的感觉。从此也就与连南——美丽的瑶乡结下了不解之缘！2015年以瑶族习惯法为主要研究内容申报的国家社科基金一般项目竟然中标了！真是太幸运！太有缘分了！

（从左到右：李良成、沈买到一、瑶族姑娘、徐松林、瑶族姑娘、张洪林、黄慧）

不仅仅是国家社科基金项目，从2015年到2019年笔者还非常有幸与连南瑶族自治县人大常委会合作，参与制定了《连南瑶族自治县村镇规划建设管理条例》（2017年7月27

日批准)、《连南瑶族自治县民族文化遗产保护条例》(2017年11月30日批准);还参与修订了《连南瑶族自治县森林资源保护管理条例》(2019年5月27日批准)和《连南瑶族自治县自治条例》(修订中)。其中《连南瑶族自治县民族文化遗产保护条例》(以下简称《条例》)的制定过程给笔者留下了非常深刻的印象,作为自治县第一部保护民族文化遗产的单行条例,对孕藏丰富民族文化遗产的连南具有特别重要的意义。因此《条例》完成后,笔者就萌生了要以这部《条例》为研究对象,对民族自治地方文化遗产保护立法进行系统研究的想法,这一构想,经过大家的共同努力终于实现了。

呈现在大家眼前的这本专著《民族自治地方文化遗产保护立法研究》,分为上、下两篇。上篇:理论与制度,首先,从宏观的视角对民族自治地方非物质文化遗产法律保护的必要性、困境和完善的路径做了较为深入的探讨,并结合《连南瑶族自治县民族文化遗产保护条例》进行了具体的分析;其次,对中华人民共和国建立以来民族自治地方非物质文化遗产保护立法的历史进程和主要立法进行了梳理,并对民族自治地方非物质文化遗产法律保护的完善进行了研究;再次,对民族自治地方立法权的变迁,以《中华人民共和国立法法》颁布前、颁布后及修改后为界的立法实践进行了回顾,并对完善民族自治地方立法权提出了建议。下篇:立法与实践——以《连南瑶族自治县民族文化遗产保护条例》为例,从《条例》的起草、草案到法规的蜕变以及立法后评估的整个过程进行了复盘;并以《条例》为例,对民族自治地方行使立法权存在的一些问题进行了思考;通过对《条例》立法后评估的研究,也对《条例》的完善和宣传提出了建议。

本专著从民族法学、立法学与地方法制相结合的研究视角对民族自治地方文化遗产法律保护进行了较全面的研究,其研究视角具有较独特之处。现有的同类研究大多只是对某一民族自治地方文化遗产立法的研究,而本专著将中华人民共和国成立以来民族自治地方非物质文化遗产保护立法的历史进行梳理,并以《中华人民共和国立法法》为界推演出民族自治地方立法权的变迁,总结历史经验,为完善民族自治地方立法提供借鉴;尤其是对《连南瑶族自治县民族文化遗产保护条例》立法实践的深入研究,也可为民族自治地方文化遗产保护立法提供参考,为完善广东地方法制提供经验。

加强文化遗产的保护与传承,是坚定文化自信,推动新时代文化繁荣兴盛的重要战略举措。民族自治地方的文化遗产是中华民族优秀传统文化不可或缺的有机组成部分,保护和传承民族自治地方的文化遗产是增进各民族团结、增强社会凝聚力的重要措施。通过民族自治地方立法加强区域内非物质文化遗产的保护与传承,以文化的多样性厚植和丰富中华文化的底蕴和内涵,由此,研究民族自治地方文化遗产立法保护意义重大。

总之,本专著的完成,既有缘分、幸运,也有我们亲历民族自治地方立法的实践,更有我们对民族地方文化遗产的立法保护和民族自治地方立法权的理性思考!这一切,也就成就了本专著的特色。

张洪林

2019.06.16

目 录

上篇　理论与制度

第一章　民族自治地方非物质文化遗产的法律保护与传承 ········· 3
　　一、加强民族自治地方非物质文化遗产法律保护与传承的必要性和迫切性 ········· 3
　　二、民族自治地方非物质文化遗产法律保护的现实困境 ········· 6
　　三、完善民族自治地方非物质文化遗产法律保护的路径实现 ········· 10
　　四、结语 ········· 13

第二章　民族自治地方非物质文化遗产保护立法的历史进程 ········· 14
　　一、非物质文化遗产保护的提出 ········· 14
　　二、民族自治地方非物质文化遗产保护的立法概况 ········· 15
　　三、民族自治地方非物质文化遗产保护的立法内容 ········· 16
　　四、民族自治地方非物质文化遗产法律保护的完善 ········· 22

第三章　民族自治地方立法权的变迁 ········· 31
　　一、《立法法》颁布前民族自治地方的立法权限 ········· 31
　　二、《立法法》颁布后民族自治地方行使立法权的实践 ········· 36
　　三、《立法法》修改后民族自治地方行使地方立法权的实践 ········· 43

下篇　立法与实践
——以《连南瑶族自治县民族文化遗产保护条例》为例

第四章　《条例》的起草 ········· 57
　　一、《条例》起草的背景 ········· 57
　　二、《条例》起草的指导思想 ········· 60
　　三、《条例》立法体例的选择 ········· 62
　　四、《条例》草案的制定 ········· 64

第五章 《条例》从草案到法规的蜕变 ……………………………………… 81
 一、《条例》(草案)修改中连南瑶族自治县人大常委会的主导 ……………… 81
 二、《条例》(草案)修改中立法专家组的主导 …………………………… 85
 三、《条例》(草案)修改中广东省人大常委会法制工作委员会的主导 ……… 87
 四、《条例》(草案)最后的完善及批准 …………………………………… 101
 五、《条例》立法中留下的思考 …………………………………………… 105

第六章 《条例》的立法后评估研究 ……………………………………… 109
 一、地方性法规立法后评估的意义 ………………………………………… 109
 二、《条例》立法后评估指标体系的构建 …………………………………… 112
 三、《条例》立法后评估的实施 …………………………………………… 118
 四、《条例》立法后评估报告的形成 ………………………………………… 121

参考文献 ………………………………………………………………………… 138

附录一 《连南瑶族自治县民族文化遗产保护条例》 …………………………… 141
附录二 《连南瑶族自治县民族文化遗产保护条例》注释稿 ………………… 147

后记 ……………………………………………………………………………… 176

上篇

理论与制度

第一章 民族自治地方非物质文化遗产的法律保护与传承

党的十九大报告明确提出，要推动中华优秀传统文化创造性转化、创新性发展。加强文化遗产保护与传承，是坚定文化自信，推动社会主义文化繁荣兴盛的重要战略措施。民族自治地方的文化遗产是中华民族优秀传统文化遗产不可或缺的有机组成部分，保护和传承民族自治地方文化遗产是增进各民族团结、增强社会凝聚力的重要举措。在统筹推进"五位一体"（指经济建设、政治建设、文化建设、社会建设、生态文明建设）总体布局的进程中，城镇化率年均提高1.2%；文化事业和文化产业蓬勃发展，文化自信得到彰显，国家文化软实力和影响力大幅提升。但也应当看到，发展不平衡不充分的一些突出问题尚未解决。在文化建设方面，一些民族自治地方在城镇化过程中，文化遗产的保护与传承工作力度不足，尤其是非物质文化遗产保护的真实性、传承性、整体性有待进一步加强，有的非物质文化遗产濒临消失，亟待加强法律保护与传承。《中华人民共和国非物质文化遗产法》（以下简称《非物质文化遗产法》）对民族自治地方的非物质文化遗产保护提出了具体要求，应当通过民族自治地方的立法加强区域内非物质文化遗产的保护与传承，将文化惠民工程建设与非物质文化遗产的保护与传承有机融合，以文化的多样性厚植和丰富中华文化的底蕴和内涵，充分调动各方参与非物质文化传承的积极性，并将非物质文化遗产保护纳入民族自治地方社会经济发展规划，实行整体性保护。

一、加强民族自治地方非物质文化遗产法律保护与传承的必要性和迫切性

在历史发展的长河中，中华民族创造了璀璨夺目的文化成就，留下了丰厚的文化遗产。党的十八大以来，习近平总书记高度重视传承和发展中华优秀传统文化，对保护文化遗产多次做出重要指示。他指出："中华民族在几千年历史中创造和延续的中华优秀传统文化，是中华民族的根和魂。"[1] "要系统梳理传统文化资源，让收藏在禁宫里的文物、陈列在广阔大地上的遗产、书写在古籍里的文字都活起来。"[2] "文物承载灿烂文明，传承历史文化，维系民族精神，是老祖宗留给我们的宝贵遗产，是加强社会主义精神文明建设的深厚滋养。"[3]

---

[1] 2014年12月20日，习近平总书记出席庆祝澳门回归祖国15周年大会暨澳门特别行政区第四届政府就职典礼上发表的重要讲话。

[2] 2013年12月30日，习近平总书记在主持中共中央政治局第十二次集体学习时发表的讲话。

[3] 2016年4月12日，习近平总书记出席全国文物工作会议，对文物工作作出重要指示。

民族自治地方非物质文化遗产是中华文化遗产的重要组成部分。在城镇化发展的进程中，由于发展不平衡不充分，在文化建设方面，一些经济比较贫困的民族自治地方，将工作重心定位在脱贫致富，大力发展经济，但对非物质文化遗产保护力度不足，导致非物质文化遗产面临传承性危机；城镇化建设加速发展，民族自治地方的人口流入城市，对社会文化环境也产生了显著影响。自然环境和社会环境的改变，使民族自治地方非物质文化遗产面临着"自然消失"的威胁和"人为消解"的挑战，非物质文化遗产值得重视，加强法律保护与传承具有必要性。

（一）有利于增进民族团结

文化是一个民族的灵魂与血脉，是不同国家与民族独特的传统，是民族赖以生存、延续的条件。我国是统一的多民族国家，居住在中华大地上的各族人民共同缔造了绚丽多彩的中华文明，中华文明是各民族文化共同融合的结晶。在传统中华文化中，既有基于农业生产而形成和发展起来的农业民族的经济文化，又有基于狩猎和畜牧业生产而形成和发展起来的游牧民族的经济文化；既有在汉藏语系语言基础上创造发展起来的各种文字，又有在阿尔泰等语系语言基础上创造发展起来的各种文字；既有适应畜牧和便于游牧而创造的居住建筑形式，又有适应农耕和定居而创造的居住建筑形式，并根据气候地理条件使其多样化。① 各民族都以其具有浓郁特色的物质和精神文化为中华文化增添了异彩，是中华文化的重要组成部分。多元一体的文化，是民族团结的根基。

《中华人民共和国非物质文化遗产法》第四条规定，保护非物质文化遗产"有利于增强中华民族的文化认同，有利于维护国家统一和民族团结"，是保护与传承民族自治地方非物质文化遗产追求的共同目标。这一目标的确立具有重要意义，表明我国非物质文化遗产法通过法律增进民族文化认同和民族团结。

（二）有利于适应城镇化快速发展的需要

城镇化快速发展对民族自治地方非物质文化遗产保护提出了挑战。城镇化是随着社会生产力的发展、科学技术的进步以及产业结构的调整，由以农业为主的传统乡村型社会向以工业（第二产业）和服务业（第三产业）等非农业为主的现代城市型社会逐渐转变的历史过程。在城镇化的进程中，民族自治地方非物质文化遗产的保护与传承面临以下新课题。①非物质文化遗产依存的自然环境发生着改变。随着基础设施建设，非物质文化遗产的物质载体，如民族村寨等面临着被拆迁、毁损。②非物质文化遗产社会环境的变化。随着人口流动的增加，民族自治地方的群众受外界的影响使其民居、传统技艺、服装等具有民族特色的文化面临消失的危机。

例如，广东连南瑶族自治县。连南瑶族自治县是历史悠久的瑶乡，民族文化资源丰富，是中国乃至世界上唯一保存完整的排瑶聚居地，以瑶族为主的少数民族占人口总数的

---

① 祁庆富，史晖. 少数民族非物质文化遗产研究［M］. 北京：中央民族大学出版社，2015年，第2页.

53%。瑶族人民在长期的历史发展过程中，创造和积累了丰富多彩而颇具传奇色彩的传统文化，留下了丰厚的文化遗产。该自治县制定了一系列方针、政策等措施保护民族文化遗产，并取得了较大的成效。至2015年，"瑶族耍歌堂""瑶族长鼓舞"等3个项目被列入国家非物质文化遗产名录，国家级项目代表性传承人1人；"瑶族服饰刺绣""瑶族婚俗""瑶族民歌"等9个项目被列入省级非物质文化遗产名录，省级非遗项目代表性传承人10人；市级非遗项目代表性传承人19人。① 但是由于发展不平衡不充分，连南属于广东的贫困县，在城镇化快速发展中，文化遗产的保护也面临着以下新的课题。①非物质文化遗产濒临消失危机。瑶族千百年来的历史文化传承都是通过民间民俗文化活动及故事、歌谣口口相传。但是由于城镇化的快速发展，瑶族传统文化所依存的自然环境和社会环境发生了变化，具有历史、文学、艺术价值的珍贵实物遭到毁弃，大量的文化遗产散存于民间，得不到有效的整理、修复与保存、保护，面临灭失的危险。②非物质文化遗产缺乏规范、系统的传承体系。民间文化传承后继无人，许多技艺属独门绝技，口传心授、因人而存，但由于传承人年老，缺乏年轻的民族文化技艺传承人而濒临失传；还有瑶族经书、历史故事和传说等，能唱、能说、能念的年轻一代不多。③对文化遗产保护的重要性认识有待提高。瑶族人居住在山区，经济环境较差，文化教育相对落后，对文化遗产的认识还有待提高，对传统民族文化遗产属于"不可再生资源"，不加以保护就会加速其消亡的紧迫性认识不足。

总之，在城镇化的大背景下，民族自治地方的经济有了较快发展，尽快摆脱贫穷，跟上城镇化快速发展的步伐，已成为民族自治地方的共识。然而，城镇化的扩张，对民族自治地方的传统文化也带来了冲击。"在发展过程中，许多少数民族都面临着传统与现代的两难选择：一方面渴求尽快实现现代化；另一方面又希望长久保持本民族的文化传统，担忧以至恐惧传统文化消失。这个问题在人口较少的民族中尤为突出。"② 在"转型"过程中，民族自治地方非物质文化遗产法律的保护与传承更具有紧迫性。

（三）有利于活跃民族自治地方的特色文化

民族自治地方非物质文化遗产丰富，从20世纪90年代以来国家采取了积极的法律和政策措施来加以保护和传承，以利于活跃地方特色文化。

国务院颁布的条例、发展纲要及国家法律中关于民族自治地方对非物质文化遗产的保护措施如下。①1997年5月，国务院颁布了《传统工艺美术保护条例》，该条例的相关规定可以用于保护民族自治地方的传统工艺美术，传统工艺美术也是非物质文化遗产的一部分。②2005年12月22日《国务院办公厅关于加强我国非物质文化遗产保护工作的意见》指出："加强少数民族文化遗产和文化生态区保护。重点扶持少数民族地区的非物质文化遗产保护工作。"首先提到少数民族非物质文化遗产的概念。③2011年6月实施的《中华

---

① 广东连南瑶族自治县非物质文化遗产保护中心：《关于我县非物质文化遗产立法的几点建议》，2015年5月12日.
② 祁庆富. 少数民族非物质文化遗产的抢救与维护 [N]. 光明日报，2005－06－17.

人民共和国非物质文化遗产法》除在对非物质文化遗产的定义、范围、保护的基本原则中包括了对民族自治地方非物质文化遗产保护适用外，还在第六条第二款规定："国家扶持民族地区、边远地区、贫困地区的非物质文化遗产保护、保存工作。"

国家的政策和立法为民族自治地方非物质文化遗产保护和传承提供了基本的法律保障，为活跃地方特色文化奠定了基础；但在民族自治地方非物质文化遗产保护与传承方面也存在一些亟须解决的法律问题。例如，非物质文化遗产法对民族自治地方非物质文化遗产保护与传承的相关规定比较原则，针对性还不够强，保护措施还不够完善等。这些都制约了民族自治地方非物质文化遗产保护与传承工作，不利于民族自治地方特色文化的发展，亟须进一步完善立法。

连南瑶族自治县为保护与传承非物质文化遗产，促进民族地方特色文化发展，下发了《关于开展非物质文化遗产普查工作的通知》（南府办〔2006〕53号）、《关于印发连南瑶族自治县非物质文化遗产代表作申报评定暂行办法的通知》（南府办〔2006〕96号）、《连南瑶族自治县非物质文化遗产项目代表性传承人认定与管理暂行办法》等文件，在实践中也取得了一定的成效。但是建立长效机制、制定地方性法规十分必要。一方面，民族文化遗产保护的政策法规不够健全，难以有效地建立起科学评估、认定、保护、管理、利用等文化遗产保护的法规体系，使自治县民族文化遗产保护在法治的轨道上运行，以取得更大的成效；另一方面，通过地方立法明确民族非物质文化遗产的保护对象，构建完善的保护与传承机制，以使非物质文化遗产保护对象明晰，传承机制更系统，职责更明确。

因此，通过地方立法更有针对性地保护好非物质文化遗产，活跃民族自治地方特色文化，是非常必要的。

二、民族自治地方非物质文化遗产法律保护的现实困境

由于历史渊源、自然地理环境以及社会发展条件的差异，各个民族在其生成和发展的历史过程中形成了各具特色的民族传统文化，因其民族传统文化的浸润，形成了各个民族在社会文化中的不同特点，民族自治地方的非物质文化遗产保护与传承是促进文化繁荣、彰显文化自信的基础。《中华人民共和国非物质文化遗产法》对非物质文化遗产保护与传承提出了"应当注重其真实性、整体性和传承性"的要求。但是，由于城镇化的快速发展，民族自治地方非物质文化遗产依存的自然环境和社会环境都发生了巨大的变化；因发展不平衡不充分，民族自治地方要发展经济脱贫致富，非物质文化遗产要实现"真实性""传承性""整体性"保护与传承有较大的困难。

（一）真实性保护面临困境

"真实性"一词来源于希腊语"原真性"（Authenteo），1964年5月通过的《威尼斯宪章》首次提出了文化遗产保护的原真性的含义，即将文化遗产"真实、完整地传承下去"。我国非物质文化遗产法规定了非物质文化遗产真实性保护原则。但是在民族自治地

方，非物质文化遗产真实性保护在环境变迁中保持内涵与形式的统一、在经济发展中实现保护与利用相平衡确实是有较大难度的。

1. 环境变迁中真实性内涵与形式统一保护的困境

民族自治地方非物质文化遗产是具有真实性的。从民俗学的角度来看，每一种非物质文化遗产都具有独特性，有一个真实的本原，因为它处于濒危状态而需要保护。民俗学上的本真性，就是法律语言表达中所谓的真实性。民俗学家刘魁立指出："我这里所说的本真性，是指一事物仍然是它自身的那种专有属性，是衡量一种事物不是他种事物或者没有蜕变、转化为他种事物的一种规定性尺度。文化是与特定人群相联系的，因此具有表征这个人群、代表这个人群的作用，反过来说，文化又见证这个人群，成为这个人群的身份标志。"① 民族自治地方的传统文化是其非物质文化的精髓，具有鲜明的民族性、地域性，是民族特性的产物，与特定的主体相联结，由某一民族、部落或地域的民众集体创作，是该社会群体的文化或社会特性的体现，蕴含着一套独特的不可替代的价值，是维系民族精神、增进民族团结的根基，是非物质文化遗产本真性的体现。

但是，民族自治地方的非物质文化遗产不具有传统意义上的固定形式，虽被称为遗产，却仍活在当下，是在动态中生存、在活态中发展，从而显现出它的灵魂。"这个灵魂，就是创生并传承它的那个民族（社区）在自身长期奋斗和创造中凝聚成的特有的民族精神和民族心理，集中表现为共同信仰和遵循的核心价值。这个灵魂，使它有吐故纳新之功，有开合应变之力，因而有生命力。"② 尽管非物质文化遗产在不断变迁，但万变不离其宗，其提供民族认同感和归属感的核心价值，即是真实性保护中的灵魂所在，法律所要保护和传承的，就是民族认同感和归属感的文化，也就是非物质文化的真实性。③ 对本真性的保护，可构建一个民族（或族群、社区等）自我的本真形象，活跃地方特色文化，增进民族团结。

然而，在城镇化快速发展的冲击下，大多数传统乡土社会被现代社会所替代，民族自治地方非物质文化遗产的自然环境和社会环境均发生了巨大的变化，本真性的保护和传承能否做到形式与精神的统一，使其内在精神保护和传承不致消解，是民族自治地方非物质文化遗产真实性保护所面临的困境。如连南瑶族的长鼓舞。长鼓舞是瑶族民众世代相传的民间传统舞蹈。每逢春节、三月三、十月十六盘王节，瑶族的男子都会在耍歌堂或其他喜庆场合跳起长鼓舞庆贺。长鼓舞最早起源于上古神盘古的传说以及瑶族人民对祖先的崇拜，自诞生起千百年来始终与瑶族的政治、经济、文化、民间信仰、民俗文化紧密相连，具有浓郁的民族特色，其独特的文化内涵经过千百年的传承与发展，形成了瑶族最为重要的文化符号。瑶族的长鼓舞与当地自身的文化、社会环境密不可分。但是，随着时代的变迁，瑶族长鼓舞表演的形式已发生了很大的变化，过去主要是基于祭祀、节庆、仪式等而表演；现在也可能是基于旅游、文化节等而表演。长鼓舞在不断的社会变迁中已渗入了现

---

① 刘魁立. 非物质文化遗产的共享性本真性与人类文化多样性发展[J]. 山东社会科学, 2010 (3).
② 贺学君. 关于文化遗产保护的理论思考[J]. 江西社会科学, 2005 (2).
③ 蒋万来. 从现代性和文化多样性看非物质文化遗产的法律保护[J]. 知识产权, 2015 (2).

代的元素。但是怎样传承长鼓舞中民族文化内涵的原真性，使其在变迁中不失其民族文化精髓，的确是值得研究的。

2. "保护"与"利用"平衡中真实性保护的困境

《非物质文化遗产法》第七条规定："国务院文化主管部门负责全国非物质文化遗产的保护、保存工作；县级以上地方人民政府文化主管部门负责本行政区域内非物质文化遗产的保护、保存工作。"但由于发展不平衡不充分，现实中的困境往往是，地方政府，尤其是经济欠发达的民族自治地方，他们可能还没有足够的财力支撑非物质文化遗产保护和传承工作。在法律实施中，地方政府希望通过非物质文化遗产的保护与利用扩大地方的文化影响力，更期待利用市场、资本、旅游开发等带动地方经济发展，改善民众生活，脱贫致富。但当这些因素介入后，民族自治地方非物质文化遗产真实性保护可能会遭遇困境：开发的话语权往往更多地归属于资本，而资本追求的往往不是非物质文化遗产内涵的真实性，更可能是利润，其逐利本能使其目标诉求中的开发可能重于保护，导致的结果有可能是商业开发的成功，并不意味着非物质文化遗产保护与传承的成功，因为民族非物质文化遗产内涵的真实性可能已被商业因素所消解。《非物质文化遗产法》第五条规定："使用非物质文化遗产，应当尊重其形式和内涵。"在商业开发中如何做到民族自治地方非物质文化遗产保护形式与内涵的统一、保护与利用的平衡，确实是有较大难度的。

（二）传承性保护面临危机

民族自治地方非物质文化遗产传承主要通过静态保护和动态传承两种方式：静态保护主要是对相关资料的收集、记录、成果保存等；动态传承则是使非物质文化遗产长远地活态存留，成为新的文化组成部分。无论是静态保护或动态传承，人都应当是保护中心。但在城镇化快速发展中，由于发展不平衡不充分，民族自治地方非物质文化遗产传承性保护面临如下危机。

1. 传统的传承方式瓦解、传承人年事已高

民族自治地方非物质文化遗产源于民众生产和生活方式，在漫长的农耕文化环境中产生、发展和传承，传统的传承方式受自给自足的小农自然经济环境影响，由于资源贫乏，传承者视其掌握的非物质文化遗产的技艺为安身立命的谋生手段，只有上一代传承人的直系血亲才具备传承资格，这种传统的传承方式与传承者所处的时代和社会环境变化紧密相关。但在现代社会，随着城镇化的快速发展，非物质文化遗产传统的传承方式所依存的社会环境已发生了巨大变化，传统的传承方式面临因缺乏传承人而消失的危机。例如，广东瑶族的长鼓舞，一般是家族传承，传承中本着自愿的原则，但随着瑶族年轻人走出瑶乡，愿意学习和传承长鼓舞的越来越少，长鼓舞的传承面临着后继乏人的危机。

2. 法律实施对传承人保护的影响

法律实施需要一定的经济、文化条件。由于历史形成的原因，一些民族自治地方的非物质文化传承人大多生活在最基层的村寨，虽然城镇化快速发展，但由于发展不平衡，一些基层的村寨仍然交通不便，信息相对闭塞；加之一些非物质文化遗产传承人年龄偏大、

文化水平偏低，因而导致一些传承人没能成为项目代表性传承人。因为依据《非物质文化遗产法》的规定，项目代表性传承人认定大体经过申请、初评、审核、公示、公布等环节，整个程序是由申请启动的，而这些基层村寨的传承人要按规定的程序来申请是有很大困难的。截至2012年底，文化部公布的1986名国家级非物质文化遗产项目代表性传承人中，民族自治地方的传承人521名，占26%，① 这与民族自治地方有着较丰富的非物质文化遗产和传承人的实际情况是有差距的。《非物质文化遗产法》中规定的项目代表性传承人制度是保护传承人的重要制度，民族自治地方非物质文化遗产项目代表性传承人肩负着文化传承与增进民族团结的双重使命，且民族自治地方非物质文化遗产的濒危程度相较而言又可能高于其他地方，加强民族自治地方非物质文化遗产传承人的保护应当是我国文化遗产事业的重点，而因发展不平衡所导致的民族自治地方非物质文化遗产项目代表性传承人偏少的现实应当予以高度重视。

（三）整体性保护面临挑战

民族自治地方非物质文化遗产整体性保护原则应当包含以下两个含义：一是保护文化遗产项目所拥有的全部内容和形式，这是从文化遗产项目的完整性角度而言的，它是整体性原则的内容观；二是非物质文化遗产保护与遗产项目所处的自然环境、生态环境、人文环境和相关的制度、习俗等内容，这个整体是对文化与环境之间的和谐共存而言的，它是整体性原则的环境观。②

由于非物质文化遗产是特定文化生态环境的产物，是一个有机的文化生命体，因此非物质文化遗产的保护与传承就不能用某种具体文化形式孤立保护，而应当基于整体性的规划与设计，构建非物质文化遗产的文化生态系统，实现其与民众生活不可分割的联系。文化与环境关系密切，"如果脱离了整体文化生态环境单独谈论某种文化事象，就不能获得对其内涵的真切理解。如果我们进而将其剥离出去，置于不同的文化场域或使其游离于现实生活之外，也就隔断了它与社会生活环境的血肉联系，失去了最为核心的生命力"。③

在民族自治地方非物质文化遗产的整体性保护中，对文化空间的重构与活化是其重要方式。联合国教科文组织在《人类口头和非物质遗产代表作申报书编写指南》中指出非物质文化遗产有两种表现形式：一种表现于有规可循的文化表现形式，如音乐或戏剧表演、传统习俗或各类节庆仪式；另一种表现于文化空间，即民间或传统文化活动的表现场所。"文化空间"即是将生态性、总体性保护纳入民族自治地方非物质文化遗产保护与传承中。国家在"十一五时期文化发展规划纲要·民族文化保护"中提出要"确定10个国家级民族民间文化生态保护区"，将民族民间文化遗产原生态地保存在其所属的区域及环境中使之"活化"，是民族自治地方非物质文化遗产整体性保护的一种有效方式。从2007年启动

---

① 田艳. 非物质文化遗产代表性传承人认定制度探究 [J]. 政法论坛，2013（4）.
② 王巨山. 非物质文化遗产保护原则辨析——对原真性原则和整体性原则的再认识 [J]. 社会科学辑刊，2008（3）.
③ 刘志军. 非物质文化遗产保护的人类学透视 [J]. 浙江大学学报（人文社科版），2009（4）.

国家级文化生态实验工程至2017年，我国已相继设立了闽南、徽州、热贡、羌族等12个文化生态保护实验区。文化生态保护实验区较为完整地保留了社会自然风貌、生产生活用品、风俗习惯等文化要素，重视自然与人文环境、物质文化遗产与非物质文化遗产、社区与居民之间的依存关系，重构"文化空间"生态区。

文化生态保护实验区体现了文化保护与总体性认知的发展理念，但也面临挑战，即回归原生态的文化是否可能。在城镇化快速发展的态势下，在民族自治地方划出一个非物质文化遗产依存的传统文化空间进行保护固然是可能的，但保护和传承非物质文化遗产的关键在于其是否拥有自我存续的文化生态环境，获得一种自力更生的内在发展机制，而这种内在的发展机制能否在重构的文化生态保护实验区中存活，其现实操作也是极具挑战性的。

三、完善民族自治地方非物质文化遗产法律保护的路径实现

（一）更新保护理念

1. 树立"真实性"保护、创造性转化、创新性发展的理念

民族自治地方非物质文化遗产的真实性保护与传承的困境根由是因为真实性是"活态"的。"人的变化，社群的变化带动着文化的变化，文化变化，正是在这一意义上才有文化保护的问题。本真性的理念是在承认文化变化的同时，保证文化的变化保持在一个同质限度之内。本真性的理念并不无视尤其不反对文化的变化、创新，而是在承认社群自身有进行文化调适、文化创新的正当性的情况下，保证文化事象基本的一致性。文化的变化是不可避免的，只要变化不失其本真性，只要文化事象的基本功能、该事象对人的价值关系不发生本质改变，就是可以正常看待的。"① 民族自治地方非物质文化遗产是在历史的存续与积淀中形成的，具有历史性，如，它所借助的各种物质性载体、媒介，表现的主体（人）和表现的对象（题材与内容），接受与影响的主体（受众）等，都是在历史演进中不断变化、发展和丰富的，但这种历史性又具有开放性的特质。因此，对民族自治地方非物质文化遗产要树立保护传承与发展创新并重的理念，在真实性与创新性之间寻求平衡，在发展中保护、在保护中创新，在保护与传承中，如墨守成规，只强调本真性，就只能将非物质文化遗产送进博物馆，如此则违背了非物质文化遗产作为活态文化的基本属性；另一方面，对历史性、创新性的强调也应当尊重非物质文化遗产在历史中积淀的民族文化精髓，尊重其代代传承与建构的形式与精神内在统一的核心价值，维护每项非物质文化遗产的独特性、差异性。

2. 将非物质文化遗产纳入民族自治地方立法加以保护

非物质文化遗产的真实性是与具体的民族和地域相关联的，体现在民族的传统文化

---

① 刘魁立. 非物质文化遗产的共享性本真性与人类文化多样性发展［J］. 山东社会科学，2010（3）.

中。《非物质文化遗产法》虽然规定了非物质文化遗产保护的对象，但比较抽象，不能将各民族自治地方体现非物质文化遗产精髓的民族文化都具体化。而借助民族自治地方立法，将民族的和地域的文化内容纳入法律保护，构建一套完善的民族自治地方文化遗产保护法律体系，可使非物质文化遗产保护走向规范化、法制化的道路。

广东《连南瑶族自治县民族文化遗产保护条例》（以下简称《条例》）在制定过程中根据自治县民族文化遗产的实际，细化了上位法关于保护对象的原则性规定，突出瑶族传统文化特色。《条例》第二条规定，本条例所称民族文化遗产包括：具有代表性的瑶族建筑物、设施、标识和传统瑶族村寨；瑶族经文、过山榜、民间传说、谚语、礼词、诗歌等传统文学以及作为其载体的瑶语；瑶族长鼓舞、民歌、口技等传统舞蹈、音乐；瑶族银饰、扎染、刺绣、食品、传统服饰、生产生活器具等传统制作技艺；瑶族耍歌堂、香歌堂、众人堂、婚俗、传统体育等传统节庆、礼仪民俗；瑶族医药；其他非物质文化遗产、文物、场所等民族文化遗产。采用列举的方式，将瑶族文化遗产明确纳入法律保护范围，对于瑶族民族文化的真实性保护有重大的意义。

法本身的作用在于"通过对人们思想的影响，实现对人们行为的评价、指引、预测，实现对合法行为的保护和对非法行为的谴责、制裁、警戒和预防的作用"。[①] 把民族自治地方非物质文化遗产的保护上升到法律的高度，使之具有刚性的约束，是非物质文化遗产真实性保护的重要措施。民族文化是影响国家发展和社会稳定的重要因素，通过民族自治地方立法管理文化事务，体现了全面依法治国的精神，也是增进民族团结的重要方式。

（二）构建多元参与机制

民族自治地方的非物质文化遗产包含着一个民族或族群的智慧、心理诉求和价值观念，这种精神内质是民族文化的灵魂，是一个独特的精神世界。[②] 在城镇化快速发展中，民族自治地方的非物质文化遗产更是民族生活特性的体现，是植根于族群特殊的生活生产方式，而不单纯是本民族文化的历史遗存。因此，要更好地保护和传承民族自治地方非物质文化遗产，构建多元的参与机制，实现文化互惠。

1. 完善传承人保护与传承机制

民族自治地方非物质文化遗产传承中，传承人处于核心地位，但在现实中，传承人面临多重危机：一是年老体衰后继乏人；二是经济境况较为窘迫；三是权利保障不够充分。因此，通过立法，给传承人合法的身份保障、物质保障和精神保障。有了明确的保障，才能有切实的保护。

连南瑶族自治县通过《条例》构建了较为完善的瑶族文化遗产保护与传承机制。①对濒危传承人的保护。将传承人年事已高且缺少年轻一代传承人的列入民族文化遗产濒危项

[①] 孙国华，朱景文，等. 法理学 [M]. 北京：中国人民大学出版社，1999 年，第 54 – 55 页.
[②] 包桂荣，等. 民族自治地方少数民族非物质文化遗产的法律保护研究——以蒙古族为例 [M]. 北京：民族出版社，2010 年，第 13 页.

目名录加以保护。②多重的资金保障。如规定对未获资助或扶持学艺者进行资助。学艺者是民族文化遗产传承的后续力量，重视对学艺者的资助或扶持，将学艺者与传承人均列入资助或扶持的范围；规定代表性项目保护基金，包括企业和民间捐赠、上级政府及其部门经费资助等，专门支持民族文化遗产传承活动，扩大经费来源，动员全社会的力量共同推动民族文化遗产保护。③传承项目的知识产权保护。民族文化遗产属于传统文化的一部分，但传承本身也蕴含了创新的因素。加强民族文化遗产传承项目的知识产权保护，有助于依法保护传承人的智力成果，增强民族文化遗产传承的积极性和创造性。④多样化的传承方式。民族文化遗产的教育和传承应当获得青少年的关注，激发起青少年的兴趣，因此传承要与教育制度相衔接，制定具有针对性的教育管理制度，编制民族文化遗产课程，开展校园教育，是民族文化遗产教育的关键环节。民族文化遗产项目代表性传承人和民间艺人亲自到学校、传统瑶族村寨等地开展传承活动，是民族文化遗产教育的重要形式。宣传的形式既有官方主办的宣传交流、推介、展示，同时也包括民间文化团体、民间展演队伍等。民族文化遗产产品的开发是民族文化遗产保护与传承的重要拓展，既有助于推动地方经济社会发展、产生经济效益、改善传承人生活，同时也有助于打造瑶族文化品牌，提高瑶族文化遗产的知名度，更好地实现民族文化遗产的保护与传承。

2. 建设文化惠民工程鼓励全民参与

《非物质文化遗产法》确立了"国家扶持民族地区、边远地区、贫困地区的非物质文化遗产保护、保存工作"的基本原则，通过民族自治地方立法保护和加强区域内民族文化的保护与传承，采取各族群众喜闻乐见的方式将文化惠民工程建设与非物质文化遗产的保护与传承有机融合，寓教于乐，充分调动各方参与民族自治地方非物质文化的传承积极性。民族自治地方非物质文化遗产的保护与传承是一项全民参与代代接替的、宏大的历史性任务，保护非物质文化遗产的民间根基，维护其可持续发展，需要政府的强力领导、社会各界的大力支持，尤其是广大民众的积极参与。而文化惠民工程能更好地做到兼顾各方利益，是实现民族自治地方非物质文化遗产的保护和传承的长效机制。

（三）制定保护规划

保护非物质文化遗产本质上就是保护优秀民族文化，其良好的效果不仅仅限于文化受益，且将大大丰富民众的生产、生活，增进民族的文化自信和民族团结，促进生态文明建设和经济社会发展，对自然、经济和社会等都具有明显的效益，民族自治地方非物质文化遗产的保护不能仅局限于文化内部，而应成为社会发展全局的重要组成部分，从遗产、环境、人等多方面因素综合展开系统保护，使其保护扩展到自然、经济、社会等各方面。因此，须将民族自治地方非物质文化遗产保护纳入到国家经济和社会发展的总体规划，使各部门、各领域密切配合，共同保护与传承非物质文化遗产，实现其与社会、经济、文化的共同发展，有效实现非物质文化遗产整体性保护。

《连南瑶族自治县民族文化遗产保护条例》第五条第一款规定："自治县人民政府应当将民族文化遗产保护工作纳入国民经济和社会发展规划，并将保护经费列入本级财政预算"也体现了整体保护的理念。为贯彻整体性保护的理念,《条例》第八条规定了专家对文化生态展示区的工作进行指导、评估和鉴定,第十一条还规定"自治县人民政府应当将体现瑶族优秀传统文化,具有重大历史、文学、艺术、科学价值的文化遗产项目列入目录予以保护,在民族文化遗产集中、特色鲜明、形式和内涵保持完整的核心区域设立民族文化生态展示区。在民族文化生态展示区内,应当确立与民族文化遗产表现形式关系紧密、内容系统完整的文化区域,实行区域性的整体性保护",并对民族文化生态展示区的规划做了专门规定。民族自治地方立法的细化规定对非物质文化遗产的整体性保护提供了有力的保障。然而,实现非物质文化遗产的整体性保护,是一项复杂的系统工程,需合理地协调各方的利益诉求,将保护纳入科学、合理、有效的轨道,维护非物质文化遗产的整体性,实现对民族自治地方非物质文化遗产保护和传承的"治理体系和治理能力的现代化",增进民族团结。

四、结语

民族自治地方丰富的非物质文化遗产是中华民族智慧的结晶,是中国传统文化的根基和重要组成部分,也是中华民族走向复兴的源泉。民族自治地方非物质文化是人们在生产生活实践中产生、发展和形成的,自然环境和社会环境是非物质文化遗产赖以生存的土壤。随着城镇化的快速发展,民族自治地方非物质文化遗产依存的自然环境和社会环境发生了改变,加之一些民族自治地方为尽快脱贫致富,对非物质文化遗产保护不足,导致其精髓有丧失的危机。民族自治地方非物质文化遗产要实现"真实性""传承性""整体性"保护,应当做到:①将民族自治地方非物质文化遗产保护与传承纳入法制轨道。在全面依法治国的背景下,建立和完善民族自治地方非物质文化遗产相关法律制度,完善法律保障体系,构建全国性立法与地方性立法相互衔接的非物质文化遗产保护体系,从法制层面更好地推动非物质文化遗产的传承和发展。②重视民族自治地方非物质文化遗产保护与传承的法治宣传教育。"天下之事,不难于立法,而难于法之必行。制定出来的法律只有被人民尊重,成为人民内心的信仰,才能真正实现法治追求的时时守法、事事用法的社会状态。"① 民族自治地方非物质文化遗产保护的法律只有得到民众的内心认可和尊重,才能内化为民族自治地方民众爱护非物质文化遗产的社会行为,增强社会凝聚力。③建立文化惠民工程,寓教于乐,积极开展技能、技艺传承培训,创造民族自治地方非物质文化遗产民间自然传承和保护的空间,充分调动民众参与的积极性,营造一个良好的非物质文化遗产传承环境,建立起各族群众传承非物质文化遗产的自觉性,以文化的多样性厚植和丰富中华文化的底蕴和内涵,增强文化自信,实现中华民族伟大复兴梦。

(本章内容曾以《少数民族非物质文化遗产的保护与传承——以民族地方文化遗产保护立法为考察对象》,发表于《学术研究》2018 年 06 期,在此略作修改。)

---

① 张舜玺. 习近平文物事业法治思想研究[J]. 中国法学, 2017 (4).

第二章 民族自治地方非物质文化遗产保护立法的历史进程

中国是一个拥有五千年历史的文明古国，中华文化源远流长、博大精深，据记载，古代文明的起源可上溯至新石器晚期，当时社会中已经逐渐形成了祭祀礼仪，并建造了祭祀场所，据此表明早在新石器时期就已经逐步形成文明社会。华夏文明起源甚早，并在一代又一代的朝代更替中不断积累沉淀，形成了深厚广博的中华文化，遗存了丰厚的文化遗产。

我国文化遗产的保护主要分为物质文化遗产保护和非物质文化遗产保护，物质文化遗产包含文物、古建筑等；非物质文化涵盖文学、艺术、技艺等。保护文化遗产不仅对中国具有重大的意义，同时也能促进世界文化的多样性。对中国文化遗产的保护充分体现了党和国家对文化遗产的高度重视，党的十七大更是将文物和非物质文化遗产保护列为实现全面建成小康社会奋斗目标的一项重要任务，党的十八大以来对非物质文化遗产的保护措施更加有力，文化自信进一步彰显。

非物质文化遗产作为我国文化遗产的重要组成部分，对我国文化软实力的提升具有重要作用，非物质文化遗产不仅是各民族文化的传承，也是各民族精神的载体，是当下增进民族认同感和责任感的关键。非物质文化遗产具有非物性，与文物或者古建筑类文化遗产的不同之处在于其不以具体的物质形态为存在形式，而是以传承人为载体，通过各族人民代代心口相授留存下来，是一种活态的文化。非物质文化遗产是中华文明、民族智慧的结晶，是连接各民族之间情感的纽带，体现着我国文明的多样性和多元化，是建设文明社会所必需。

一、非物质文化遗产保护的提出

我国对文化遗产的保护起步较晚，在历朝历代的更替中都存在大量破坏前朝遗留建筑的情况，直至二十世纪二三十年代西方文化的传入，才唤醒了国内文化人士对文化遗产的保护意识，逐渐将古建筑列为文化遗产的一部分加以保护。然而在中华人民共和国建立以后至改革开放前，民众的文化遗产保护意识仍很薄弱，尤其是在"文化大革命"期间，一些激进分子以消除旧社会封建遗物为由，破坏了一大批历史文化遗产，致使文化遗产遭受了严重的损害，至改革开放以后文化遗产保护的情况才逐渐好转。

1972 年，联合国为了应对保护文化和自然遗产的迫切需求，通过了《保护世界文化和自然遗产公约》，但其中文化遗产主要还是针对物质化的遗产，保护范围明显不能满足对非物质性的文化遗产的保护要求。此后，联合国将文化遗产的范围扩大至民间创作的非物质文化遗产、无形非物质文化遗产。2003年，联合国教科文组织通过了《保护非物质文化遗产公约》，针对非物质文化遗产的概念给出了如下权威定义：非物质文化遗产是指被各群体、团体，有时为个人视为其文化遗产的各种实践、表演、表现形式、知识体系和技能及其有关的工具、实物、工艺品和文化场所。我国也于次年加入了该公约。2011年我国颁布了《中华人民共和国非物质文化遗产法》，该法关于非物质文化遗产的定义基本沿袭了联合国公约的内容，将非物质文化遗产保护范围概括为以传统口头文学以及作为其载体的语言；传统美术、书法、音乐、舞蹈、戏剧、曲艺和杂技；传统技艺、医药和历法；传统礼仪、节庆等民俗；传统体育和游艺；其他非物质文化遗产。虽然我国对非物质文化遗产的保护范围与联合国教科文组织的非物质文化遗产类型表述略有不同，但两者综合起来都是保护群体、团体或者个人传承下来的某种生活方式以及基于这种传承和再创造能力所创造出来的有作为的文化符号的形式。① 非物质文化遗产的保护范围依法律规定，并不是所有的民间习俗或者生活方式都被视为非物质文化遗产保护对象，非物质文化遗产保护对象需有价值性、文化性、真实性及历史性等，再经法律程序认定后才属于保护对象。

二、民族自治地方非物质文化遗产保护的立法概况

我国是一个统一的多民族国家，由56个民族组成。各民族都有其优秀的传统文化，多元化和多样性的民族文化共同构成了优秀的中华文化。在民族自治地方的文化遗产中包含有丰富的非物质文化遗产，其非物质文化遗产具有鲜明的民族性和地域性，是我国非物质文化遗产的重要组成部分，但却面临着流失消亡的困境，需要加强立法保护。我国实行民族区域自治制度，民族自治地方的人民代表大会有权制定符合当地政治、经济和文化特点的自治条例和单行条例，民族自治区的自治条例和单行条例报全国人大常务委员会批准后生效，自治州和自治县的自治条例和单行条例报省、自治区、直辖市的人民代表大会常务委员会批准后生效。目前民族自治地方非物质文化遗产的保护主要是以《非物质文化遗产法》为核心，以国务院各部委规章、地方规章、地方性法规等规范性法律文件为补充，形成了初步的少数民族非物质文化遗产法律保护体系。②

国家重视民族自治地方非物质文化遗产保护，在国务院颁布的两批国家级非物质文化遗产名录1028项中，少数民族项目占367项。③ 截至2018年12月，根据"北大法宝"显示，已颁布地方性法规中的自治条例和单行条例共1549部，其中现行有效的自治条例和单行条例有1130部，绝大部分为自治条例，单行条例占少数；二者都是由自治州或者自治县人民代表大会颁布，暂无自治区级别。目前，在全部自治条例和单行条例中，已失效

---

① 蒋万来. 从现代性和文化多样性看非物质文化遗产的法律保护[J]. 知识产权, 2015 (2).
② 张伟涛. 遗产保护法视角下少数民族非物质文化遗产的保护和传承[J]. 贵州民族研究, 2018 (10).
③ 国务院新闻办公室：《中国的民族政策》, 2009年. 中华人民共和国中央人民政府网站：http//www.gov.cn/zwgk/20009-09/27/content_1427930.htm，最后访问日期2019年6月10日.

的条例有123部,已被修改的有293部,部分失效的条例有3部。

在自治条例与单行条例中,将非物质文化遗产直接纳入保护对象范围的法规有68部,其中也包括一些含有对非物质文化遗产保护内容的历史文化古城保护条例。四川省颁布了9部,海南省颁布了3部,云南省颁布了7部,内蒙古自治区颁布了2部,湖北省颁布了2部,湖南省颁布了3部,甘肃省颁布了5部,青海省颁布了4部,黑龙江省颁布了2部,辽宁省颁布了2部,河北省颁布了1部,贵州省颁布了7部,吉林省颁布了4部,新疆维吾尔自治区颁布了1部。自治条例和单行条例关于非物质文化遗产保护主要集中于传统医药、传统舞蹈、传统语言、传统音乐以及民间习俗、殡葬习俗等方面。

三、民族自治地方非物质文化遗产保护的立法内容

非物质文化遗产的保护以法律保护机制为主。2000年我国颁布了《中华人民共和国立法法》(以下简称《立法法》)。《立法法》赋予了地方人民代表大会立法权,进一步明确了《中华人民共和国宪法》和《中华人民共和国民族区域自治法》规定的民族自治地方立法权。民族自治区、自治州以及自治县在不违背宪法和法律的前提下,可以依照本民族政治、经济和文化的情况,制定符合本地的自治条例和单行条例。《立法法》的颁布对促进民族自治地方非物质文化遗产保护工作具有重大意义,民族自治地方制定地方性非物质文化遗产保护法规的积极性进一步加强,但《立法法》颁布之前民族自治地方制定的非物质文化遗产相关条例较少。

(一)《立法法》颁布前民族自治地方非物质文化遗产保护的立法

《立法法》颁布之前民族自治地方非物质文化遗产保护立法时段主要为中华人民共和国成立之后至"文化大革命"之前以及改革开放至《立法法》颁布之前。中华人民共和国成立初期百废待兴,非物质文化遗产保护意识处于起步阶段,尚未颁布与非物质文化遗产保护相关的法律性文件,至"文化大革命"时期,众多非物质文化遗产遭受破坏。"文化大革命"之后,我国进入改革开放时期,为拯救濒临消失的非物质文化遗产,各省相继颁布了非物质文化的保护条例。例如,黑龙江省人大常委会为保护、发展蒙语,在1991年批准了《杜尔伯特蒙古族自治县蒙古语文工作条例》;四川省人大常委会于1995年批准了《峨边彝族自治县彝族语言文字条例》以及1998年《马边彝族自治县彝族语言文字条例》;1995年青海省人大常委会批准了《海北藏族自治州藏语文工作条例》;甘肃省人大常委会于1996年批准了《甘肃省肃北蒙古族自治县蒙古语言文字工作条例》以及1999年批准的《甘肃省天祝藏族自治县藏语言文字工作条例》;吉林省人大常委会1996年批准了《前郭尔罗斯蒙古族自治县蒙古语言文字工作条例》;等等。

（二）《立法法》颁布后民族自治地方非物质文化遗产保护立法的内容

1. 传统医药

传统医药是各族民众在长期生活环境中总结出来的为维系身体健康、减少病痛、延长寿命而发明的身体疾病治疗方法以及预防技能。我国传统医药文化是包括汉族以及各少数民族医药在内的我国各民族医药文化的总称，是各民族的智慧结晶。世界卫生组织对传统医药的定义为基于不同的文化背景的土著理论、信仰和经验形成的，不论是否解释清楚，旨在维系健康，并用于防治、诊断、改善或治疗机体与心理疾病的一整套知识与做法。①我国传统医药包括中医药、民族医药以及民间医药，中医学是以汉文化为代表的传统医学，民族医药指少数民族的传统医学，在中医学和民族医学之外的传统医学为民间医学，如陕西的太白七药。②

我国尊重保护并且发展优秀有价值的传统医药文化，《中华人民共和国宪法》第二十一条规定："国家发展医疗卫生事业，发展现代医药和我国传统医药。"在我国除现代医药和中医药之外，一些少数民族存在本民族的传统医药，例如蒙医药、苗医药、藏医药、土家医药、彝医药、侗医药、朝医药等等，由于不同的地理环境、气候条件以及各民族体质的不同，各民族的传统医药的治疗方法有所差异，具有鲜明的民族性及地域性。以藏医为例，虽藏医与中医问诊方法都采取望闻问切，但藏医尤其注重舌苔和小便的变化，用药也多用青藏地区特有的药材。各民族的传统医药属于非物质文化遗产的组成部分，具有鲜明的民族性和历史性，民族的传统医药作为历史上民众为自我生存和发展的文化产物，其传承与创新对保护和推动民族自治地方的文化发展具有重要意义。

《中华人民共和国非物质文化遗产法》将传统医药列为六大保护范围之一，2016年我国颁布了《中华人民共和国中医药法》，发布了中医药白皮书，将保护传统医药纳入重点建设。为了继承和发展各民族的传统医药文化，各民族自治地方相继颁布了对传统医药的管理条例。自治条例和单行条例标题中含"医药"二字的有8部。甘肃省人大常委会于2001年批准了《甘肃省甘南藏族自治州发展藏医药条例》，其中规定藏医的发展应结合先进的科学技术和手段，继承藏医药学的特色和优势。条例鼓励建立有特色的藏医卫生机构并发展藏医药教育，尊重和保护名老藏医学专家。辽宁省人大常委会2005年批准了《阜新蒙古族自治县蒙医药管理条例》，该条例第十二条规定自治县人民政府设立蒙医药专家委员会，蒙医药专家委员会负责蒙医药技术职称和从业资格的考试以及蒙医药教材编写等。2009年黑龙江省、湖南省和云南省的人大常委会分别批准了《黑龙江省杜尔伯特蒙古族自治县发展蒙医药条例》《湘西土家族苗族自治州土家医药苗医药保护条例》《云南省楚雄彝族自治州彝医药条例》。其中土家族苗族医药管理条例指出土家族苗族医药是指与土家族苗族医药有关的医学理论、诊疗保健养生技能、秘方、偏方等，彝医药指以《明

---

① 邱科星. 论我国传统医药国际保护的途径 [C]. 中国政法大学, 2008.
② 诸国本. 传统医药与非物质文化遗产保护 [J]. 中央民族大学学报, 2011（3）.

代彝医书》《中国彝族医学基础理论》为彝医药理论，包括彝医水膏药疗法、酒火疗法、滚蛋疗法以及刮痧疗法等技能在内。此外，还有贵州省人大常委会批准的《黔东南苗族侗族自治州苗医药侗医药发展条例》（2014年），吉林省人大常委会批准的《延边朝鲜族自治州发展朝医药条例》（2009年）。

2. 传统舞蹈

舞蹈是一种艺术表现形式，我国古代的舞蹈包括节庆舞蹈、祭祀舞蹈以及观赏性舞蹈等。《乐记·乐象》言："诗，言其志也；歌，咏其声也；舞，动其容也；三者本于心。"舞蹈是一种源自内心表达情感的动作，中国古代即有掌上舞、惊鸿舞、霓裳羽衣舞等流传于民间的名舞。自古代起各民族都有属于本民族特色的舞蹈，如今我国的56个民族，舞蹈种类丰富，如湘西土家族的摆手舞、达斡尔族的罕伯舞和四川凉山彝族的火把舞等。我国非物质文化遗产第一批舞蹈类目录以民间舞蹈命名，在第二批时将民间舞蹈改为传统舞蹈，且将传统舞蹈与表演形式、传统礼仪放至一块，这表明作为非物质文化遗产的舞蹈应具有传统性、文化性。有学者认为传统舞蹈是自古流传下来的、未经今人加工的、迄今尚在民众中流传的舞蹈形态。① 我国民族自治地方舞蹈种类丰富，但不是所有舞蹈都会被纳入保护对象或者非物质文化遗产目录。作为非物质文化遗产的传统舞蹈，首先，具有历史性，即经过了漫长历史的考验仍然流传；其次，传统舞蹈是民族自治地方文化的组成部分，作为一种以非物质形态存在的民族文化形式，其应具有丰富的价值，反映出本民族的传统习俗、生活习俗。

我国传统舞蹈非物质文化遗产保护时段可分为前申遗时期（1949年至2000年）、申遗时期（2001年至2010年）以及后申遗时期（2011年至今）。② 2000年之后我国的非物质文化遗产保护逐渐步入正轨，各地相继颁布了本地的民间传统文化管理条例或非物质文化遗产管理条例，2005年出台了《国务院办公厅关于加强我国非物质文化遗产保护工作的意见》，2006年颁布了文化部《国家级非物质文化遗产保护与管理暂行办法》，确立了非物质文化遗产保护的原则、任务、职责以及意义。2011年颁布了《中华人民共和国非物质文化遗产法》，对传统舞蹈的保护力度愈发增强。随后，各地方的条例中以舞蹈名称为标题的，有2013年云南省人大常委会批准的《云南省南涧彝族自治县南涧跳菜传承与保护条例》，南涧跳菜是指起源于原始社会的一种在宴席上菜时为敬重宾朋而表演的一种融音乐、舞蹈、服饰与饮食为一体的礼仪性舞蹈，俗称抬菜舞。甘肃省人大常委会2016年批准了《甘肃省临夏回族自治州花儿保护传承条例》，花儿泛指流传在临夏自治州内的花儿文学艺术、音乐艺术、表演艺术等，保护花儿非物质文化遗产以保护为主、抢救第一为原则，维持非遗文化的原生态、民族性、完整性、地域性以及真实性。2016年《甘肃省积石山保安族东乡族撒拉族自治县非物质文化遗产保护条例》规定对积石花儿、积石山麻布戏、民族舞蹈予以保护。在各地颁布的非物质文化遗产保护条例以及民间传统文化保

---

① 朴永光. 传统舞蹈保护中的价值判断 [J]. 北京舞蹈学院学报，2006（3）.
② 罗婉红. 寻根传舞：非物质文化遗产视角下传统舞蹈学术史的回顾与评述 [J]. 民族艺术研究，2018（2）.

护条例中,也都涉及了对传统舞蹈的保护,如2005年湖北省人大常委会批准的《恩施土家族苗族自治州民族文化遗产保护条例》,2006年湖北省人大常委会批准的《长阳土家族自治县民族民间传统文化保护条例》中规定对撒叶儿嗬、花鼓子等传统舞蹈予以保护。2011年四川省人大常委会批准的《阿坝藏族羌族自治州非物质文化遗产保护条例》以及2010年《凉山彝族自治州非物质文化遗产保护条例》,内蒙古自治区人大常委会2014年批准的《鄂伦春自治旗鄂伦春民族民间传统文化保护条例》以及《莫力达瓦达斡尔族自治旗达斡尔民族民间传统文化保护条例》,对具有民族特色的赞达仁、斗熊舞、萨满舞予以保护。海南省人大常委会2011年批准的《海南白沙黎族自治县非物质文化遗产保护条例》以及2015年《陵水黎族自治县非物质文化遗产保护条例》,2013年云南省人大常委会批准的《云南省景谷傣族彝族自治县民族民间传统文化保护条例》等非物质文化遗产保护条例的颁布对保护民族自治地方的民族传统舞蹈起到了积极有效的作用。

3. 传统音乐

传统音乐与传统舞蹈同属于我国非物质文化遗产的保护范围,传统音乐是现代音乐的根源,音乐创作来源于内心,音乐之旋律以及音乐歌词直接反映了当时人民的情感、生活方式或生活事件。传统音乐不仅是一种情感的表达方式,在深层次上更是一个民族精神的体现,折射出一个民族内在的灵魂深度。优秀的音乐不仅能够引起人类情感的共鸣,还能激发民族责任感,激励劳动人民,如劳动号子、赶马调、义勇军进行曲等。各民族一代代的传统音乐反映了我国的音乐文化发展变迁以及长期历史形成的文化特色。传统音乐的流传通常通过口头传授或是乐谱的记载,伴以不同乐器的演奏。

少数民族的传统音乐和乐器具有鲜明的民族特色,如蒙古族的"呼麦"与马头琴音乐,呼麦是一种利用人体的发声器官在同一时间唱出两个声部,源自蒙古高原祖先模仿大自然,虔诚地与自然和谐相处,而马头琴是蒙古族特色乐器。山歌、号子、打乐、丝竹等都属于民族音乐,传统音乐是文化艺术的瑰宝。对传统音乐的保护,我国著作权法中保护音乐作品的表演权、广播权以及网络传播权,各地方颁布的民间传统文化管理条例中也包含着对传统音乐的保护,如,云南省人大常委会2008年批准的《云南省维西傈僳族自治县民族民间传统文化保护条例》中即规定对傈僳族中的阿尺目刮、神川热巴、瓦器器、阿勒、大词戏等传统歌舞和戏曲以及傈僳族音节文字予以保护。2006年湖北省人大常委会批准的《长阳土家族自治县民族民间传统文化保护条例》中规定对长阳南曲、山歌、薅草锣鼓、吹打乐等传统音乐予以保护。内蒙古自治区人大常委会2014年批准的《鄂伦春自治旗鄂伦春民族民间传统文化保护条例》规定对摇篮曲、赞达仁予以保护。《海南白沙黎族自治县非物质文化遗产保护条例》(2011年)保护民歌、喜庆乐、打击乐等民间传统音乐。在民族自治地方的条例中规定对传统代表性音乐予以保护,这些条例有:《云南省墨江哈尼族自治县文化遗产保护条例》(2016年)、《云南省禄劝彝族苗族自治县文化遗产保护条例》(2017年)、海南省《陵水黎族自治县非物质文化遗产保护条例》(2015年)以及《甘肃省积石山保安族东乡族撒拉族自治县非物质文化遗产保护条例》(2016年)等。

4. 传统语言文字

语言以及文字是人与人之间沟通交流的重要媒介。我国是一个多民族的国家，语言种类丰富，大约有 80 种以上的语言以及 30 种文字，少数民族中除小部分以汉语言为通用语言外，大部分都有本民族的语言，有的还有本民族的文字，如，藏语与藏文、蒙语与蒙文、哈萨克语与哈萨克文、朝鲜语与朝鲜文；一些少数民族内甚至一种语言还配有两套文字，如景颇族就以景颇文和载瓦文为主。以本民族中以族语作为母语的人口数量分类，我国存在特大语言、大语言、小语言以及特小语言，蒙语、藏语等为大语言，傣语、水语等为小语言，独龙语、乞佬语、裕固语等为特小语言，基本没有配套语言系统。①

我国汉族人口占了人口总数的 92%，因此主要以汉语言和汉文字为主要交流方式。在经济全球化的大背景下，各国之间的文化、政治、贸易往来愈加紧密，外来语言文化的冲击以及普通话的全国推广使得少数民族语言的流传愈加困难，甚至濒临消失。除了人口基数较大的民族如蒙古族、藏族以及新疆维吾尔族，其语言文字维持在一个较广泛的人群之中，一些人口较少的民族语言已经消失或濒临消失。各民族传统语言文字是民族文化的财富，文字承载着每个民族的民族文化，而语言则是传播文化的媒介。民族语言是本民族存在的重要标志，传统语言文化不仅是非物质文化遗产，也是其他非物质文化遗产的载体，民间文学、诗歌或舞蹈都需要文字记录，语言文字具有极高的文化价值，因此语言文字的保护和传播显得格外重要。保护语言文化对实现少数民族文化的传播和发展，维护民族和谐和统一团结，增进民族的自我认同感具有重要作用。

《中华人民共和国宪法》第四条规定"各民族都有使用和发展自己的语言文字的自由，都有保持或者改革自己的风俗习惯的自由"以及第一百三十九条规定"各民族公民都有使用本民族语言文字进行诉讼的权利。人民法院和人民检察院对于不通晓当地通用的语言文字的诉讼参与人，应当为他们翻译"。《中华人民共和国民族区域自治法》第四十九条规定："民族自治地方的自治机关教育和鼓励各民族的干部互相学习语言文字。" 2000 年我国通过了《中华人民共和国国家通用语言文字法》，明确了传统语言文字中的保护主体以及其权利、责任并规定对侵害少数民族语言文字的予以处罚。早在 20 世纪 90 年代，地方人民代表大会常务委员会就制定了有关语言文字保护工作的实施条例，黑龙江省人民代表大会常务委员会为保护和发展蒙语，在 1991 年即批准了《杜尔伯特蒙古族自治县蒙古语文工作条例》，四川省人民代表大会常务委员会于 1995 年批准了《峨边彝族自治县彝族语言文字条例》以及 1999 年《马边彝族自治县彝族语言文字条例》，规定了彝族语言文字在国家机关执行职务和社会事业中如何使用。1995 年青海省人民代表大会常务委员会批准了《海北藏族自治州藏语文工作条例》（2004 年修订）。甘肃省人民代表大会常务委员会于 1996 年批准了《甘肃省肃北蒙古族自治县蒙古语言文字工作条例》以及于 1999 年批准了《甘肃省天祝藏族自治县藏语言文字工作条例》。吉林省人民代表大会常务委员会于 1996 年批准了《前郭尔罗斯蒙古族自治县蒙古语言文字工作条例》，该条例第三章规定了

---

① 杨彬. 国外少数民族语言保护及其对我国的借鉴［J］. 贵州民族研究，2018（11）.

对蒙古语言文字的学习和使用，自治县的蒙古族学生的升学考试中，蒙古语文占50%的比重，以保护蒙古语的学习和教学。

2000年以后，青海省人民代表大会常务委员会批准的《果洛藏族自治州藏语言文字工作条例》（2009年修订）、2009年《玉树藏族自治州藏语言文字工作条例》以及《海西蒙古族藏族自治州蒙古族藏族语文工作条例》（2008年修订），辽宁省人民代表大会常务委员会批准的《喀喇沁左翼蒙古族自治县蒙古语文工作条例》（2016年修订），四川省人民代表大会常务委员会批准的《凉山彝族自治州彝族语言文字工作条例》（2009年修订），贵州省人民代表大会常务委员会于2008年批准的《三都水族自治县水书文化保护条例》，吉林省人民代表大会常务委员会于2017年批准的《延边朝鲜族自治州朝鲜语言文字工作条例》，等等。

5. 殡葬习俗

中国地大物博，地理环境复杂，民族自治地方由于自然地理环境、历史传统、宗教习俗以及文化的差异，各自形成了本民族的殡葬习俗。殡葬习俗中含有的音乐、舞蹈等属于非物质文化遗产的一种。各民族殡葬习俗不一，如蒙古族由于大部分蒙古民众从事畜牧业，长期需要游牧迁徙，流动性大，因此蒙古族主要以火葬及天葬为主，在农区主要为土葬。而在我国南方和西南，地理形态多呈现丘陵地貌，种植业居多，大部分民族都择地而定居，因此主要以土葬为主。各民族因习俗不同也出现了不同的葬具，布依族多用梓木、杉木或红椿木棺，高山族则多用无棺木墩及石棺。①

不同民族的殡葬习俗是各民族在历史传统中，根据自然环境以及宗教传统等形成的。殡葬习俗作为民间习俗的一种，是民族文化的组成部分，殡葬习俗与其他非物质文化遗产都应被尊重，尊重各民族自治地方的殡葬习俗对维护各族人民友好相处、增强民族精神、增进民族凝聚力和认同感具有重要意义。国务院2012年修订的《殡葬管理条例》第六条规定："尊重少数民族的丧葬习俗，自愿改革丧葬习俗的，他人不得干涉。"各民族自治地方也都相继颁布了殡葬管理法规。例如，新疆维吾尔自治区人民代表大会常务委员会于1999年批准的《新疆维吾尔自治区实施〈殡葬管理条例〉若干规定》中规定尊重少数民族的丧葬习俗，火葬区内的公民死亡后，除实行土葬习俗的少数民族公民外，一律实行火化。在民族自治地方的条例中含有"殡葬"的用以专门认可本民族殡葬习俗的，有河北省人民代表大会常务委员会批准的《宽城满族自治县殡葬管理条例》（2002年），条例第一条规定，为加强殡葬管理，促进社会主义物质文明和精神文明建设，推行火葬，改革土葬，破除丧葬陋习；贵州省人民代表大会常务委员会批准的《黔西南布依族苗族自治州殡葬管理条例》（2014年），规定将殡葬服务建设列入城乡建设规划；还有云南省人民代表大会常务委员会批准的《云南省维西傈僳族自治县殡葬管理条例》（2012年）、重庆市人民代表大会常务委员会批准的《秀山土家族苗族自治县殡葬管理条例》（2004年）等。

---

① 温军. 中国少数民族丧葬的类别、成因及改革建议［J］. 西北民族学院学报（哲学社会科学版），2002（2）.

四、民族自治地方非物质文化遗产法律保护的完善

(一) 日本非物质文化遗产法律保护的经验

进入 21 世纪后，我国非物质文化遗产保护翻开了新的历史篇章，党和国家逐渐将非物质文化遗产保护纳入重点建设工作。2001 年"昆曲"入选了人类非物质文化遗产代表作名录，掀起了申遗的浪潮。我国于 2004 年加入了联合国《保护非物质文化遗产公约》，2005 年国务院发布了《国务院办公厅关于加强我国非物质文化遗产保护工作的意见》，我国非物质文化遗产保护工作正式开启。2009 年联合国教科文组织发布了非物质文化遗产审批的专门目录，截至 2018 年底，我国已有 40 项非物质文化遗产项目入选，在世界各国中入选项目最多。虽然我国非物质文化遗产资源丰富，并且为申请非物质文化遗产付出了大量精力，但我国的非物质文化遗产保护现状还是令人担忧的，大部分的非物质文化遗产都已失传，而仍留存的非物质文化遗产亦缺乏系统的保护管理。非物质文化遗产保护工作不仅是我国的建设重任，在国际上也愈加被重视，相较于日本、法国、韩国等国而言，我国在非物质文化遗产保护工作方面还是较为落后的，学习和借鉴他国的保护经验，对完善我国非物质文化遗产保护意义重大。

早在 20 世纪 50 年代，日本就提出了与有形财相对的无形财的概念，用法律对无形财实行保护。1950 年之前日本颁布了《古社寺保存法》《国宝保存法》以及《史迹名胜天然纪念物保存法》；1950 年颁布了《文化财保护法》，把无形文化遗产分为重要无形文化财、重要无形民俗文化财、应当采取记录做成等措施的无形文化财以及应当采取记录做成等措施的无形民俗文化财四大类。这四类无形文化财的项目认定分为个人认定、综合认定以及保持团体认定。持有无形财的个人在日本又俗称人间国宝，人间国宝制度对日本无形财的保护传承起到了重要的作用，人间国宝或者被认定为无形文化财的团体不仅可以获得由政府提供的每年 200 万日元的资金支持，而且降低其税务负担，无形文化财传承人亦可获得较高的社会地位。此外，日本在修订的《文化财保护法》中引入了无形文化财的登录制度，即对无形文化财进行注册、登记，登记之后再对其是否属于无形文化财进行审批，并将最终审核结果公之于众。除具有健全的无形财申报体系之外，日本还设有专门的无形文化财管理机构——文化厅，文化厅对文化遗产进行统一管理并设立文化财保护审议会，为文化厅提供专业咨询服务。

日本当下越来越多的年轻人不愿意学习与传承传统的文化遗产，国家针对无人愿意继承的无形文化财提出了研修制度以保障日本无形文化财得以传承，即招募中学毕业生进行考试，考试合格者且研修期间成绩合格者可获得助学金，并在毕业后进入文乐协会登台演出。[①] 由国家资助的文乐协会还会在全国进行巡回演出，向公众传播无形文化财，提高公

---

① 汪舟. 日本非物质文化遗产保护与传承经验及其对我国完善相关保护体系的启示 [J]. 城市规划, 2006 (1).

众对无形文化财的兴趣以及熟悉度,从而使得日本的无形文化财成为在民间流传度较高的活态非物质文化遗产。日本国内鼓励以师徒形式传承无形文化财,有利于传承人更好地将其掌握的非遗文化或技能传授给下一辈。我国可学习日本多年实践的成功经验,提高公众对我国非物质文化遗产的兴趣,激励年轻人学习我国优秀的传统文化,并设立专门的管理机关,避免多部门管理导致管理无效的局面。

除了日本以外,其他国家针对非物质文化遗产保护也出台了各自的法律保护政策。韩国建立了完善的非物质文化遗产的舆论监督机构并且成立了相应的非物质文化遗产委员会,以保障非物质文化遗产保护的公平公正性。法国设立了文化遗产日,规定所有的公有博物馆在文化遗产日当天对民众免费开放,并且在文化遗产日前即在全国范围内向公众宣传,唤起民众对非物质文化遗产的兴趣。与法国文化遗产日相似的还有意大利的文化遗产周,意大利政府在每年文化遗产周都会宣传非物质文化遗产并组织歌舞表演宣传活动。美国则有非物质文化遗产登录制度并设立了历史遗产顾问委员会,登录制度使得美国民间文化遗产以及非物质文化遗产得到了保护,并且推进了美国非物质文化遗产保护的进程。

(二)民族自治地方非物质文化遗产法律保护的现状

我国自1949年以来就意识到了保护非物质文化遗产的必要性,并在改革开放后投入了大量的人力物力抢救民族自治地方的非物质文化遗产,在21世纪之后,党和国家更是将非物质文化遗产保护工作列入建设中国特色社会主义社会的重要文化建设当中。从世界的角度来看,我国目前已有40项非物质文化遗产项目入选非物质文化遗产的名录;从国内的角度来看,国务院2005年首次颁布关于非物质文化遗产保护工作的文件《国务院办公厅关于加强我国非物质文化遗产保护工作的意见》,明确指出了非遗保护的重要性。2011年颁布了《中华人民共和国非物质文化遗产法》,旨在保护非物质文化遗产。从地方来看,如云南、四川、贵州等省早在《中华人民共和国非物质文化遗产法》颁布之前,就制定了适用于本地民族自治地方非物质文化遗产的保护条例。自2005年起,我国开始了全国范围内的非物质文化遗产的普查工作,审核通过了三批国家级非物质文化遗产目录,一共有1219项国家级非物质文化遗产和1488位非物质文化遗产项目代表性传承人。此外,还有7109项省级非物质文化遗产以及6332位项目代表性传承人,昆曲、新疆维吾尔木卡姆艺术等国家级文化遗产共36项成功地入选了联合国世界文化遗产名录。总之,近几十年来我国的非物质文化遗产保护工作取得了一定的成就。

但是,由于我国非物质文化遗产保护起步较晚,且在"文化大革命"期间非物质文化遗产受到了极大的损毁,目前遗存的民族自治地方的非物质文化遗产数目已经锐减,据统计,我国民族自治地方非物质文化遗产大约有75%已消亡,急需拯救余下的25%。而且,我国的非物质文化遗产保护体系依然存在缺陷,致使民族自治地方非物质文化遗产尚未在公众之间形成较高的流传度。我国非物质文化遗产保护的现状及存在的问题如下:

1. 公众非物质文化遗产保护意识有待提高

非物质文化遗产的一个重要特征就是,它是活文化而不是死文化,其区别于物质文遗产的本质特点就是依赖于特定的民族、群体、区域或个体存在，并流传至今。① 非物质文化遗产以人为载体，依靠传承人而得以延续，因此非物质文化遗产的保护必然离不开对传承人的保护和非物质文化遗产的"活性"保护。一种文化若想被持续地传承，那它必然要被公众所知悉甚至关心，具有一定的流传度。虽然自进入21世纪以来，我国已提高对非物质文化的重视，相继颁布了与非物质文化保护相关的法律，公布了三批非物质文化名录；但是对非物质文化的重视仍有待进一步提高，非物质文化保护基层建设不健全，基层保护工作者的专业性不够强。虽然我国已在非物质文化遗产的保护上投入了大量的人力、财力、物力、司法资源等，但取得的效果还不尽如人意。导致效果不甚佳的重要原因之一就是我国公众对非物质文化的关注度、熟悉度较低，甚至大部分人尚未意识到本民族文化遗产的重要性，也很难付诸行动保护非物质文化遗产。目前还存在部分年轻人抛弃本国的传统文化而崇拜外来文化的现象，长此以往，则可能导致中国的传统文化无人传承。一个没有本民族传统文化根基的民族是无法立足于世界之林的，而一个国家充斥着他国文化就可能成为他国文化入侵策略之下的傀儡。因此，如何正确地向公众特别是年轻一代宣传和展示传统文化的魅力，而不是将其看作一种落后甚至封建的文化，成为传承文化遗产的一大难题。

2. 非物质文化遗产过度开发和商业化

国家鼓励和支持开发利用具有代表性的非物质文化遗产项目，但我国目前的非物质文化遗产开发存在着过度开发和盲目开发的现象，许多地方政府重申报、重开发，轻保护、轻管理。我国旅游业发展蓬勃的同时，存在着众多商家以非物质文化遗产为宣传噱头，滥用非物质文化遗产，部分非物质文化遗产成了物质化的商品或成为吸引游客的特色活动。不良商家将非物质文化遗产制成相关成本低廉、工艺粗糙的小商品或是举办商业性的娱乐表演活动，以吸引游客的目光从而达到获取高额利润的目的，致使我国非物质文化遗产的保护偏离保护的核心观念，而转变成商人牟取利润的另一方式，从而使非物质文化遗产保护变成了一场以经济为目的的活动，使本应是保护为主、抢救第一的原则变质为过度消费非物质文化遗产以牟取商业价值的手段。

盲目地对非物质文化遗产进行开发甚至随意篡改非物质文化也是目前存在的一大问题，这种行为破坏了传统文化的原真性和原态性。若民族自治地方非物质文化遗产为迎合市场需要而做出改变，将会破坏非物质文化遗产的原真性，造成非物质文化遗产趋向低俗化，民族自治地方非物质文化遗产的民族特色和传承百千年的民族文化如被贴上庸俗化标签，使公众对非物质文化留下坏印象，无法了解非物质文化的原真性，将不利于非物质文化的发展延续和传承人的培养。

3. 非物质文化遗产权利主体模糊

我国颁布的非物质文化遗产法指出非物质文化遗产是中华民族的优秀文化传统，要加

---

① 乔晓光. 关注现实，以无形遗产申报推动本土文化的传承发展——"中国非物质文化遗产民间剪纸国际学术研讨会"综述 [J]. 美术研究，2004 (3).

强对非物质文化遗产的保护。但非物质文化遗产法所规定的大多是一些概括性的指导原则。例如《中华人民共和国非物质文化遗产法》第四十条规定："违反本法规定，破坏属于非物质文化遗产组成部分的实物和场所的，依法承担民事责任。"但就具体应如何落实非物质文化遗产保护工作以及如何解决因非物质文化遗产产生的纠纷则缺乏具体的措施。在民族自治地方，一般是由部分少数民族的传承人、团体或群体掌握非物质文化遗产的权益，按理他们应属于传承并掌握这些非物质文化遗产的主体。但我国并未对非物质文化的权利主体进行规定，因此当他们与非物质文化遗产相关的权益受到侵害时，往往难以确定权利主体，导致许多诉讼难以进行，或通过私力救济，但取得的效果并不佳。现实中侵害非物质文化遗产权益的案例并不少见，但通过公权力救济的案例却不多见，其中较有影响的是黑龙江省饶河县四排赫哲族乡诉郭颂等侵犯其民间文学艺术作品著作权纠纷案。在此案中，法院认为赫哲族乡全体为非物质文化的权益主体，因此赫哲族乡政府可以作为本案原告即权利主体代表。① 非物质文化遗产权利主体存在着集体权利主体说、个体权利主体说以及多元权利主体说。集体权利主体说主张非物质文化的权利主体应属于国家、特定民族或特定群体集体所有；而个人权利主体说则认为应将传承人作为非物质文化的权利主体，例如民间文学的著作权就应当将其视为传承人的个人作品；多元权利主体说认为应以传承人的范围为标准将非物质文化遗产的权利主体分为行政机关型权利主体、团体型权利主体以及个人型权利主体。② 权利主体的确定对维护非物质文化遗产的权益具有关键作用，应当尽早制定法律确定合理的权利主体。

4. 非物质文化遗产保护理念有待变化

我国非物质文化遗产法中提到非物质文化遗产保护以保护民族民间文化为目的，继承优秀文化传统，弘扬中华民族精神。此法体现的立法理念尚且停留在保护和传承这一层面，而联合国教科文组织颁布的《保护非物质文化遗产公约》规定：采取措施，确保非物质文化遗产的生命力。对非物质文化遗产的保护应以可持续发展为立法理念，确保非物质文化遗产的活态性以及生命力。国内就非物质文化遗产应如何保护与发展存在着较大的分歧。一部分人认为非物质文化遗产的保护应最大限度保留其原真性，尽量不破坏非物质文化遗产的原本样态，但随着社会的发展，文化和科技都较之前有了很大的变化，非物质文化遗产往往会随着社会变化而产生相应的改变，我国应对这些在非物质文化遗产基础上进行的进步性创新给予空间，甚至予以肯定。例如，陕西陇县的社火活动，以前仅有人与马结合的表演形式，而随着车辆逐渐代替马匹，马匹数量减少，出现了规模更大、造型更丰富的车社火。车辆和马匹都只是社火活动的一种辅助性工具，并没有改变社火活动所代表的活动精神与内涵，因此车社火与马社火应被同等对待。③ 然而有部分人却认为非物质文

---

① 饶河县四排赫哲族乡政府诉郭颂等侵犯民间文学艺术作品著作权纠纷案 [J]. 中华人民共和国最高人民法院公报, 2004 (7).
② 王吉林, 陈晋璋. 非物质文化遗产的权利主体研究 [J]. 天津大学学报（社会科学版）, 2011 (4).
③ 伊志强. 陕西社火民俗体育文化的研究 [J]. 长春师范学院学报, 2013 (12).

化是封建社会的产物,在解放思想、提倡科学的新时代,不应对这些落后的民俗文化予以保护,而应顺应社会的发展规律,抛弃旧时代产物。此种对非物质文化遗产的认识是错误的,在繁杂的非物质文化遗产当中,既有代表着中华民族优秀传统文化的非物质文化,也有含有封建迷信的文化,而我们所要保护的是去除糟粕后的优秀文化,在我国非物质文化遗产法中已规定,非物质文化需经专家认定,才能成为非物质文化遗产。

我国是一个多民族国家,民族的多样性决定了文化的多样性,非物质文化遗产是各族人民在长期生活中凝结出的生活智慧以及艺术传统,对于这类组成中华民族优秀传统文化的少数民族文化,应当在法律上进行保护。保护非物质文化遗产有利于增进少数民族的自我认同感以及责任感,有利于党和国家团结各民族,有利于保护少数民族的文化权利,有利于维护中华传统文化以及世界文化的多样性。保护非物质文化遗产是实行民族区域自治制度的必然要求,也是我国宪法的基本要求。

(三) 确立民族自治地方非物质文化遗产法律保护的原则

1. 保护为主、合理开发原则

2005 年,国务院发布了《国务院办公厅关于加强我国非物质文化遗产保护工作的通知》,其中规定了我国的非物质文化遗产保护工作应以"保护为主,抢救第一,合理利用,传承发展"为原则。长期以来,我国将关注点放在非物质文化遗产的保护和抢救上,却忽略了对非物质文化遗产的合理利用以及传承和发展。包括非物质文化遗产在内的所有文化遗产都是一个国家、民族文明的载体,是绝对不可再生的文化资源,这种不可再生性也就是文化遗产的本质属性。[①] 非物质文化遗产的不可再生性决定了保护非物质文化遗产应秉持可持续发展的保护路线,在合理利用的基础上,对民族自治地方优秀的非物质文化遗产进行合理开发。民族自治地方政府在对当地非物质文化遗产进行开发时,应避免过度开发,避免破坏民族文化的原真性和文化性,对非物质文化遗产的开发利用应注重保留民族文化的精神内涵,而不是制造工艺简陋的低成本商品。合理的开发利用不仅能够为民族自治地方带来良好的经济效益,而且能够推动非物质文化遗产的传播与发展,宣传本民族具有代表性、特色的传统文化。保护为主、合理利用的立法指导原则是实施各项活动的指导。非物质文化遗产弘扬的基础是保护,以保护和抢救非物质文化遗产为核心,通过各种措施保护非物质文化遗产的生命力,运用现代知识和科技手段合理利用非物质文化遗产,可使饱含人类精神文明财富的非物质文化遗产不断延续,实现人类社会的生存和可持续发展。保护传统资源,有助于保护这类创新能力较弱,无法以现代科技和知识参与市场竞争人群的利益,有助于合理地划分社会资源,促进社会和谐。[②]

2. 整体性原则

民族自治地方非物质文化遗产是一个复杂的综合体,其包含了丰富的少数民族文化内

[①] 朱兵. 我国非物质文化遗产保护与立法 [J]. 文化遗产, 2012 (2).
[②] 戴健. 我国非物质文化遗产立法保护探析 [J]. 河南教育学院学报(哲学社会科学版), 2016 (5).

涵，作为少数民族人民精神的载体，通常由多种形式组合而成，因此其内涵较为复杂，在保护非物质文化遗产时需从全局考虑。每一项少数民族非物质文化遗产都是在特定的历史背景根据特定环境创造出来的，其具有空间特性和时间特性的二维性，空间特性是指非物质文化遗产的封闭性和固定性，时间特性是指文化继承的孤立性和内部性，保护非物质文化遗产应对非物质文化遗产项目及其依存的整体环境予以保护，包括文化遗产赖以存续的社会环境和自然环境在内的生态文明的保护。① 就非物质文化遗产的时间特性而言，非物质文化遗产的发展是流动的，与物质文化遗产不同之处在于非物质文化不是静态的、一成不变的，非物质文化遗产的发展依托少数民族的生活方式。文化遗产虽是历史的遗留文化，但是对非物质文化遗产的保护不能仅停留在过去，同时也应该接受非物质文化遗产的创新性发展，接受其现在与将来。对非物质文化遗产的保护以全方位、多层次和非简化的方式反映着文化的多样性，因此这就要求我们在保护时，不能割裂非物质文化遗产，使之成为文化碎片，也不能只保护某一少数民族的特定文化，而应全方位地保护与非物质文化遗产息息相关的生态环境、传承人、生产者以及享用者。非物质文化遗产不能脱离其创造者、拥有者和保护者，其存在于特定群体的生活方式之中，保护文化遗产应整合和协调各方面的关系及其利益诉求。②

3. 以人为本原则

非物质文化遗产以人为载体，通常通过口头心传方式传播，传承人是非物质文化遗产的核心载体，非物质文化遗产的发展不能脱离人而独自存在，否则则无异于物质文化遗产。非物质文化遗产的保护工作离不开民族自治地方民众的作用，若忽视民众的关注，则非物质文化遗产会偏离正确的保护轨道。要尊重民族自治地方民众的现实需求，保护非物质文化遗产不能以妨碍经济发展、降低民众的生活质量为代价，将他们禁锢在非物质文化遗产所特有的时空内。③ 非物质文化遗产保护工作不仅是为了保护我国优秀文化传统，同时也保护着依赖于民族自治地方传统文化生存的特定人群，因此在保护发展工作开展之时，应从民众的角度出发，设身处地地为民众着想，协调各个主体之间的关系，才能更好地调动民众保护非物质文化遗产的积极性，使其主动地承担非物质文化遗产保护工作的责任。在非物质文化遗产保护工作中，存在着非物质文化遗产的拥有者、保护者、研究者以及传承者，应注重协调多方主体之间的利益诉求，尽快帮助逐渐消亡项目的传承者，建立传承人保护制度，培养文化遗产保护的专业人员和研究人员，维持活态的传承方式，才能真正延续我国文化的多样性。

4. 原真性原则

文化遗产中的"原真性"最早出现于1964年的《威尼斯宪章》，"原真性"是指将非物质文化遗产真实地、完整地传承下去。1994年日本的《奈良真实性文件》肯定了原真

---

① 孙昊亮. 我国非物质文化遗产保护的困境与出路 [J]. 法学杂志, 2009 (8).
② 刘魁立. 非物质文化遗产及其保护的整体性原则 [J]. 广西师范学院学报, 2004 (4).
③ 李荣启. 论非物质文化遗产保护的主要原则与方法 [J]. 广西民族研究, 2008 (2).

性原则并提出：想要多方位地评价文化遗产的真实性，其先决条件是认识和理解遗产产生之初及其随后形成的特征，以及这些特征的意义和信息来源。① 原真性的基本内涵为原本性、原来性、真实性，非物质文化遗产的重要价值蕴含在真实的文化遗产中，非物质文化遗产所携带的文化信息以及代表的民族精神只有在其具有原真性的前提下才具有价值，被篡改的虚假非物质文化不属于需保护的非物质文化遗产。原真性原则并不是说在非物质文化遗产的发展当中一成不变，完完全全地保留文化遗产在过去的形式，而是涵盖了包容性与创新性的原则，对非物质文化遗产的原真性保护不仅仅包含过去式的文化遗产，同时也包含现在式以及将来式的文化遗产，其意味着尊重非物质文化遗产在社会发展进程中的顺应新形式的适当变化与创新，尊重非物质文化遗产形式的多样化。关于原真性的解释权，存在着政府、专家以及非物质文化传承者三方解释，依照原真性原则，非物质文化遗产传承者的解释应是最贴合本民族的精神内涵以及价值观的，因此应将解释权赋予非物质文化遗产的传承者，而不是过多地由政府干预或专家解释，民族自治地方的非物质文化遗产有其自身发展的规律和生命力，作为非物质文化遗产载体的传承人对非物质文化遗产具有最权威的解释，专家解释和政府解释并不一定适合具有代表性的民族特色文化遗产。

（四）完善民族自治地方非物质文化遗产法律保护的机制

1. 公法与私法相结合的保护模式

非物质文化遗产保护模式存在着公法保护模式与私法保护模式，公法的保护模式包括建立非物质文化遗产的管理部门，制定相关的政策法规以及建立非物质文化遗产的名录制度。非物质文化遗产属于民族自治地方共同拥有的公共资源，在目前面临着严重的生存危机，政府对保护非物质文化遗产具有十分重要的作用，政府的公力救济属于非物质文化遗产保护工作的公法保护模式，我国政府在非物质文化遗产保护工作中处于主导地位，政府部门在保护工作中扮演着积极的角色。非物质文化遗产涉及民族自治地方传承人或者传承团体的文化权益，可通过我国民事领域中知识产权法以及侵权责任法加以维护。非物质文化遗产既属于一种社会公共资源，又代表着传承人的精神物质利益，这种双重属性决定了其应采取公法与私法相结合的保护模式，二者协调以发挥更好的保护功能。

2. 政府主导公众参与

《中华人民共和国非物质文化遗产法》第六条规定："县级以上人民政府应当将非物质文化遗产保护、保存工作纳入本级国民经济和社会发展规划，并将保护、保存经费列入本级财政预算。"我国民族自治地方县级以上人民政府在非物质文化遗产保护工作中起引导、引领的作用，非物质文化遗产保护工作是一项浩大的建设工程，需投入足够的财力、物力、人力，调动资源与协调各方利益，只有政府才能胜任此项工作，进行统一筹划。我国民族自治地方政府是非物质文化遗产保护的主导者，目前非物质文化遗产保护工作已初

---

① 杨昆. 从非物质文化遗产视角看唐卡的保护——基于"原真性"和"完整性"原则［J］. 西藏民族学院学报（哲学社会科学版），2012（3）.

步建立起保护体系，颁布了非物质文化遗产的名录，各民族自治地方的民族民间文化保护工程试点也取得了区域性的成功经验。但我国非物质文化保护工作中公众的参与度还有待提高，公众保护文化遗产的意识还比较薄弱，这在一定程度上阻碍了非物质文化遗产的保护进程。非物质文化遗产的保护工作包含对非物质文化遗产的普查、认定、保护以及开发等过程，开展这些保护过程必定离不开公众的配合以及支持，民族自治地方的民众熟悉当地的文化资源、传承人以及文化历史背景，故鼓励民族自治地方的民众积极参与非物质文化遗产保护工作，有利于减轻政府工作负担，促使非物质文化遗产在民众之间保持活态传承，夯实非物质文化遗产的群众基础。

在坚持政府主导、公众参与的原则之下，首先，对政府行使政府权力应予以限制。没有责任的约束，政府主导则可能由于权力缺乏约束而异化甚至被滥用，政府非物质文化遗产的保护机制中缺乏责任承担主体，出现问题时没有适格的责任追究主体，且目前非遗工作的监督力度并未起到作用。① 政府应鼓励公众参与非物质文化遗产保护，加强公众、媒体、社会对非物质文化遗产保护工作的监督，并建立相应的责任追究制度，形成阳光执法平台。其次，政府应加大对非物质文化遗产保护的资金投入，可借鉴日本以及韩国的资金投放经验，吸引当代年轻一辈成为民族自治地方非物质文化的传承人，积极培养非物质文化遗产的专业人才和队伍，注重非物质文化的活态传播，加强宣传以提高民众对非物质文化遗产的兴致，加强非物质文化遗产教育。

3. 确立传承人法律保障

民族自治地方非物质文化遗产的传承人是非物质文化遗产保护工作的关键核心，大部分的非物质文化遗产如口头文学、表演艺术、社交礼仪、社会风俗等都是通过传承人以口传心授的方式传递，少数民族的特定群体、团体、组织、家庭以及个人都能成为非物质文化遗产的传承人。非物质文化遗产的传承体系是由民众、普通传承人以及代表性传承人三部分组成的，普通传承人在一定范围内传播传统文化技艺，是传统技艺的基础性传承人；而代表性传承人往往是传承人中的佼佼者，拥有过人的高超技艺，我国非物质文化遗产法中只指出了项目代表性传承人这一概念。② 我国非物质文化遗产法中规定了项目代表性传承人的认定条件，项目代表性传承人应熟练掌握其传承的非物质文化遗产；在特定领域内具有代表性，并在一定的区域内具有较大影响；积极地开展传承活动，对传承人的保护即是保护非物质文化遗产。

我国民族自治地方传承人的保护现状不容乐观，目前面临着老一辈的传承人相继离世却后继无人的局面，许多非物质文化遗产濒临消失，对传承人的保护迫在眉睫。目前对传承人的保护面临着诸多问题，一方面，传承人缺乏相应的权利保障，当传承人遭受侵权时很难进行维权诉讼；另一方面，许多偏远地区传承人并未登记建档，传承人的社会保障工

---

① 牟延林，吴安新. 非物质文化遗产保护中的政府主导与政府责任［J］. 现代法学，2008（1）.
② 李虎. 论传承人流动与少数民族非物质文化遗产保护［J］. 中南民族大学学报（人文社会科学版），2018（5）.

作难以展开，同时我国的传承人社会地位未得到提升，致使愈来愈多的传承人放弃传承民族文化遗产。面对当前存在诸多漏洞的传承人保护机制，我国可借鉴美国非物质文化遗产保护的登录制度，在认定传承人时采取互联网主动申报模式，建立非物质文化遗产数据库，增加申报传承人的名额；提高非物质文化遗产传承人的社会保障，鼓励以师徒模式传承非物质文化遗产，并为表现突出者设立奖金以吸引年轻学徒；通过法律保障传承人的文化权益不受侵害，将代表性传承人以外的普通传承人纳入传承人保护范围内，组织专业性强的传承人认定专家团队以防止伪传承人，并组成监督小组，监督传承人的传承实施情况并公开监督情况；等等。以上都是较为有效的保护传承人的良好措施。

4. 知识产权立法保护

民族自治地方非物质文化遗产承载着少数民族的智慧结晶，其本质是少数民族的智力成果，而我国知识产权法的保护客体即为人类的智力成果，因此非物质文化遗产与知识产权客体有一定的重合之处。《中华人民共和国非物质文化遗产法》第四十四条规定："使用非物质文化遗产涉及知识产权的，适用有关法律、行政法规的规定。"此条规定少数民族的非物质文化遗产可适用知识产权法。目前我国非物质文化遗产保护存在着公力救济和私力救济，私力救济的主要方式为知识产权保护，非物质文化遗产的知识产权保护保障了少数民族的精神权利和物质利益。

目前我国对非物质文化遗产的知识产权保护领域有著作权、专利权、商标与地理标志保护以及商业秘密保护，民间文学、戏曲以及戏剧等都可通过著作权加以保护，传统手工艺、医药等可通过专利权加以保护，如云南白药的药品配制方法就已申请多项专利，除此之外，非物质文化遗产的传承人可注册为专有商标持有人，获得商标法的保护。知识产权保护方法在一定领域内能给予非物质文化遗产以保护，但知识产权法并不能与非物质文化遗产保护完全契合。例如，著作权的保护期限有限，而非物质文化遗产的保护期限应是永久性的。我国专利权的保护客体是具有创造性、实用性以及新颖性的发明、实用新型以及外观设计，而民族自治地方非物质文化遗产是少数民族代代相传至今的产物，若通过专利权保护，很难满足专利申请的实质性条件，社会风俗、礼仪都不属于专利权的权利客体。非物质文化遗产作为知识产权的保护客体存在着诸多问题，而非物质文化遗产的权利主体也尚未有权威的定论，争议焦点集中于国家、个人、群体三方主体，我国目前大多支持将非物质文化遗产的传承人或传承群体作为非物质文化遗产的知识产权权利主体。

面对知识产权制度在非物质文化遗产适用中存在的缺陷，应从知识产权保护法本身出发加以完善，协同知识产权客体与非物质文化遗产之间的差异性，同时可确定知识产权的权利主体范围，明确知识产权的侵权认定等为知识产权的私力救济。有学者就指出，少数民族非物质文化遗产作为少数民族艺术文化和手工艺等存在形式的智慧结晶，必然有着以乡约寨规为基准的朴素自然法维护，在保护非物质文化遗产时应以知识产权法为主导，注重民族自然法的时代性采纳，强化少数民族非物质文化遗产知识产权的自救。①

---

① 谭东丽，曹新明. 少数民族非物质文化遗产知识产权保护探究 [J]. 贵州民族研究，2018（2）.

第三章 民族自治地方立法权的变迁

我国民族自治地方立法经历了一个漫长的历史发展过程,可分为改革开放前和改革开放后两个时期。在《中华人民共和国立法法》(以下简称《立法法》)颁布之后,民族自治地方立法取得了一定的成效,但无论从数量上还是质量上看都与预期目标有较明显的差距,在立法程序、立法监督和立法意识方面都存在一些问题。2015年《立法法》修改之后,在自治州层面上一般性地方立法权与民族自治地方立法权产生了竞合关系,需要进一步明确界定各自的立法权限范围,实现两类立法权的协同共存。除此之外,应坚持"不抵触、有特色、可变通、可操作"的基本原则,从立法参与、立法特色、立法情理、立法能力等多方面提升民族自治地方的立法质量。

一、《立法法》颁布前民族自治地方的立法权限

我国民族自治地方立法权是伴随着中国共产党探索中国革命和社会发展而产生和发展的,中国共产党对民族自治地方立法的探索可以分为改革开放前和改革开放后两个时期。

(一)改革开放前民族自治地方的立法权限

1. 萌芽阶段(中华人民共和国成立前)

中华人民共和国成立前,早在第二次国内革命战争时期的《中华苏维埃共和国国家根本法(宪法)大纲草案》中,第五条就规定"彻底地承认并且实行民族自决"。[①] 此后,更是逐步确立了依法确保自治权的立法理念。在1946年4月23日陕甘宁边区第三届参议会第一次大会通过的《陕甘宁边区宪法原则》就强调了民族区域自治立法权的基本主张,在"政权组织"(九)中规定:"边区各少数民族,在居住集中地区,得划成民族区、组织民族自治政权,在不与省宪抵触原则下,得订立自治法规。"[②] 这一规定既是我国确立民族区域自治制度的法律雏形,也是确立民族自治地方立法的法律雏形。1947年5月1日内蒙古人民代表会议宣告内蒙古自治政府成立,并通过了《内蒙古自治政府施政纲领》和《内蒙古自治政府暂行组织大纲》,这两个规范性文件是民族自治地方立法萌芽的重要标

---

① 韩延龙,常兆儒. 中国新民主主义革命时期根据地法制文献选编(第一卷)[M]. 北京:中国社会科学出版社,1981.
② 中共中央统战部. 民族问题文献汇编[M]. 北京:中共中央党校出版社,1991.

志。经过这一阶段的探索,中国共产党在认识上形成了民族自决、民族区域自治的主张。①

2. 探索阶段(1949—1956年)

中华人民共和国成立之初,就奠定了少数民族聚居的地方实施民族区域自治的制度基础,在一定程度上将民族平等问题纳入了法治和宪政的轨道。于1949年颁布实施的《中国人民政治协商会议共同纲领》、1952年颁布的《中华人民共和国民族区域自治实施纲要》和1954年颁布的我国第一部《中华人民共和国宪法》等一系列规范性法律文件都为民族自治地方立法奠定了制度基础。

1949年9月29日中国人民政治协商会议通过的起临时宪法作用的共同纲领,虽然没有规定民族自治地方立法问题,但是第一次以法律形式确定了我国实行民族区域自治制度。1952年8月8日中央人民政府委员会批准的《中华人民共和国民族区域自治实施纲要》规定:"各民族自治机关在中央人民政府和上级人民政府法令所规定的范围内,依其自治权限,得制定本自治区单行法规,层报上两级人民政府批准";"凡经各级地方人民政府批准的各民族自治区单行法规,均须层报中央人民政务院备案"。这一规定可以说是中华人民共和国成立后关于民族自治地方立法直接的法律依据。

1954年宪法确立了中央高度集中的立法体制,取消了一般地方的法令、条例拟定权,但对民族自治机关的立法权限仍予以保留,规定自治区、自治州和自治县为民族自治地方,民族自治地方的自治机关可以根据当地民族的政治、经济和文化的特点制定自治条例和单行条例,报全国人大常委会批准。1954年宪法关于民族区域自治的规定同民族区域自治实施纲要比较,有三点变化:一是规定民族自治地方仅限于自治区、自治州和自治县,县级以下的行政区域即区和乡不再施行民族区域自治;二是规定民族自治地方的自治机关可以根据当地民族的政治、经济和文化的特点制定自治条例和单行条例,而不仅仅局限于制定单行法规;三是制定自治条例和单行条例一律报请全国人大常委会批准,而不是层报上两级行政机关批准。这一时期,全国96个民族自治地方共制定48部单行条例,其中自治机关组织条例占绝大部分,达到46部。例如,1955年11月全国人大常委会批准的《内蒙古自治区各级人民代表大会和各级人民委员会组织条例》等;组织简则一部,即《西藏自治区筹备委员会组织简则》;选举条例一部,即《西藏自治区各级人民代表大会选举条例》。②

在此期间,又相继制定和实施涉及民族区域自治问题的法律,如《中华人民共和国全国人民代表大会组织法》《中华人民共和国国务院组织法》《中华人民共和国地方各级人民代表大会和人民委员会组织法》等。通过宪法和法律的制定第一次将民族区域自治权载入到根本法中,标志着中国的民族关系法制化建设的全面开始,使民族自治地方拥有了一般地方立法机关所不具备的立法权限。这一时期,根据民族区域自治实施纲要的规定,民族自治地方的自治机关制定了一系列法规:有民族自治区人民政府施政大纲,如1953年

---

① 张娟. 中国民族区域自治地方立法权的理论与实践 [D]. 北京:中国政法大学,2011.
② 康耀坤,马洪雨,梁亚民. 中国民族自治地方立法研究 [M]. 北京:民族出版社,2007.

制定的《桂西僮族自治区人民政府施政纲要》；有民族自治区政权机关组织条例，如1952年制定的《湖南省湘西苗族自治区各界人民代表会议协商委员会组织条例》；有根据本地方的民族特点变通或补充法律的规定，如1953年制定的《贵州省丹寨苗族自治区关于苗族中实行〈中华人民共和国婚姻法〉的若干规定》等。

3. 发展阶段（1957—1966年）

1957年6月至1966年6月，是民族自治地方立法的发展时期，这一时期的民族自治地方立法取得了正反两方面的经验。一方面，各自治区、自治州、自治县制定了地方人民代表大会和人民委员会组织条例38部，单行条例如《西藏自治区各级人民代表大会选举条例》。1958年6月国务院公布了《民族自治地方财政管理暂行办法》，1963年又做了修订，成为处理民族自治地方财政问题的专门法规。① 在民族贸易、民族教育、民族卫生和民族语言文字方面还发布了一些有法规性质的文件。② 但是这一阶段民族自治地方立法的特点是，虽然时间较长但立法数量不多，而且内容涉及范围也比较狭窄，组织条例基本雷同。另一方面，一些重要的民族自治立法工作被迫停下来。例如《中华人民共和国民族区域自治法》的制定，1954年第一届全国人大设立民族委员会后，做了大量的调查研究工作，并会同有关部门着手起草工作，到1959年上半年就写了8稿，但迫于后来的政治形势被耽搁了。③

4. 停顿阶段（1966—1976年）

早在1957年开始，在"左"的指导思想影响下，在民族问题上只强调共性，否认少数民族和民族地区的特殊性。1966年6月，"文化大革命"全面爆发后，民族自治地方的自治机关陷于瘫痪状态，民族自治地方立法更无从谈起。1966年5月—1976年10月期间，五大自治区先后建立了"革命委员会"（以下简称"革委会"），除广西壮族自治区的"革委会"主任由壮族人担任外，其他几个自治区的"革委会"主任都由汉族人担任。至于自治州、县的领导也大多由汉族人担任。这与1952年的《中华人民共和国民族区域自治实施纲要》的规定是背道而驰的。④ 1975年《中华人民共和国宪法》中虽然保留了"民族区域自治"和"民族自治地方的自治机关"的条款，但是取消了1954年宪法规定的各项自治权的具体内容，取消了包括立法权在内的民族自治地方的各项自治权。很明显，取消了自治权就等于取消了自治机关，也就等于取消了民族自治地方。这样一来，宪法和法律遭到了严重的破坏，民族自治地方被撤销或合并，民族区域自治的制度建设与实践遭受了严重挫折。因此，这一阶段几乎没有什么民族自治地方的法律、法规问世，民族自治地方的立法进入空白时期。

虽然1978年3月5日第五届全国人大第一次会议通过的宪法修正案，恢复了民族自治地方制定自治条例和单行条例的自治权，但是由于"文化大革命"及其以前的"左"

---

① 康耀坤. 建国以来我国民族立法的历史进程与经验启示［J］. 求索，2010（7）.
② 张尔驹. 中国民族区域自治史纲［M］. 北京：民族出版社，1995年，第125、130、217页.
③ 吴大华. 民族法律文化散论［M］. 北京：民族出版社，2004年，第210－213页.
④ 张尔驹. 中国民族区域自治史纲［M］. 北京：民族出版社，1995年，第250－254页.

倾错误尚未纠正，因此民族自治地方立法的实际工作还未恢复。

(二) 改革开放以后民族自治地方的立法权限

1. 恢复阶段（1976—1982年）

1978年12月，党的十一届三中全会以后，民族自治地方立法得以恢复。1978年《中华人民共和国宪法》恢复了"少数民族聚居的地方实行民族区域自治"，授权少数民族聚居区一定的立法权，即"民族区域自治机关可以依照当地民族的政治、经济和文化特点制定自治条例和单行条例"。1979年颁布的《中华人民共和国刑法》、1980年颁布的《中华人民共和国婚姻法》均授权民族自治地方的自治机关可以依照本民族本地区的特点制定变通或补充规定。这些举措的实施彰显了中央政府依靠法律手段解决国内民族问题的具体办法，民族区域自治立法权的宪法和法律保障已经形成。

2. 建立阶段（1982—1992年）

1982年宪法的制定，对民族自治地方的立法权做出了明确的规定，为我国民族区域自治立法提供了坚实的法律保障。1982年宪法第一百一十六条规定："民族自治地方的人民代表大会有权依照当地民族的政治、经济和文化的特点，制定自治条例和单行条例。自治区的自治条例和单行条例，报全国人民代表大会常务委员会批准后生效。自治州、自治县的自治条例和单行条例，报省或者自治区的人民代表大会常务委员会批准后生效，并报全国人民代表大会常务委员会备案。"该条的规定为自治条例和单行条例的制定确立了立法权基础，我国的民族法制建设迎来了繁荣发展的时期。该条规定与1954年宪法规定相比，有两点不同：一是自治条例和单行条例的制定由民族自治地方的自治机关行使改为由民族自治地方的人民代表大会行使；二是将所有的自治条例和单行条例都要报请全国人民代表大会委务委员会批准，改为分别由省级人民代表大会常务委员会和全国人民代表大会常务委员会批准。

1982年宪法不仅全面恢复了1954年宪法关于保障民族平等权利实现的重要原则，而且适应社会主义现代化建设新时期民族工作的具体特点，增加了保障少数民族平等权利的新措施，为民族区域自治制度的实施提供了较为全面的宪法基础。

在随后的1984年第九届人民代表大会通过了《中华人民共和国民族区域自治法》，它的制定是我国民族立法的重大突破，是中华人民共和国成立后的第一部具有基本法性质的专门民族自治立法。《中华人民共和国民族区域自治法》规定，民族自治地方的人民代表大会除享有一般地方国家权力机关的权力外，还有权依照当地民族的政治、经济和文化的特点，制定自治条例和单行条例。在相关的制定法中规定了民族自治地方的特别立法规定，如1984年通过的《中华人民共和国森林法》和《中华人民共和国继承法》等法律文件都对有关民族自治地方的问题做出了专门规定。

自1982年宪法和1984年民族区域自治法颁布实施以来，我国的民族自治地方立法开始进入繁荣时期。这些法律的颁布与实施确立了我国民族区域自治立法权的法律保障和宪法保障，民族平等的参政议政权利被写入宪法，意味着民族区域自治立法权的合法化已经实现。

3. 健全阶段（1992—2000年）

1992年江泽民同志在中央民族工作会议上指出："要制定实施自治法的规定或措施，涉及少数民族和民族地区的政策、法规，要体现自治法的精神，有助于自治法的实施。要抓紧制定自治条例和单行条例。"① 1997年党的十五大政治报告中，江泽民同志把民族区域自治制度和人民代表大会制度、中国共产党领导下的多党合作和政治协商制度一同表述为我国社会主义民主制度的三大形式，首次将民族区域自治制度与人民代表大会制度和中国共产党领导下的多党合作和政治协商制度并列为我国的三大基本政治制度之一。②

2000年7月1日施行的《中华人民共和国立法法》对于民族自治地方立法权做了较详尽的规定，该法是规范和健全我国立法活动的专门法，在第六十六条也明确规定了民族自治地方有权制定自治条例和单行条例。同时在国家制定的其他法律中，为了保障民族自治地方根据当地民族的特点贯彻执行法律，有的法律对民族自治地方做出了专门的规定。

回顾民族自治地方立法的历史，对改革开放前后民族自治地方制定民族区域自治条例的权限变化，笔者有以下几点认识：

其一，从民族自治地方立法的理论依据来看，它的产生是中国共产党把马克思主义的民族理论与中国的民族实际和国情密切结合起来的必然结果。马克思主义经典作家曾经提出以实现民族自决权、联邦制和民族区域自治作为解决民族问题的政治方式，特别提出了民族区域自治是解决多民族国家民族问题的一般普遍原则。列宁领导十月革命胜利后，受到当时的历史条件的限制，苏联没有实行民族区域自治制度，而是采用了联邦制。中国共产党从登上历史舞台开始就十分重视民族问题，为解决国内民族问题进行了长期的探索。在中国共产党成立之初，由于理论上的不成熟以及受到苏联的影响，曾经提出通过实现民族自决权或建立联邦国家的政治构想来解决国内民族问题。但随着党在理论上的不断成熟和对国内民族问题认识的逐步深化，党的六届六中全会明确提出了实行民族区域自治来解决民族问题的政治主张。从此以后，党关于民族区域自治的政治构想日趋具体、清晰，并在实践中不断深入探索。③ 因此，笔者认为马克思主义民族理论是中国民族自治地方立法产生、发展和繁荣的重要指导思想和理论依据。

其二，从我国的历史文化传统来看，民族自治地方立法是历史上传统的社会文化思想以及相关的国家结构模式演变到当代的必然结果，是中国共产党把先进的西方思想、中国传统的社会文化思想同中国的国情和民族实际相结合的产物。中国国情在历史上体现在专

---

① 中共中央文献研究室. 新时期统一战线文献选编（续编）[M]. 北京：中共中央党校出版社，1997.
② 参见1997年江泽民在中国共产党第十五次全国代表大会上的报告《高举邓小平理论伟大旗帜，把中国特色社会主义事业全面推向二十一世纪》.
③ 全国人大常委会秘书处秘书组国家民委政法司. 中国民族区域自治法律法规通典[M]. 北京：中央民族大学出版社，2002.

政制度方面的主要特点：一是它的统一性，二是中央集权。① 这种以统一封建皇权为基础的国家政体结构也就形成了几千年来中华民族在国家观念上的大一统思想。尽管历史上的封建王朝不断发生着更迭，但不论是汉族作为统治民族掌握中央政权的时候，还是蒙古族、满族一度也作为统治民族掌握中央政权的时候，中国基本上是作为一个统一的多民族国家立足于世界的。因此，笔者认为历史上的传统文化和国家机构是形成民族自治地方立法的重要渊源。

其三，从我国的民族关系状况来看，中华民族一体多元格局是实行民族自治地方立法的现实依据。在统一的多民族国家的历史发展长河中，中华民族形成了自己的发展特点，要解决中国的民族问题，就必须从中国的实际情况出发，从中国的民族特点出发。周恩来说："我们是根据中国民族历史的发展、经济的发展和革命的发展，采取了最适当的民族区域自治政策。"② 为什么我国要采取"民族区域自治"这种形式而不采用苏联的联邦制或"地方自治"和"民族自治"形式呢？这是由于我国汉族人口占总人口的绝大多数，汉族与少数民族相互杂居和交错而居；其次我国是在中国共产党领导下各民族平等联合建立的共和国，没有经历民族分离。此外，毛泽东关于民族区域自治思想和中华人民共和国成立前的民族区域自治实践，也为民族区域自治制度的实施奠定了基础。③ 因此，笔者认为中国的民族特点和革命实践是实行民族自治地方立法的客观现实依据。

其四，实行民族自治地方立法，有赖于中国共产党的正确领导和科学实践，有赖于整个国家的社会主义民主的发展和社会主义法制的健全。不具备这两个前提条件，就不可能有真正的民族区域自治，更不可能有民族自治地方立法。民族自治地方立法制度是马克思主义民族理论同中国民族问题实际相结合的产物，是中国特色社会主义建设伟大实践的重要组成部分。这是中国共产党及其领导的中国人民对马克思主义民族区域自治理论的发展所做出的伟大贡献，是对科学社会主义理论与实践做出的伟大贡献。

我国立法的健全与发展为民族自治地方立法权的行使提供了法律保障，少数民族的自治权力由此得到了发挥，中国特色的民族区域自治立法制度开启了社会主义国家解决民族问题的新篇章。

二、《立法法》颁布后民族自治地方行使立法权的实践

（一）《立法法》颁布后民族自治地方行使立法权的权限

2000年3月15日《立法法》颁布，根据《立法法》第六十六条第一款规定："民族

---

① 龚学增. 中国实行民族区域自治制度的必然性 [M]. 王铁志，沙伯力. 国际视野中的民族区域自治 [M]. 北京：民族出版社，2002.
② 中共中央文献编辑委员会. 周恩来选集（下卷）[M]. 北京：人民出版社，1984年，第260页.
③ 黄铸. 中国共产党民族政策的重大转变——从联邦制到民族区域自治制度 [J]. 民族问题研究，2003（10）.

自治地方的人民代表大会有权依照当地民族的政治、经济和文化的特点,制定自治条例和单行条例",因此民族自治区、自治州、自治县有自治条例和单行条例的制定权。《立法法》第六十六条第二款规定:"自治条例和单行条例可以依照当地民族的特点,对法律和行政法规的规定做出变通规定,但不得违背法律或者行政法规的基本原则,不得对宪法和民族区域自治法的规定以及其他有关法律、行政法规专门就民族自治地方所作的规定做出变通规定",赋予了民族自治地方对国家授权的法律和法规进行变通的权力。从2000年《立法法》颁布到2015年《立法法》修改,民族自治地方共制定自治条例和单行条例共888部,其中由自治州制定的有355部,由自治县制定的有533部。

2001年对《中华人民共和国民族区域自治法》进行了修改,2005年开始施行《国务院实施〈中华人民共和国民族区域自治法〉若干规定》,我国初步形成了系统的民族自治地方立法体系。在这之后,要求加快民族自治地方立法建设的呼声再度高涨,加快民族自治地方自治立法的时机已经趋于成熟,但是,除宁夏在2008年将制定自治区自治条例列为调研课题外,其他四个自治区都没有任何行动,"从他们自身的角度讲,都不愿意或不希望先于其他四个自治区先出台,有相互观望的意思"。①

(二)民族自治地方行使立法权过程中存在的问题

在《立法法》颁布之后,虽然通过制定和实施自治立法,民族自治地方立法取得了一定的成效。但是,自治立法机关制定的地方性法规无论从数量上看还是从质量上看都与预期目标有明显差距,与民族自治地方自治立法制度设计的应有目标相比,实施效果也是有限的。而且,透过自治立法的制定与实施状况,可以发现,在立法程序、立法监督和立法意识方面都存在一些问题,这些问题对民族自治地方立法产生了不同程度的影响。

1. 立法主体范围较窄

民族自治地方可以行使立法权的主体范围较窄,不能够及时为民族自治地方的经济社会发展提供必要的法律规范。由于目前我国宪法、民族区域自治法和立法法将民族自治地方立法的主体限定在民族自治地方的人民代表大会,因此,在立法过程中民族自治地方的人民代表大会常务委员会实质上只是起到立法助理的作用,不能直接立法。而民族自治地方的政府虽然属于自治机关,但除自治区人民政府外,自治州、自治县的人民政府并没有规章制定权。截至2008年年底,全国共建立了155个民族自治地方,包括5个自治区、30个自治州和120个自治县(旗),这些自治地方当中只有部分的主体可以行使立法权。由此看来,立法主体范围仍然较窄,这在一定程度上制约了民族区域自治立法的发展。在后来修改《立法法》中,只考虑到扩大一般地方的立法主体,没有考虑到扩大民族自治地方的立法主体,这明显不适应民族自治地方经济社会发展的需要。

---

① 韦丽利. 完善民族法制,加快制定自治区自治条例——自治区自治条例情况专家会议综述 [J]. 湖北民族学院学报(哲学社会科学版), 2009 (2).

2. 立法质量不高

其一，立法的内容缺乏民族自治地方自身的特色，并且可操作性不强。立法较普遍地存在此法抄他法、新法抄旧法，机械照搬其他法律、脱离地方实际，针对性不强、没有鲜明的地方特色等情况。自治州、自治县制定出来的内容缺乏当地的民族特色，大都缺乏对当地经济发展、资源开发、民族贸易、生态与环境保护等自治权的具体规定，不能体现"当地民族的政治、经济和文化的特点"，没有真正体现民族自治立法的地方性和民族性的特征。在可操作性方面，民族自治地方没能顾及自身的立法需要，认为制定有关的变通规定的程序太繁琐，为了形式上的完美而过多地照抄照搬法律、法规、规章以及政策的有关条文和规定，针对性不强。

其二，因为立法技术有限等原因，所制定出来的自治立法质量不高，呈现出诸多问题。自治法规，无论是自治条例或单行条例，抑或是变通或补充规定，其规范的内容都存在不少的缺陷。在内容方面，自治条例在外观结构上模仿《中华人民共和国民族区域自治法》，在内容上追求"大而全"或"小而全"。① 在立法语言方面，大部分自治立法的立法语言用词欠缺准确性，立法语言不能准确反映立法意图。有些条款规定不明确、不具体，过于笼统、抽象、原则，或是模棱两可、模糊不清、弹性过大；有的表述过于僵化和绝对化，法律条文的具体可操作性差；有的表述出现政治用语与法律术语混用，一些条款的政策性色彩过浓，或是混同了法与道德的界限，无法有效施行。在具体施行方面，一些条款的规定不完整、不严谨，只有行为模式，没有后果模式，无法追究法律责任，因而无法施行。民族自治地方的许多自治法规在制定之后多年不修订，法规的陈旧老化现象严重，很多内容已经不符合时代特征，难以指导当前的经济社会生活。

3. 立法程序欠缺

在2000年《立法法》颁布之前，民族自治地方人民代表大会对自治法规制定程序做出规定的为数不多。只有1993年制定的《延边朝鲜族自治州人民代表大会制定自治法规的规定》，对自治法规法案的提出、审议、表决、通过程序均作了具体规定。立法法也只是对民族自治地方立法的程序做出了总的规定，而没有做出具体的规定，这种状况与民主政治的要求是不协调的。在民主政治之下，任何权力的行使都必须遵循一定的程序规则，权力寓于程序之中。② 目前的情况是，"各自治区都对制定地方性法规做出专门规定，但却没有对制定自治法规做出专门性规定"。《立法法》第六十八条第一款规定，自治条例和单行条例的提出、审议、表决程序由本级人民代表大会规定。因此，对立法程序用具体规定加以规制，应该是各民族地方立法的当务之急。

自治条例和单行条例的立法程序同一，无形中延长了单行条例的立法时限。根据我国现行规定，无论是制定自治条例，还是制定单行条例，都必须经过批准程序才能生效，这就无形中延长了民族自治地方立法的时限，不利于单行条例的及时出台。自治条例，是指

---

① 李巍. 论民族自治地方立法的缺陷及完善 [J]. 内蒙古民族大学学报（社会科学版），2015（4）.
② 戴小明，黄木. 论民族自治地方立法 [J]. 西南民族学院学报（哲学社会科学版），2002（7）.

民族自治地方的人民代表大会，依照当地民族的政治、经济和文化的特点制定的全面调整本自治地方事务的综合性、规范性法律文件。自治条例集中体现了民族自治地方的自治权，是民族自治地方实施民族区域自治法，行使自治权的基本规范，具有民族自治地方总章程的性质。正因为如此，有人将其称为民族自治地方的"小宪法"。[①] 而单行条例，是指民族自治地方的人民代表大会，依照当地民族的政治、经济、文化的特点制定的调整本自治地方某方面事务的单项规范性法律文件。单行条例是民族自治地方行使某一方面自治权的具体规定，采用与自治条例相同的立法程序明显不妥。

4. 立法监督存在缺陷

民族自治地方立法的监督制度包括批准和备案制度，其中批准制度存在的问题更为突出。

在批准制度上存在两方面问题，一是批准程序过于繁琐复杂，导致立法周期太长。因为民族地方人民代表大会在报批之前，基本上走完了立法的全过程，而且为了使报批的自治法规能够在上级机关获得批准，一般在地方人民代表大会第一次会议审议后，上级人民代表常务委员会的法律工作委员会或其他工作委员会就提前介入，征求各方面的意见，帮助做修改工作，以求为上级人民代表常务委员会的审议批准打下基础。报批的法规到了上级人民代表大会以后，基本上还要再经过全套立法程序，即将拟提请报批的自治法规在会议召开前的一月报送上级人民代表常务委员会，自治地方人民代表常务委员会人员到会做法案说明，听取意见；有关工作需委员会进一步研究，提出审查报告；上级人民代表大会审议批准后，再由地方人民代表大会公布实施。[②] 这样繁琐复杂的工作量，使民族地方立法的周期最短也需要一年的时间，如果上下级之间存在利益冲突的话，立法过程中的难产现象就在所难免。二是法律未对批准的含义、标准、期限进行具体规定，批准机关在没有具体规定的情况之下不好把握，也给借批准权袒护部门利益的人以可乘之机。三是民族自治地方立法权的监督还应包含对有权自治机关是否履行职责的监督。自治机关的自治立法权必须履行，否则就是"不作为"的"过失"。而法律对这方面的问题还没有进行明确的规定，这也是一些民族自治地方立法工作滞后的重要原因。

5. 立法意识较薄弱

民族自治地方立法意识的薄弱，体现在民众的自治意识薄弱和自治机关立法意识薄弱两个方面。

民族自治地方民众自治意识不强，这主要表现为民族自治地方民众自治意识淡漠。由于历史、地理、文化教育等原因，民族自治地方民众不够了解民族区域自治制度的含义及意义，对宪法和民族区域自治法等国家法律关于民族区域自治部分的规定知之甚少或无从知晓，更不明白少数民族地方立法权为何物。[③] 民族自治地方的民族区域自治实质上是自

---

① 杨临宏. 论完善民族区域自治地方立法［J］. 西南边疆民族研究，2015（1）.
② 戴小明，黄木. 论民族自治地方立法［J］. 西南民族学院学报（哲学社会科学版），2002（7）.
③ 杨世鼎. 论我国的民族自治地方立法［J］. 赤子，2014（2）.

治地方民众的自治，一旦缺失了浓厚的自治意识，所谓民族区域自治就成了无源之水、无本之木。

按照我国现行的立法体制，一些民族自治地方立法机关拥有民族自治法规和地方性法规的双重立法权。民族自治地方立法机关应当对这两种立法形式都予以重视，同时应更加行使好其所独有的立法自治权。然而，在实践当中，自治立法机关自治立法意识比较薄弱，自治立法观念不强，对行使立法自治权的必要性和重要性认识不足。近些年来，随着国家法律法规体系的日趋完善，涉及社会经济各个方面的地方性法规频繁出台实施，很多民族自治地方的自治立法机关甚至认为在当地实施国家法律法规和地方性法规即可，而自治条例和单行条例似乎可有可无。目前，五大自治区均普遍存在着"重"地方性法规而"轻"自治法规的现象。

（三）影响民族自治地方行使立法权的原因

1. 经济发展不平衡导致立法受到极大影响

其一，东西部发展不平衡极大地影响了民族自治地方各项事业的发展。发展问题主要是东西部之间的发展差距，而且随着时间的推移，差距将有更加扩大的趋势。虽然进入21世纪以来，我国少数民族地区经济增长速度加快，但同东部地区相比，还是远远落后的。不言而喻，地区发展不平衡使得各族人民要求发展的愿望更加迫切，马克思主义认为，人们的各种利益冲突，最根本的是物质利益冲突。近些年来发生的民族问题和宗教问题，在一定程度上反映了少数民族迫切要求发展的问题。发展是第一要务，但稳定是发展的基础和保障。没有社会稳定，就没有经济发展。但发展和稳定都离不开法制的保障。法律不是消极、被动地反映经济关系，也不是仅从经济关系的外部对经济运行产生作用，而是经济发展的内在因素对经济发展起到重要作用。因此，民族自治地方法制建设的优劣，在一定程度上反映了民族自治地方经济发展的状况。

其二，国家政策导向的立法缺失是立法的巨大障碍。如，国家转移支付的影响。中央对地方财政管理体制实行分税制，实行财政转移支付制度，对民族自治地方社会经济发展予以照顾。《中华人民共和国民族区域自治法》第六十二条规定："随着国民经济的发展和财政收入的增长，上级财政逐步加大对民族自治地方财政转移支付力度。通过一般性财政转移支付、专项财政转移支付、民族优惠政策财政转移支付以及国家确定的其他方式，增加对民族自治地方的资金投入，用于加快民族自治地方经济发展和社会进步，逐步缩小与发达地区的差距。"财政转移支付制度被载入民族区域自治法，但是在具体实施中显露出现行的财政转移支付制度还很不规范，且对民族自治地方支持力度明显不足。

其三，资源开发和利益补偿机制存在不足。在资源开发方面，西部地区由于土地以戈壁、沙滩为主，不利于耕种，因此以资源开发带动发展已经成为西部社会各项事业发展的重要出路。资源问题涉及中央和地方关系，涉及资源享有者和所在地方民族的关系，合理的资源分配机制必须在公平、合理的前提下，划分各种利益和利益关系，这就需要通过资源有偿使用、税收以及集体国有化征收等制度来实现。① 然而,《中华人民共和国民族区域自治法》在制度安排方面实际上没有相应的制度保障。

根据国际少数民族人权公约的规定,少数民族有资源开发和合理利用的权力。我国民族政策中也规定了民族自治地方自治机关享有"优先开发本地区自然资源的权力"。然而,对于国家的资源开发和占有,国务院始终没有一个决策机制来调控。城市市区的矿产等自然资源都属于国家所有,即全民所有;农村和城市郊区的土地等自然资源,除法律规定属于国家所有之外可以属于集体所有。国家拥有资源的所有权、开发利用权以及资源收益权,资源地的民族自治地方政府不是产权主体,能够获得资源收益的方式就是参与资源税费的分享。这一情况割断了民族自治地方资源的优势与经济发展的相关性,所以民族自治地方自然资源的富集及其开发利用并没有带来经济、社会的同步发展。由于立法法规定,民族区域自治立法机关不能变动法律和行政法规的根本原则,因此,民族自治地方的自治机关无权对集体所有的自然资源的配置做出一些变通安排,从而导致民族自治地方不能够充分地利用当地资源。

对于少数民族地区资源输出的利益补偿问题,《中华人民共和国民族区域自治法》第六十三条规定:"国家在民族自治地方开发资源、进行建设的时候,应当照顾民族自治地方的利益,做出有利于民族自治地方经济建设的安排,照顾当地少数民族的生产和生活。国家采取措施,对输出自然资源的民族自治地方给予一定的利益补偿。"我国对土地、矿产、水资源等资源的控制和利用实行有偿制度是从20世纪80年代初开始的,到21世纪初逐步完善。但是现行法律对资源使用者缴纳资源费的标准、资源费的使用等问题缺乏有效的规定,因此,在中央与地方的资源占有问题上、地方政府与资源占有者的关系上没有合理的协调机制。例如,矿产资源开发方面,1997年修订的《矿产资源补偿费征收管理规定》:"省级地方政府无权调整矿产资源费的征收标准,只能就地方所得的矿产资源补偿费在'用于矿产资源勘察'的原则下,制定具体使用办法。""矿产资源补偿费率规定和调整,由国务院财政部门、国务院地质矿产主管部门、国务院计划主管部门负责,报国务院批准施行。"② 此外,矿产资源补偿费只能用于矿产勘察。这既不利于中央与地方关系的处理,也不利于民族自治地方的资源合理占有。

综上所述,民族自治地方在分税制改革和转移支付中并没有充分体现民族自治地方自治权的作用,民族区域自治立法权也没有发挥应有的效力。由于我国税制实行相对集中的税权划分,地方不具备相应的税收立法权,不具备税收政策权和税收调节权,因而也无法享用调整税率、税基和税目的权力,亦无法通过税收调节进行社会、经济活动。分税制改革的结果是,中央掌控了主要税种,地方仅掌握一些零星分散的税种,税款少,致使地方

---

① 张娟. 中国民族区域自治地方立法权的理论与实践 [D]. 北京:中国政法大学,2011.
② 《财政部 国土资源部 中国人民银行关于探矿权采矿权价款收入管理有关事项的通知》(财建〔2006〕394号),2006年.

税收体系日趋弱化，加剧了地方财政的困难和对中央财政的依赖性。① 因此，对于这一问题，民族自治地方立法实际上是起不到任何作用的。此外，转移支付（又称无偿支出，主要是指各级政府之间为解决财政失衡而通过一定的形式和途径转移财政资金的活动）是国家支持的政策导向，具有中央指导性的作用，在转移支付问题上不存在中央与地方分权的立法问题，而是中央指令性计划导向的制度问题。转移支付的受益者是国家，是民族自治地方的权力机关，而不同少数民族地区的地域差异和生活差异并不能解决实际上的少数民族利益问题，可以说转移支付是没有立法保障民族自治地方权益的体现。

2. 区域发展不平衡

从民族区域自治法所调整的范围来看，民族自治地方制定的法规多，辖有自治州、自治县的自治区的人民代表大会及其常务委员会制定有关民族事务的地方性法规少，各个民族自治地方的立法工作开展具有极大的不平衡性。2000—2015年，我国共有少数民族自治区5个，没有自治区级的自治条例出台，立法的欠缺是不言而喻的。② 而随着宪法修正案的出台和民族自治地方的发展和变化，对已经实施多年的民族自治地方的自治条例和单行条例、变通规定和补充规定，应当进行适应社会发展和市场经济运行的修订。

3. 规范事项重政治轻经济

从自治法规所调整的内容来看，规范自治机关组织活动与原则的较多；规范自治地方经济、文化等各项事业发展的较少，造成重政治权力保护，轻经济、文化等权利保护的现象，远远不能满足少数民族地区经济事业发展的需要。从民族法的解释、制定、修改、废止、汇编、编纂来看：制定的多，解释、修改、废止的少，汇编寥寥无几，编纂环节尚未建立。由于民族立法工作开展的不平衡，造成民族法律体系不配套，法与法之间的衔接极其困难。③ 以新疆这一阶段的现实状况为例，新疆维吾尔自治区立法中普遍存在着"重审批、轻监督，重管理、轻服务，重制裁、轻保护；重罚款、轻教育"④ 的现状，这极大地影响了新疆立法发展的轨迹。不仅新疆，其他少数民族地区在立法过程中也存在着重政治、轻经济的问题，导致民族自治地方立法权没有得到充分行使。

4. 立法衔接的缺失

从国家立法看，除宪法和民族区域自治法外，全国人民代表大会及其常务委员会已经制定和颁布的法律中，有不少关于民族利益的规定。但目前仅在少数几部地方性法规中做出应当照顾民族自治地方利益的原则性规定，如新疆维吾尔自治区的地方性法规就没有这类能起衔接作用的条款，以致出现法规不配套和断层的现象。加之在制订民族立法计划时考虑民族法体系因素不够，重实体轻程序，以致法律、行政法规和地方性法规在民族自治

---

① 国家民委起草"规定"领导小组办公室. 新形势下民族区域自治政策研究［M］. 北京：中国社会出版社，2003.
② 努尔买买提. 民族区域自治地方立法权方面存在的问题与对策［M］，稳定与发展法律问题研究［M］. 乌鲁木齐：新疆人民出版社，2002年，第346页.
③ 陈洪波，王光萍. 当前我国民族立法工作中存在的主要问题、成因及对策研究［J］. 民族研究，2001（2）.
④ 阿不来提·马木提. 地方人大工作要注重加强理论研究［J］. 新疆人大（汉文），2003（8）：15.

地方的贯彻实施形成困难，法律冲突时常发生。①

5. 基于行政化取向的中央与民族自治地方关系的立法表现

我国以中央为主导的政治体制使民族自治地方在各个方面从属于中央政府的统一领导，在立法领域，中央政府主导的立法往往导致民族自治地方受统一部署的国家指令性计划的影响。不仅在我国，而且在世界一些发达国家都不可否认，行政立法已经成为现代各国的一种客观存在，并带来国家治理的高效率。② 然而，行政化的趋势往往导致部门利益的集中化、官僚体制的形成以及腐败的滋生，这些弊端不容忽视，如果这些弊端不加以解决，就会使人民对政府产生不信任，从而导致更大的危机。

在我国，政府主导的立法往往具有立法的部门主义倾向以及在地方表现为地方保护主义。例如，由国务院下属的各部委，各部委下属的各地方的职能政府部门，启动法律案的规划、确定项目、调研、论证、起草、协调等方面，在实际操作中体现出专业化和便捷化的特点。在行政化指导下制定的法律，可能会束缚政府部门的手脚，减少本部门直接或间接利益，因此，以行政化的形式进行立法往往使消极立法、选择立法成为可能。现代中国，正实现由传统的官僚型立法模式向回应型立法模式的转变。③ 这就表明，立法应当积极回应公众和市场的立法需求，体现民意、为民服务。在我国民族自治地方，由于受到民族自治地方经济发展压力和国家整体发展环境的影响，因而以政府推进型的立法模式更为突出。④

三、《立法法》修改后民族自治地方行使地方立法权的实践

2015年3月修订的《立法法》第七十二条第五款规定："自治州的人民代表大会及其常务委员会可以依照本条第二款规定行使设区的市制定地方性法规的职权。"第八十二条第一款规定："省、自治区、直辖市和设区的市、自治州的人民政府，可以根据法律、行政法规和本省、自治区、直辖市的地方性法规，制定规章。"由此，继五大自治区（西藏自治区、新疆维吾尔自治区、宁夏回族自治区、内蒙古自治区、广西壮族自治区）后，30个自治州亦形成了二元立法权格局：传统上有制定自治条例和单行条例的自治立法权，以及新获的制定地方性法规和地方政府规章的一般地方立法权。然而，自治州应在何种情况下适用自治立法权，又应在何种情况下适用一般地方立法权？在同时面对两种立法权时，自治州应当如何选择？

---

① 龚辉. 提升地方立法质量的几点思考［J］. 新疆人大（汉文），2002（4）：24.
② 张娟. 中国民族区域自治地方立法权的理论与实践［D］. 北京：中国政法大学，2011.
③ 回应型法是塞尔兹尼克的法制构想，他认为为使实质正义与形式正义统合在一定的制度之内，通过缩减中间环节和扩大参与机会的方式，在维护普遍性规范和公共秩序的同时，按照法的固有逻辑去实现人的可变的价值期望。见：[美]诺内特，塞尔兹尼克. 转变中的法律与社会——迈向回应型法［M］. 张志铭，译. 北京：中国政法大学出版社，1994年，第3页.
④ 胡继平，彭建军. 民族自治地方立法存在的问题及原因分析［J］. 中南民族大学学报（社科版），2008（6）.

（一）《立法法》修改后民族自治地方行使地方立法权的现状和出现的问题

1. 《立法法》修改后民族自治地方行使立法权的现状

根据修订后的《立法法》规定，自治州须由所在省、自治区人大确认，方得行使地方立法权。全国辖有自治州的九个省、自治区中，最早由吉林省和湖北省于 2015 年 7 月 30 日分别批准延边朝鲜族自治州和恩施土家族苗族自治州行使地方立法权；甘肃省于 2015 年 11 月 27 日一次性批准下辖的临夏回族自治州、甘南藏族自治州、海南藏族自治州、海北藏族自治州行使立法权；湖南省于 2016 年 3 月 30 日批准湘西土家族苗族自治州行使地方立法权；新疆维吾尔自治区于 2016 年 3 月 31 日批准昌吉回族自治州行使地方立法权；青海省在 2016 年 6 月 3 日批准海西蒙古族藏族自治州、黄南藏族自治州、果洛藏族自治州、玉树藏族自治州行使地方立法权；2016 年 7 月 23 日四川省批准了阿坝藏族羌族自治州、甘孜藏族自治州、凉山彝族自治州行使地方立法权；2016 年 7 月 28 日云南省批准楚雄彝族自治州、红河哈尼族彝族自治州、文山壮族苗族自治州、西双版纳傣族自治州、大理白族自治州、德宏傣族景颇族自治州、怒江傈僳族自治州、迪庆藏族自治州行使地方立法权；新疆维吾尔自治区于 2016 年 7 月 29 日批准博尔塔拉蒙古自治州行使地方立法权；贵州省于 2016 年 9 月 25 日批准黔东南苗族侗族、黔南布依族苗族、黔西南布依族苗族自治州行使地方立法权。截至 2016 年 12 月，除了新疆维吾尔自治区下辖的巴音郭楞蒙古族自治州、克孜勒苏柯尔克孜自治州、伊犁哈萨克自治州 3 州以外，余下 27 州都获准行使地方立法权。①

各自治州行使地方立法权，截至 2016 年 12 月底，共出台 8 部地方性法规，分别是：《云南省大理白族自治州水资源保护管理条例》《云南省文山壮族苗族自治州广南坝美旅游区管理条例》《黔南布依族苗族自治州 500 米口径球面射电望远镜电磁波宁静区环境保护条例》《文山壮族苗族自治州河道管理条例》《黔南布依族苗族自治州樟江流域保护条例》《恩施土家族苗族自治州酉水河保护条例》《湘西土家族苗族自治州白云山国家级自然保护区条例》《楚雄彝族自治州城乡规划建设管理条例》。从自治州地方立法的情况看，除了《楚雄彝族自治州城乡规划建设管理条例》是针对城乡建设和管理，其余 7 部地方性法规都是对环境保护事项进行的立法。

2. 《立法法》修改后民族自治地方行使地方立法权出现的问题

其一，地方性立法和自治立法界限不明确。在自治州获得地方立法权之前，自治州制定的许多单行条例调整的关系，事实上应属于一般地方性立法的范畴。这一情况致使自治州在取得地方立法权之后，出现自治立法和地方性立法界限不明确的问题。以湖南省湘西土家族苗族自治州为例，《湘西土家族苗族自治州白云山国家级自然保护区条例》和《湘西土家族苗族自治州高望界国家级自然保护区条例》。两部条例都是对国家级自然保护区

---

① 黄弋.《立法法》修改后民族自治地方立法产生的问题与对策——以自治立法与地方立法的边界为中心［D］. 长沙：湖南师范大学，2017.

的野生动植物的保护、种群调控措施及野生动物救助救治、安全防范等方面的规定，从内容上看相差无几。但是通过检索湘西人大官方网站，发现两部条例分别归属单行条例和地方性法规。云南省文山壮族苗族自治州也存在类似的问题。《云南省文山壮族苗族自治州文山国家级自然保护区管理条例》和《云南省文山壮族苗族自治州广南坝美旅游区管理条例》于同一次会议通过，两部条例内容上相似，都是对区域内野生动物、森林植被保护等方面进行规范，但综合文山壮族苗族自治州人民代表大会常务委员会官方网站以及全国人民代表大会法律工作委员会披露的地方立法权工作情况，两部条例分别以单行条例和地方性法规两种不同形式通过。除此之外《恩施土家族苗族自治州山体保护条例》《延边朝鲜族自治州天然矿泉水水源环境保护条例》等，这些法案都是在《立法法》修改之后颁布的，都被归入单行条例。但就其内容，其实还是应当以地方性法规形式更为妥当。在《立法法》修改之前，自治州未获得地方立法权时，自治州为了满足其立法上的需求，存在以单行条例之名行地方性法规之实的问题。① 从上面几例可以看出，这样的立法惯性延续到了《立法法》修改后。在自治州拥有了地方立法权之后，更加凸显了自治地方立法中存在地方性立法和自治立法界限不明确的问题。

其二，自治州的地方立法权可能驱赶其自治立法权。在《立法法》修改以前，自治区就同时拥有地方立法权和自治立法权，五大自治区直到2017年为止没有出台过一部自治条例，同时也很难找到一部自治区层面的单行条例，五大自治区的立法几乎都是以一般地方性立法的形式进行的。自治立法与一般地方性立法不仅在总量上相差悬殊，平均单个自治立法的立法主体的立法数量也远远低于地方性法规立法主体的立法数量，地方立法在数量上表现出明显的优势。《立法法》修订的时间不长，尚不足以从整体上判断自治州获得地方立法权对其行使自治立法权有何影响，仅以云南文山壮族苗族自治州的立法情况作为参考，在《立法法》修改后不到两年的时间中，文山壮族苗族自治州已经出台了《云南省文山壮族苗族自治州广南坝美旅游区管理条例》和《文山壮族苗族自治州河道管理条例》两部地方性法规。如果不妥善处理解决地方立法权和自治立法权的问题，自治州的自治立法权可能被其地方立法权所驱逐，最终同自治区的情形一样，自治立法权被束之高阁。

自治立法权与地方立法权存在诸多的不同点，使得两者需要各就各位，泾渭分明，不能够相互取代。首先地方立法权与自治立法权的基本性质和价值取向不同：地方立法权源自中央授权，表现出明显的权力属性，自治立法权除了权力属性，更突出对少数民族权力上的照顾，自治立法最根本的价值在于保护自治地方民族权益，团结民族关系，传承民族文化。其次，民族自治地方自治立法权与地方立法权有不同的法律依据和立法主体：根据《立法法》第七十二条，设区市的人民代表大会和人民代表大会常务委员会都享有地方立法权；《中华人民共和国民族区域自治法》第十九条规定，民族自治地方的人民代表大会

---

① 黄弋.《立法法》修改后民族自治地方立法产生的问题与对策——以自治立法与地方立法的边界为中心[D]. 长沙：湖南师范大学，2017.

有权制定自治条例和单行条例。相比于自治立法权，自治州地方立法权的制定主体既包括地方人民代表大会，也包括人民代表大会常务委员会，《立法法》修改后自治州人大常委会首次享有立法权力。根据《中华人民共和国民族区域自治法》第十五条，民族自治地方的自治机关是自治区、自治州、自治县的人民代表大会和人民政府。自治机关并不包括人民代表大会常务委员会，故人民代表大会常务委员会不能制定自治条例和单行条例。各级地方政府只能制定地方政府规章，没有地方法规的制定权，故自治立法权只能由自治地方的人民代表大会行使，不能由自治地方政府行使。自治立法权和地方立法权的行使范围不同：自治条例和单行条例的制定依照当地民族的特点，不违背法律或者行政法规的基本原则，在宪法和民族区域自治法的规定以及其他有关法律、行政法规专门就民族自治地方已有规定的范围内做出变通规定。地方立法主要根据本行政区域的地域、社会生活方面的具体情况和实际需要，设区市一级的地方立法的范围限制在城乡、环保、历史文化保护等方面。所以，无论是在内容上混淆自治立法与地方立法还是以地方立法权代替自治立法权都是欠妥当的。

（二）《立法法》修改后自治州一般地方立法权与自治立法权的关系

由于自治条例和单行条例的长期阙如，民族自治地方一般地方立法权和自治立法权的甄选适用在自治区层面从未实际发生，并无现成的经验积累，2015年《立法法》的修改方将该问题真正推到制度实施的"台前"。[①]

1. 两类立法权划界标准上的困境

其一，主体程序的高度相似性。一是根据《立法法》第七十五条第一款，自治州的自治立法权仅由人民代表大会行使；根据《立法法》第七十二条第五款，自治州的一般地方立法权既可由人民代表大会行使亦可由人民代表大会及其常务委员会行使；根据《立法法》第七十六条，规定本行政区域内重大事项的地方性法规只能由自治州人大制定。可见，一般地方立法权和自治立法权主体仅在涉及非重大事项的地方性法规层面方能呈现出细微的差异。二是根据《立法法》第七十五条第一款和第七十二条第二款，自治州的自治法规和地方性法规均报其所在的省、自治区人民代表大会常务委员会批准，一般无异。[②]三是根据《立法法》第九十八条（二）（三）项，自治州的地方性法规和自治法规均由其所在的省、自治区人民代表大会常务委员会报全国人民代表大会常务委员会和国务院备案，同样无任何区别。

其二，立法内容的深度关联性。在理论和逻辑上，两种立法权的本质区别应集中呈现于立法事项的差异：根据《立法法》第七十二条第二款和第五款，自治州的地方性法规须基于"本行政区域的具体情况和实际需要"；而根据《立法法》第七十五条第一款，自治

[①] 郑毅.《立法法》修改后自治州一般地方立法权与自治立法权关系研究[J]. 法学评论, 2018（4）.

[②] 学界一般将民族自治地方的自治条例和单行条例统称为自治法规，参见：沈宗灵. 法理学[M]. 3版. 北京：北京大学出版社，2009年，第268页. 本书为表述方便，亦采用这一提法.

州自治法规的制定则须"依照当地民族的政治、经济和文化的特点"。然而在官方释义中，前者被解释为"适应地方的实际情况，解决本行政区域的实际问题"，后者则被解释为"在法律规定的权限范围内，根据本行政区域的具体情况和实际需要"。① 虽然形式上两种立法权对应立法范围的规范表述不同，但只是"表述的内容为了与制度设计的'形象'需要相一致而已"。② 有学者则坦言："如按照法律规定的广义解释，二者区别不大。"③ 虽然《立法法》第七十二条第二款将地方性法规的立法事项范围进一步限定在城乡建设与管理、环境保护和历史文化保护三个方面，但一是"城乡建设与管理"本身就存在扩大解释的倾向，其对于立法边界的实际限定效果尚值探讨；④ 二是即便前述三类事项内涵明晰且确定，但当其与民族自治地方的实践相结合时，很容易由于渲染民族因素而成为具有"当地民族的政治、经济和文化的特点"的"城乡建设与管理、环境保护和历史文化保护"，依然无法在内容上实现与地方性法规的明确区分。

其三，变通标准的低度适用性。《立法法》第七十五条第二款规定："自治条例和单行条例可以依照当地民族的特点，对法律和行政法规的规定做出变通规定"，可见在形式上，是否存在变通的成分似乎亦可作为区分自治立法权和一般地方立法权的标准。⑤ 然而这个思路也面临着以下疑问。一是"可以"（而非"应当"或"得"⑥）的表述说明并非所有自治立法均涉及变通规定。一方面，在当前实践中，变通的内容仅出现于单行条例，而与自治条例无涉，对于那些未涉及变通规定的自治法规，需要分析其与地方性法规的区别；另一方面，即便是在单行条例的层面，真正包含变通规定的亦为数不多，且多聚焦诸如婚龄等技术性规范。⑦ 二是并非所有变通规定均以单行条例为载体。在当前法律框架中，民族自治地方的变通权主要有三类：①根据《立法法》第七十五条第二款的自治法规变通；②根据《中华人民共和国民族区域自治法》第二十条的对上级国家机关不适当的决议、决定、命令、指示在执行上的变通或停止；③根据以《中华人民共和国刑法》第九十条为代表的单行法专门授权条款而制定的变通规定和补充规定。可见，虽然自治法规的变通性是其与一般地方性法规之间相对明显的区分标志，但以变通性来区分二者的机会并不多。

2. 两类立法权的选择适用标准

一般地方立法权和自治立法权的边界和选择适用标准何在？传统理论层面"一揽子"

---

① 全国人大常委会法制工作委员会国家法室. 中华人民共和国立法法解读［M］. 北京：中国法制出版社，2015年，第261、277页.

② 沈寿文. 民族区域自治立法权与一般地方立法权的关系——以"优惠照顾理论"范式为视角［J］. 广西民族研究，2016（3）.

③ 彭建军. 自治区自治条例所涉自治立法权问题研究［J］. 民族研究，2015（2）.

④ 郑毅. 对我国《立法法》修改后若干疑难问题的诠释与回应［J］. 政治与法律，2016（1）.

⑤ 刘锦森. 自治州的自治条例、单行条例与地方性法规之区别［J］. 新疆人大（汉文），2016（1）.

⑥ 相关立法表述的差异详见全国人大常委会法制委员会《立法技术规范（试行）（一）》（法工委发〔2009〕62号）.

⑦ 张文山. 通往自治的桥梁——自治条例与单行条例研究［M］. 北京：中央民族大学出版社，2009年，第437页.

的区分进路面临困境,应根据具体立法事项区分不同选择模式;仅属一般地方立法权的事项由《立法法》第七十二、八十二条规定的三类范围及民族性因素的反向排除共同确定;仅属自治立法权的事项可结合"本民族内部事务"诠释的理论标准、《中华人民共和国民族区域自治法》教义学分析的规范标准以及具体变通和停止路径的形式标准综合分析;兼涉两类事项时,还应区分形式重合与实质重合的不同情况分别判定。

其一,仅属一般地方立法权范围事项的判断。一是直接规范依据:最直接的依据源于《立法法》第七十二条第二款,即城乡建设与管理、环境保护和历史文化保护。① 若事项属于前述三类事项的范畴之一,则可初步判定其具有被划入纯粹的一般地方立法权项下的可能性。二是排除性依据:在是否具有民族因素的判断标准逻辑上,属于纯粹的一般地方立法权事项的判断成立,除了其符合《立法法》第七十二条第二款的"范畴规则"外,还应当反向排除其对民族因素的牵涉,原因是《立法法》所列举的可能制定地方性法规的三类事项在逻辑上均存在与自治州当地民族因素相结合的空间。针对同一立法事项,倘若将其移植到非民族自治地方,而该立法在结构、规范内容与规制目标甚至具体规则设定方面并无本质变化,则可基本判断其属于一般地方立法权事项,自治州在理论上应当通过地方性法规的方式实现法制化。② 不过,在实践中,出于自治州实际情况的考虑,恐不宜绝对化地将一般地方立法权作为唯一选项——倘若从民族因素的视角出发能够实现更好的规制效果,则自治立法权同样可作为备选之一。③ 在具体立法形式的选择上,自治州应有适度的自主决定空间。

其二,仅属自治立法权范围事项的判断。相对于纯粹的一般地方立法权事项,纯粹的自治立法权事项在判断上更为复杂,应关注如下三类核心标准。理论基础上,在民族区域自治制度建立之初,民族属性占据核心位置,因为当时如果没有实行区域自治的少数民族,该自治地方即无法建立,故早先的"民族内部事务"在内涵上倾向于"实行区域自治的少数民族的内部事务"。后来由于"特定区域"作为民族区域自治的另一构成性要素,其他少数民族在该区域生活的现实与民主改革背景下各族群众一概平等的政法目标相契合,就决定了自治地方各少数民族的"本民族内部事务"管理权均须纳入民族区域自治法制的规制范畴,"本民族内部事务"由此逐渐转化为"本地方民族事务"。在民族区域自治制度中,民族因素是从属的,主要的因素是区域因素,"本民族内部事务"理应包括各民族的内部事务(即民族事务),其中的"各民族"则以居住于特定"地方"为限。若事项可被归入"地方民族事务"的范畴,则自治州具备实施自治立法权予以规制的可能性。

---

① 《立法法》原文表述为"城乡建设与管理、环境保护、历史文化保护等",这里的"等"应作"等内等"解释,具体论证参见:郑毅. 对我国《立法法》修改后若干疑难问题的诠释与回应[J]. 政治与法律,2016(1).

② 事实上,一般城市也可以针对区域内的民族问题制定地方性法规或规章。如1998年7月25日齐齐哈尔市第十二届人民代表大会常务委员会第五次会议通过、1998年8月15日黑龙江省第九届人民代表大会常务委员会第四次会议批准的《齐齐哈尔市梅里斯达斡尔族区条例》就是专门针对民族事务(城市民族区)制定的较大的市的地方性法规.

③ 郑毅.《立法法》修改后自治州一般地方立法权与自治立法权关系研究[J]. 法学评论,2018(4).

在规范基础上，作为理论基础的补充，有必要额外强调作为辅助性判断标准的规范基础问题，如果事项属于我国宪法和法律明确规定的民族自治地方的自治权范畴，则其具有通过自治立法权实现法治化目标的可能性。一是基础标准。现行宪法明确了8类自治权，《中华人民共和国民族区域自治法》第三章又将自治权规定细化至27项。因此，若事项属于这27项自治权的列举范畴，则自治州行使自治立法权就具有较为明确的规范基础。二是补充标准。27项自治权的范围尚有进一步补充和扩容的可能，其重点在于《中华人民共和国民族区域自治法》第六章所规定的"上级国家机关的职责"。上级国家机关履行保障职责所直接指向的客体即民族自治地方的自治权，这就使得基于该法第六章所列举的项上级国家机关的保障职责的内容间接解读出民族自治地方的"自治权清单"成为可能。①但当时制定《中华人民共和国民族区域自治法》实施细则的条件还不成熟，《国务院实施〈中华人民共和国民族区域自治法〉若干规定》（以下简称《规定》）对《中华人民共和国民族区域自治法》第六章"上级国家机关的职责"的内容进行了细化，因此在基于上级国家机关职责反推自治权畛域的过程中，《中华人民共和国民族区域自治法》第六章和《规定》应同时兼顾。三是排除标准。根据现行《中华人民共和国民族区域自治法》，前述自治权清单中似乎隐含着大量既属于民族自治地方自治机关的"自治权"内容，又存在一般地方相应的国家机关能够行使的权力。这类"自治权"的规范制定过程应被理解为兼涉一般地方立法权和自治立法权的情形，而不宜作为纯粹的自治立法权事项理解。

在形式基础上，立法变通权出场后，自治州的立法变通权分为三类：一是自治法规的变通立法；二是对上级国家机关不适当的决议、决定、命令、指示的变通执行和停止执行；三是单行法专门授权条款规定的变通和补充规定权。变通规定和补充规定往往仅是针对某一个法律问题做出的针对性规范，结构比较简单，一般仅由数条构成。②变通执行和停止执行也有明确的决议、决定、命令和指示对象，真正依照章、节、条、款、项的完整立法形式所行使的立法变通权，事实上仅能体现为自治州人大制定的自治法规。只要自治州需通过正式的立法来规制变通事项的，那么在形式上仅可通过行使自治法规制定权实现，这就排除了无变通功能的一般地方立法权被不当实施的可能性。

其三，兼具两种属性。自治州有在一般地方立法权和自治立法权中进行两类纯粹选择的可能性，但在大多数情况下，事项的属性显然并非黑白分明，而是兼具有一般属性和民族属性的"灰色地带"，两种属性兼涉的状态可以进一步分解为形式重合和实质重合两类。①所谓形式重合，是指虽然事项可能兼涉一般地方立法权和自治立法权的双重行使，但这种兼涉更大程度上仅具形式意义——不论实际选择哪一种立法权，都不会与待定规范的结构内容和价值目标发生龃龉，因此主要体现为侧重点与视角的差异。其具体的选择结果均应由自治州的立法目标以及当地民族的实际情况决定，即自治州人民代表大会具有关于具体立法形式的选择权。除立法目标和实际情况两个因素外，自治州人民代表大会对立法权

---

① 郑毅：《立法法》修改后自治州一般地方立法权与自治立法权关系研究［J］. 法学评论，2018（4）.
② 郑毅. 论民族自治地方变通权条款的规范结构［J］. 政治与法律，2017（2）.

形式的选择还受到其他因素的制约。当涉及跨行政区问题时，可通过跨区域的行政协议、一般地方立法的协同制定和共同上级地方的统筹立法来解决。②所谓实质重合，是指一般地方立法权的特征和自治立法权的特征在事项上呈现结构性耦合，易言之，倘若排除其中任何一类立法权要素特征，该事项就不再为该事项，总的来说，在该情形下一般应以自治立法权为唯一选择。①核心依据有三：一是实质重合的特性决定了民族属性是该事项的必要构成要素，但由于一般立法权根本无法契合这一特征，故具有良好兼容性的自治立法权自然成为优选方案；二是《立法法》严格限定自治州地方性法规的立法范围的意图较为明显，相较之下，自治立法权在具体的事项范围上并无明确、严格的限制，更有利于充分实现自治州的既定立法目标；三是自治立法权具有变通、补充法律和行政法规的功能，且该变通补充、规定在本民族自治地方内与被变通、补充的规范对象具有同等的效力位阶，这是一般地方立法权所无法比拟的制度优势，也是自治州重要的自治权资源储备。

3. 实现两类立法权的协同关系的路径

同为自治区、自治州的地方性立法权，两类法规立法权共性多于个性，各具优劣。自治法规立法权的优势在于其权限更大，除了拥有地方性法规的立法权限外，还拥有对法律、行政法规的变通权，遵循的是"不违背"原则。劣势在于其立法效率低，制定主体为人民代表大会，为非常设机构，每年只开一次会议，投入立法的时间和精力少，立法周期较长，上级机关把关严，要通过全国人民代表大会常务委员会或省级人民代表大会常务委员会的合法性、适当性审查，批准的期限没有规定。地方性法规立法权的特色在于立法效率更高，遵循"不抵触"的原则。地方性法规立法权可由人民代表大会常务委员会制定，人民代表大会常务委员会每年至少召开六次会议，有更多时间和精力立法。②在报批程序上，自治区的地方性法规只需报全国人民代表大会常务委员会备案，自治州的地方性法规要得到省级人民代表大会常务委员会的合法性审查和批准，在四个月内做出回应，立法周期较短，比较灵活。

人民代表大会常务委员会行使地方性法规立法权的立法效率高、成本低，但不能变通法律、法规，而人民代表大会行使的自治法规立法权可变通法律、法规，但立法效率低、成本高。因此，最好的解决方案是在共同领域，要变通的，由人民代表大会行使自治法规立法权；不要变通的，由人民代表大会常务委员会行使地方性法规立法权，以此来实现两者功能的互补。当然，在两类法规立法权都可以行使的范围内，采用何种立法权，由自治区、自治州的人大代表大会根据当地的具体情况，发挥主观能动性来自主决定。

无论在理论上还是在实践中，自治区、自治州立法权具有双重性，统一于自治区、自治州的人民代表大会及其常务委员会。只要民族自治地方立法机关准确认识两类法规立法权的优劣所在，考虑到实际情况，增强自主意识，积极发挥主观能动性，就可以用足、用

---

① 郑毅.《立法法》修改后自治州一般地方立法权与自治立法权关系研究［J］. 法学评论，2018（4）.
② 雷伟红. 论民族自治地方自治法规立法权与地方性法规立法权的协调［J］. 中南民族大学学报（人文社会科学版），2018（4）.

活、用好这两种立法权,使自治权得到落实和保障,推进民族自治地方的经济社会发展。

(三) 对民族自治地方行使地方立法权的建议

1. 界定自治立法与地方立法的范围

界定自治立法与地方立法的范围,有助于民族自治地方更好地行使地方立法权。界定地方立法和自治立法,目前来看有两种方法:第一种是明确以列举方式,表明某一事项是属于地方立法范畴还是自治立法范畴;第二种方法则是在自治地方就特定事项立法时,由自治地方人民代表大会裁量该事项是属于地方立法范畴还是自治立法范畴,即一例一决的模式。①

其一,通过解释《立法法》界定自治立法与地方立法的范围。通过列举自治立法与地方立法各自所涵盖的范围,相对于一例一决的模式而言,在具体区分过程中更加明确。自治立法与地方立法的边界不明,很大程度源于自治立法的范围模糊。因此,可以通过立法明确自治立法的范围,来解决界定自治立法与地方立法范围问题。考虑到《立法法》在近几年刚经过修订,同时考虑到《立法法》作为宪法性法律,其性质所要求的周延性、稳定性决定了其在近期内再进行修改的可能性不大。因此全国人民代表大会常务委员会可以通过解释《立法法》的方式,进一步明确自治地方的自治立法权。

具体而言,就《立法法》中关于自治立法的范围进行细化,即对"民族的政治、经济、文化的特点"这一表述细化,再根据细化后的表述,在充分听取各少数民族代表与研究少数民族文化、传统的专家学者等各方面的意见后,把有显著民族特色、确有保护价值的事项作为明确自治立法范围的依据。我国的立法活动中,长期以来都有"法律不宜太细"的立法政策。这一政策的出现,有当时的立法经验以及立法能力的不足等原因,认为"法律只能解决最基本的问题,不能规定得太细,太细了就难以适用全国"。而具体实施的问题,则由国务院、省、自治区、直辖市的人大和人大常委会等制定细则。②而实际上法律如只解决最基本的原则性问题,不足以对国务院、省、自治区、直辖市等地方如何制定细则进行指导的话,就会导致细则难以制定,而使得法律所规范的"最基本的问题"无从解决。因此在自治立法方面,对自治立法的范围进行细化,制定保护名录,是有利于自治立法的。要注意的是制定保护名录,不应该完全排除自治地方对不在保护名录中的事项进行自治立法,如果自治地方认为某一事项虽然不在名录当中,但属于有自治立法必要的事项,就可以进行自治立法,同时人大常委会还需定期对各少数民族代表与研究少数民族文化、传统的专家学者提出的新的事项进行甄别,考虑是否将其纳入已有名录。通过人民代表大会常务委员会解释《立法法》,制定保护名录将所谓"本民族事务"这一空乏的概念,变成许多实实在在的事项,并以立法解释明文确定其受到保护的地位,成为明确的自

---

① 黄弋.《立法法》修改后民族自治地方立法产生的问题与对策——以自治立法与地方立法的边界为中心 [J]. 长沙:湖南师范大学,2017.

② 1985 年 1 月 23 日,六届全国人大常委会委员长彭真同志在省、自治区、直辖市人大常委会负责同志座谈会上的讲话. 参见:彭真. 彭真文选:一九四一——一九九〇年 [M]. 北京:人民出版社,1991 年,第 505 页.

治立法范围，进而界定自治立法与地方立法的边界。

其二，通过民族自治地方人大的裁量权界定自治立法与地方立法的范围。通过全国人民代表大会常务委员会解释《立法法》来界定自治立法与地方立法的范围，需要一定的时间，在《立法法》解释完成以前，可以通过民族自治地方人大的裁量权界定自治立法与地方立法的范围。

在自治立法权和地方立法权的划分问题上，有的方面通过立法较为容易明确：例如区域自治的基本组织原则、机构设置、自治机关的职权等相关的事项，必须通过自治条例予以确定；需要进行变通规定的事项，应当使用单行条例予以规定。但是有的方面则需要在法律规定的范围内更为灵活、更为细致地裁量，民族自治地方立法事项划分没有明确标准可循，这时就需要人民代表大会综合本地实际情况来行使裁量权。根据《立法法》规定重大事项的地方性法规不能仅由人民代表大会常务委员会决定，而必须由人民代表大会通过。① 但对于一个特定事项是否属于"特别重大事项"，《立法法》并没有进一步解释，从立法技术角度实际上也很难全面进行罗列。在地方实践中，人民代表大会及其常务委员会在立法事项上的分工有的在立法条例中进行了部分罗列，有的只做出概括性规定。所以民族自治地方人民代表大会应当结合本地民族特点和实际情况，在自治条例或者立法条例中，对重大自治事项或重大事项进行部分列举或者明确其界定标准，进而划分出重大自治立法事项。立法由人民代表大会制定自治条例和单行条例；非重大事项就可以由自治地方人民代表大会常务委员会通过制定地方性法规来规范。这样，通过自治地方人民代表大会充分裁量，一方面保证民族自治地方自治立法权不至于削弱，另一方面也有利于提升自治地方立法效率，更及时地对民族自治地方治理中出现的问题进行规范。值得注意的是，虽然尚未确立明确的标准，民族自治地方人民代表大会在对本地民族自治地方立法权与地方性法规制定权的范围进行界定时，并不能漫无边际地自由裁量，应当在宪法和法律所给予的权限范围内进行裁量。我国实行的民族区域自治，是在国家宪法和相关法律规定范围之内实行的自治，民族自治地方人民代表大会应当在宪法和相关法律所给予的权限内对相应立法事项进行裁量。

2. 地方立法的目的定位要注意平衡权力与权利的关系

地方立法应该以平衡权力与权利的关系为指导原则，避免地方立法权下放后的权力异化问题。德国著名的法哲学家耶林在其著作《法律的目的》一书的序言中指出，"目的是全部法律的创造者。每条法律规则的产生都源于一种目的，即一种实际的动机。"但他还有一本书，叫《为权利而斗争》，说明了立法是各种利益博弈的结果，每部法律的出台肯定有利益冲突，不理顺其中的利益关系必然造成法律实施的效果不佳。可是，从当前地方立法的文本来看，大多数地方立法主要是为了加强义务性法律规范，而对于城乡建设中的住宅权、公民环境权、文化权等问题，出台的法规并不多。而且立法中缺乏契约精神和公

---

① 《中华人民共和国立法法》第七十六条："规定本行政区域特别重大事项的地方性法规，应当由人民代表大会通过"。

众参与，公众的立法需求没有纳入地方政府的立法目的之中。在地方立法过程中，我们不能过于迷信白纸黑字的法律权威，还要发挥公众参与的规范机制，激发广大民众参与城乡建设与管理、环境保护、历史文化保护等方面的积极性。地方政府在立法决策过程中，要加强公众参与，立法要反映公众需求，以改善民生、保障公民权利为目标，做好立法规划的前期论证工作，健全公众参与立法决策的评估机制，平衡立法过程中的权力与权利的关系。民族自治地方在行使地方立法权时，也应当关注权力与权利的平衡问题。《立法法》修改之后，自治州相对于自治区，对当地的政治、经济、文化更加了解，应当在立法的过程中充分反映当地民众的需求，制定出能够改善民生、保障公民权利的规定。

3. 民族自治地方特色立法可从单行条例上进行突破

地方立法的数量增多后，出现了一些在社会公众看来没有特色、可操作性差的法规，呈现出只是抄袭上位法的表面繁荣，进而产生实质无制度公信力的立法滞涨问题，地方立法还可以从"不抵触、有特色、可操作"的原则来解决这一现象。在民族自治地方，还可以从深化民族自治地方的立法体制机制改革方面，解决修改后的《立法法》的二元立法体制问题来提高地方立法质量。《立法法》修改后，自治州获得了地方性法规的立法权，在地方立法权的冲击下会与自治立法权产生竞合，影响自治立法权的自治特色，不利于民族区域自治优势的显现。为了使得地方立法"不抵触、有特色、可操作"，民族自治地方不能一味按照一般地方性事务来策划地方立法，还应考虑民族特色，从自治条例、单行条例方面来建构城乡建设与管理、环境保护、历史文化保护等方面的地方立法事项。目前，因自治区一级的自治条例涉及的立法内容太广泛，立法面临的难点较多，民族自治地方可从单行条例上突破，以建立具有民族特色的民族区域地方治理的法规体系。

民族自治地方立法不求数量而应重质量，应把握好特色立法的优势。《立法法》将城乡建设与管理、环境保护、历史文化保护等立法权限下放，说明这些事项需要地方政府积极参与，这恰好是发挥民族自治地方特色立法的优势和加强地方治理法治化的机会，因此民族自治地区可制定城乡建设与管理、环境保护、历史文化保护等方面的单行条例。以广西为例，可制定《广西壮族自治区环境保护单行条例》等条例，对《中华人民共和国环境保护法》（以下简称《环境保护法》）、《中华人民共和国非物质文化遗产法》（以下简称《非物质文化遗产法》）、《中华人民共和国环境影响评价法》（以下简称《环境影响评价法》）等法律进行变通立法，以体现民族自治地方特色。例如，《环境保护法》将"环境"概念局限于自然环境，难免对民族文化生态有所忽视，单行条例可对"环境"一词进行变通解释，将民族自治地区生态环境和民族文化联系起来保护。我国民族自治地方拥有丰厚传统文化底蕴和特色鲜明、样式众多的民族生态文化遗产和自然风光，且这些传统文化与自然环境相互依托而生，《环境保护法》《非物质文化遗产法》对此还有许多不足。为此，民族自治地方可以变通解释《环境保护法》和《环境影响评价法》中的"环境"

概念，扩展生态保护区的内涵，将文化生态保护区与自然生态保护区结合起来保护。①

4. 建立民族自治地方立法清理机制编制立法年度计划

法律实施的效果如何需要通过实践来检验，对于效果不好的法律法规，应该建立起全面、系统、长效的清理机制。克服清理工作的随意性、被动性和阶段性，使清理工作常态化、制度化。对法律法规应当建立定期清理检查制度，明确法律法规清理标准，对民族自治地方的自治条例、地方性法规、行政规章等进行梳理，找出法律体系中相互冲突的部分及时上报并处理。②特别是此次《立法法》修改后，5个自治区的立法条例需要立即进行完善与修改，对有歧义、意思表达不明确的法律用语进行完善与修改，制定意思明确的法律条文；及时废除与经济社会发展状况不相符的法律法规，精简法律法规数量，以简政放权为原则，制定与民族自治地方经济社会发展相适应的法律法规，达到维护民族地区稳定、促进民族团结、繁荣民族经济的目的。

各级民族自治地方立法机关要有计划地制订本地区立法计划，如制订年度立法规划、五年立法计划和十年立法计划等，根据本阶段的立法计划开展立法中的各项工作，特别是立法调研、意见征求等关键环节。同时，要确定各级立法机关的工作重点、立法范围，以保证立法工作卓有成效地开展。目前，我国立法体制中的薄弱环节是民族自治地方的立法机关建设，相对于其他立法机关而言，民族自治地方的立法活动不够活跃，尤其是在自治州、自治县一级的人民代表大会中这一现象更为突出，有的自治州、自治县多年来仅制定过一部自治条例。

5. 提升民族自治地方立法队伍立法能力

立法工作人员不仅要有高度的责任感，还必须有丰富的法律知识。一方面，立法人员的业务培训要常态化，可定期对立法工作人员进行培训，提高立法工作人员的立法技能，让立法工作人员适应经济社会发展要求，不断对立法工作中出现的问题进行梳理，加强立法工作经验交流，提升立法工作人员立法水平。③另一方面，要适当增加有民族学、法学背景的人员加入民族自治地方立法队伍，民族院校的民族学院、法学院等可在硕士研究生、博士研究生阶段培养立法方面的专门性人才，通过选调等方式进入民族自治地方立法部门工作，充实民族自治地方立法队伍。同时，可以考虑以法律起草委托的方式，将起草工作委托给高等院校或者科研院所，以解决民族地区立法人员不足的问题。

---

① 黄弋.《立法法》修改后民族自治地方立法产生的问题与对策——以自治立法与地方立法的边界为中心［J］. 长沙：湖南师范大学，2017年.

②③ 彭振. 民族自治地方的立法完善与改革——以"立法法"修改为视角［J］. 经济与社会发展，2016（1）.

下篇

立法与实践
以《连南瑶族自治县民族文化遗产保护条例》为例

第四章 《条例》的起草

2015年连南瑶族自治县人大常委会与华南理工大学法学院签订合作协议，邀请华南理工大学法学院参加自治县《连南瑶族自治县民族文化遗产保护条例》（以下简称《条例》）的立法工作，双方派出人员，成立了立法工作组，从《条例》的起草、草案到法规的蜕变，经历了两年多的时间。2017年11月30日，《条例》获得了广东省第十二届人民代表大会常务委员会的批准。《条例》实施后，又组织了对《条例》立法后的评估工作。

连南瑶族自治县是岭南地区历史悠久的瑶乡，瑶族传统的风俗习惯、礼仪节庆、传统瑶族村寨等至今仍焕发着活力，是中华文化的重要组成部分。但随着时代的发展，民族文化存续的环境受到城镇化浪潮的冲击，由于发展不平衡、保护不充分的问题，致使民族文化遗产保护也陷入了困境，因此制定民族文化遗产保护条例，给民族文化遗产以法律保护，意义重大。

在《条例》的起草阶段，自治县人民代表大会及其常务委员会、自治县人民政府、立法专家组、非物质文化遗产传承人等多方主体深度合作；立法专家组通过实地调研、资料搜集和立法座谈会等多种形式，对连南民族文化遗产保护情况进行了较为深入的调查，在知悉国内外文化遗产保护立法的基础上，根据连南文化遗产保护的实际，经过多次研讨，确立了《条例》起草的指导思想和立法体例等基础性问题；在多元主体的合力下，完成了《连南瑶族自治县民族文化遗产保护条例》（草案）[①]。

一、《条例》起草的背景

连南处于广府文化圈边缘，自古就是少数民族定居的地方。瑶族经过历史上多次大规模的迁入和定居，最终在连南形成了特色鲜明的地方文化。时至今日，连南瑶族自治县的部分瑶族居民依然保持着传统的生活方式。自治县境内大量的瑶族风俗、礼仪、节庆等非物质文化遗产和建筑、碑刻、饰品等物质文化遗产以及传统瑶族村寨，都彰显着瑶族文化的活力。但与此同时，现代文明的发展也对瑶族传统文化造成了一定冲击。在城镇化的浪潮下，非物质文化遗产传承断档、传统瑶族村寨维护不当等问题日益突出，而我国的民族文化遗产保护法律体系对基层实际情况的针对性也存在不足，连南民族文化遗产保护受到了较大影响，通过制定民族自治地方的文化遗产保护条例，对自治县民族文化遗产保护具

---

① 《连南瑶族自治县民族文化遗产保护条例》草案，2016年3月18日第三稿［简称《条例》（草案）］。

有重要的意义。

（一）连南瑶族自治县民族文化遗产的保护现状

连南的民族文化遗产主要包括非物质文化遗产和物质文化遗产及传统瑶族村寨。由于瑶族文化的历史积淀深厚，自治县境内保存着大量瑶族风俗、礼仪、节庆等非物质文化遗产和传统瑶族村寨、建筑、碑刻、饰品等物质文化遗产，部分传统瑶族村寨仍然延续着传统的生活方式，具有较高的文化保护价值。

连南的非物质文化遗产主要包括瑶族传统文学、技艺、歌舞、服饰、节庆等内容，民族特色鲜明，保护价值较高。截至2015年，自治县被认定为国家级非物质文化遗产代表性项目3项，国家级非物质文化遗产项目代表性传承人1人；省级非物质文化遗产代表性项目9项，省级非物质文化遗产项目代表性传承人10人；市级非物质文化遗产代表性项目9项，市级非物质文化遗产项目代表性传承人19人。[①] 但在取得较为显著成绩的同时，非物质文化遗产保护也存在一些较突出的问题：一是传承人出现人才断档。在现代生活方式的影响下，连南的年轻人投身文化传承的积极性有限，部分非物质文化遗产出现后继乏人的情况；二是流散于民间的大量礼仪民俗、传统技艺、文学艺术等非物质文化遗产依然有待发掘整理。目前获批的非物质文化遗产项目是民族文化遗产的一部分，民间仍有大量的传统文学、曲艺、风俗等需要纳入保护范围。

连南的物质文化遗产主要包括文物和历史建筑等内容。连南县建立了广东瑶族博物馆，通过收购、调拨、捐赠等方式，已经征集各类瑶族文物、实物共20541件，包括生产工具、工艺饰品、石刻碑文等。[②] 部分建筑历史悠久，文化价值较高，也通过申报不可移动文物的形式加以保护，如南岗古寨建筑、涡水盘王庙、平瑶岭石刻等。但由于系统性的文物发掘整理工作启动较晚，目前依然有大量文物散落民间，需要进行进一步的文物调查。

连南传统瑶族村寨中，目前保存较完整的主要有南岗古寨、油岭古寨、三排古寨和大掌古寨。其中南岗、油岭两个古寨被认定为广东省古村落，南岗、油岭、三排、大掌四个古寨被认定为清远市传统古村落。但目前得到深层次开发的只有南岗千年瑶寨，其他传统瑶族村寨的保护与开发利用依然在推进过程中，保护措施尚不完善，需要加大保护力度。

（二）连南瑶族自治县民族文化遗产保护面临的困境

1. 非物质文化遗产保护面临的困境

随着城镇化浪潮的冲击，连南的非物质文化遗产保护存在后继乏人、配套设施不到位等问题。其一，在已经列入县级以上非物质文化遗产保护名录的项目中，部分项目传承人

---

① 参见《连南瑶族自治县文化广电旅游体育局2015年度工作总结》，连南瑶族自治县人民政府2015年11月18日。
② 数据来源为《连南瑶族博物馆馆藏概况》，广东国际瑶族博物馆，2015年。

培养断层严重，民间艺术的传承状况濒危，具体情况如表4-1所示。个别非物质文化遗产项目传承人年老体弱，如连南歌王唐买社公已经于2018年过世，鼓王塘桥辛二公也年事已高，这些非物质文化遗产项目都存在人去艺绝的危险。

表4-1 连南瑶族自治县濒危非物质文化遗产项目①

序号	类别	名称	分布区域	传承人数量	濒危状况
1	民俗	瑶族耍歌堂	在八排瑶居住的各村寨	2	严重濒危
2	民俗	瑶族婚俗	在八排瑶居住的各村寨	2	严重濒危
3	民间舞蹈	瑶族长鼓舞	在排瑶居住的三镇九寨	2	严重濒危
4	民间手工技艺	瑶族刺绣	八排瑶和过山瑶地区	2	严重濒危
5	传统音乐	排瑶民歌	八排瑶地区	1	严重濒危
6	传统技艺	瑶族银饰制作技艺	瑶区各村寨	1	严重濒危
7	传统技艺	瑶族长鼓制作技艺	瑶区各村寨	1	严重濒危

在配套设施上，连南用于非物质文化遗产传播的基础设施相对落后，缺乏专业的展示平台和人才队伍。虽然自治县拥有丰富的非物质文化遗产，但县、镇用于非物质文化遗产展示的场所和设施数量较少，制约了民族文化遗产传承和发展。非物质文化遗产传承工作严重缺乏专业研究人才，无法进行深入研究。

2. 传统瑶族村寨保护面临的困境

连南分布着大量历史悠久的瑶族村寨，但自治县对传统瑶族村寨保护投入的资源相对有限：

其一，传统瑶族村寨建筑物老化问题较为严重。南岗、油岭等重要的传统瑶族村寨建有民居、仓储房、牲畜棚、寨门、寨墙等建筑物，除作为旅游及服务设施的建筑外，其他大部分建筑物普遍缺乏有效的维护，大量房屋因无人使用常年弃置，年久失修，结构老化严重。加之传统瑶族村寨环境潮湿，不利于建筑物长期保存，加速了建筑物的老化，急需组织抢救性修缮。

其二，管理部门分工不明确。传统瑶族村寨的保护涉及多个部门，各部门的职权范围存在重叠，特别是文化主管部门、民族宗教主管部门和城乡规划建设主管部门之间的责权划分不够清晰，造成管理混乱，工作协调困难，加上档案资料重复等问题，制约了对传统瑶族村寨的保护。

其三，保护经费和人才有限。连南瑶族自治县是广东省的贫困县，能够投入传统瑶族村寨保护的经费有限，上级财政拨款也难以覆盖全部工作内容。同时，作为基层单位，自治县的专业人才较为缺乏，传统瑶族村寨的勘察、修缮、维护和开发利用都缺乏专业人员指导。

---

① 数据来源为《连南瑶族自治县非物质文化遗产名录》，连南瑶族自治县文化馆，2015年。

其四，保护工作的宣传不到位。虽然自治县民族文化遗产主管部门在传统瑶族村寨保护方面做了积极的宣传，但保护理念的普及仍然不足，自治县民众对村寨保护的认识有限，私搭乱建、破坏原建筑物风貌的情况时有发生。主管部门和传承人对传统瑶族村寨作为传承场所的重要意义认识不够充分，导致传承工作与村寨文化生态建设结合得不够紧密。

（三）文化遗产保护的法律体系对民族自治地方文化遗产保护存在针对性不强的问题

目前我国的文化遗产保护主要采用分别立法的模式，《中华人民共和国文物保护法》（以下简称《文物保护法》）、《中华人民共和国非物质文化遗产法》（以下简称《非物质文化遗产法》）、国务院《历史文化名城名镇名村保护条例》等法律法规，强化了不同种类的文化遗产，只是在《非物质文化遗产法》第二条、第二十六条比较明确地突出了整体保护原则。对此有学者指出"当前的文化遗产保护法律体系使《文物保护法》《非物质文化遗产法》和各类民族村寨保护法律法规之间存在明显的分别立法、分别实施、分别执法的情况"。[①] 文化遗产保护分别立法的体例，对连南瑶族自治县这类基层的民族自治地方文化遗产保护缺乏较强的针对性。在实践中，连南的物质文化遗产保护与非物质文化遗产保护分属住房和城乡建设局、民族宗教事务局、文化广电旅游体育局（文广旅体局）等不同主管部门。各个主管部门的工作宗旨和职责范围存在较大差异，缺乏明确的沟通协调机制，各类民族文化遗产的关联性难以在保护工作中充分体现。

民族文化遗产保护是一个有机的整体，物质文化遗产保护与非物质文化遗产保护存在一个复杂的"交集"，特别是在连南这类瑶族人口占比较高、民族性较为突出的民族自治地方，各类文化遗产往往蕴含于普通民众的生活中，物质文化遗产是"躯壳"，存在于其中的非物质文化遗产则是"血液"，两者之间的关系，是一种深度依存的关系，这也是文化遗产保护整体性的体现。[②] 连南的民族文化遗产保护以瑶族文化为中心，各类文化遗产是其有机组成部分，是不可分割的整体。风俗、习惯与生活场所、生产工具等相互依存，具有极强的整体性。如民族节日、传统音乐、医药知识等，如果没有赖以生存的村寨文化土壤，没有展演场地、传统建筑的保护，没有乐器及其制作材料的保护，没有医药资源的保护，其保护的目的是不可能实现的。

二、《条例》起草的指导思想

《条例》起草的指导思想是制定条例的核心问题，立法工作组经过深入调研及多次研讨，确立了《条例》制定贯彻民族文化遗产统一保护和突出地方特色的指导思想。

---

① 田艳. 文化遗产保护的统一立法模式考量 [J]. 西南民族大学学报，2019（2）.
② 侯斌. 少数民族传统文化保护相关立法现状与完善 [J]. 民族学刊，2011（2）.

（一）民族文化遗产统一保护

条例起草要充分重视民族文化遗产的整体性，对各类文化遗产实行统一保护，建立全面、协调的保护体系。

其一，条例的保护范围要全面覆盖自治县的各类文化遗产。要对各类文化遗产统一保护，首先要在保护范围上做到全面覆盖。连南的民族文化遗产种类丰富，包括物质文化遗产、非物质文化遗产和传统瑶族村寨，各类文化遗产在性质、形式和分布范围上既有独特性又有关联性，是一个有机的整体。物质文化遗产主要包括石刻、建筑、饰品等；非物质文化遗产主要包括瑶族文学、技艺、曲艺等；传统瑶族村寨主要包括南岗、油岭等古寨，不同种类的文化遗产相互依存，具有极强的整体性，需要整体纳入条例的保护范围，做到全面保护。

其二，要保障文化遗产保护体系的协调性。物质文化遗产与非物质文化遗产本质上都属于文化遗产，其文化内涵是一脉相承的。其保护的方针、原则，认定的标准、程序虽有诸多区别，但内在的文化保护理念是统一的。因此，为了保持文化的整体性和活力，有必要建立统一的文化保护体系，统筹协调各类民族文化遗产的保护。此外，保护机构也要形成沟通协作的保护机制。在实地调研中，立法工作组发现，连南的文化主管机构、城乡规划主管机构、民族宗教事务主管机构之间存在职能划分不清、分割管理难以协调等问题，在协同保护、联合执法上缺乏沟通协调，对保护工作造成了较大影响。因此，有必要建立统一协调的民族文化遗产保护体系，充分协调自治县行政区域内的各项保护工作，充分利用资源，提升保护水平。

（二）突出地方特色

突出地方特色主要就是要求条例能反映本地的特殊性，对自治县文化遗产保护具有较强的针对性。具体地说，就是要求：①条例能充分反映连南经济、政治、法制、文化、风俗、民情等地域特性，确保立法适合本地实际情况；②条例要有较强的、具体的针对性，并能解决连南民族文化遗产保护突出的问题，把制定单行条例同解决连南实际问题结合起来。

连南瑶族自治县的地方特色是以瑶族文化为核心。作为全国唯一的排瑶聚居地和典型的瑶汉杂居区域，连南瑶族的文化充分反映了历史长河中瑶族文化的发展和多元文化的融合。瑶族本民族的风俗、礼仪、器物和村寨是民族特性的载体，而各类生产工具、文书契约、历史档案等又展现了文化融合与发展的轨迹。条例制定时要充分尊重民族文化保护的内在规律，在确定保护措施和法律责任时要突出瑶族和本地其他民族的特色，并针对自治县这一基层行政单位，制定适宜的规范。

要做到体现地方特色，对立法工作组也提出了较高的要求：一是要能充分了解连南经济、政治、法制、文化、风俗、民情等对立法调整的需求程度，研究如何通过地方立法有针对性地解决地方的特殊问题。二是能根据连南的实际情况，抓住文化遗产保护的民族特性和一般规律。①要把条例同本地发展总体战略结合起来。例如，充分体现广东省文化生态保护区整体规划与连南民族文化生态保护规划的协同关系，在符合广东省整体发展战略的同时保证地方特色；②要把条例同解决本地具体问题结合起来。例如自治县瑶族公民较多，需要根据瑶民生活的特点设置相关保护措施，做到文化遗产保护深入瑶民生活；③要充分调查研究，不仅要对本地情况进行调查研究，也要对国家立法和地方立法进行调查研究，才能了解全局，立法中做到既与上位法保持协调一致，又具有针对性，能解决民族自治地方民族文化遗产保护的实际需要，彰显地方立法的特色。

三、《条例》立法体例的选择

文化遗产保护的内涵丰富，保护主体、保护对象的数量、种类繁多，保护措施也较为复杂，在国际、国内的相关立法存在统一立法与分别立法两种体例。在连南《条例》的起草中，立法工作组对两类立法体例分别进行了考察，最终从民族文化遗产保护的特点和自治县的实际情况出发，选择了统一立法体例。

（一）文化遗产保护的立法体例

1. 统一立法体例

统一立法体例是指在对文化遗产进行立法中，将物质文化遗产与非物质文化遗产等进行综合立法的体例。在国际上，有日本、韩国等采用了统一立法的体例。日本是世界上较早颁布法律来保护文化遗产的国家，日本文化遗产的立法始于19世纪初的明治初年。1871年5月，颁布了保护工艺美术品的《古器旧物保存方》，这是日本政府颁布的第一部文化遗产保护法案。1950年颁布了《文化财保护法》，这是日本文化遗产保护最重要的一部法典，时至今日这部法典经历了1954年、1966年、1975年和2004年的四次修改。日本把文化遗产称为"文化财"，在法律中文化财的分类是：①物质文化财；②非物质文化财；③民俗文化财；④纪念物（历史遗迹、名胜、自然纪念物等）；⑤传统建筑群；⑥文化景观。其中无形文化财是指"戏曲、音乐、传统工艺技术和其他无形的文化财产，具有较高历史价值或艺术价值；民俗文化财是指与衣食住行、信仰、节庆等相关的风俗习惯、民俗民艺以及在这些活动中使用的衣物、器具、住房及其他物品"。日本的《文化财保护法》将物质文化遗产和非物质文化遗产统一立法的体例，可更好地实现对遗产的整体保护。

2. 分别立法体例

分别立法体例是指对文化遗产进行立法中，采用将物质文化遗产和非物质文化遗产分别立法的体例。这种立法体例在文化遗产立法中是采用得较多的。

在国际公约中，对文化遗产的保护多采取分别立法的体例，如《保护世界文化和自然遗产公约》《保护和促进文化表现形式多样性公约》《保护非物质文化遗产公约》等国际公约构成的文化遗产保护法律体系，强调了非物质文化遗产具有多元性，"承认各社区，尤其是原住民、各群体，有时是个人，在非物质文化遗产的生产、保护、延续和再创造方面发挥着重要作用，从而为丰富文化多样性和人类的创造性做出贡献"。

在我国的文化遗产保护立法中，国家立法主要采取分别立法的模式。《中华人民共和国文物保护法》《中华人民共和国非物质文化遗产法》明确划分了不同种类的文化遗产。《中华人民共和国文物保护法》第二条规定，文物的保护范围包括："（一）具有历史、艺术、科学价值的古文化遗址、古墓葬、古建筑、石窟寺和石刻、壁画；（二）与重大历史事件、革命运动或者著名人物有关的以及具有重要纪念意义、教育意义或者史料价值的近代现代重要史迹、实物、代表性建筑；（三）历史上各时代珍贵的艺术品、工艺美术品；（四）历史上各时代重要的文献资料以及具有历史、艺术、科学价值的手稿和图书资料等；（五）反映历史上各时代、各民族社会制度、社会生产、社会生活的代表性实物。"《中华人民共和国非物质文化遗产法》第二条规定，非物质文化遗产保护的范围包括"各族人民世代相传并视为其文化遗产组成部分的各种传统文化表现形式，以及与传统文化表现形式相关的实物和场所"，并列举了具体的文化遗产形式，与《中华人民共和国文物保护法》形成互补。此外，国务院《传统工艺美术保护条例》《历史文化名城名镇名村保护条例》和定期下发的少数民族事业发展规划文件，也体现了对不同保护对象分别立法的精神。

（二）《条例》选择统一立法体例的缘由

在充分研究统一立法与分别立法两种立法体例的特点与各地立法情况之后，立法工作组组织了多次研讨，对立法的科学性、合理性和自治县立法资源的实际情况等因素进行了综合考量，最终确定采用统一立法体例。其主要理由是：

其一，统一立法体例符合自治县民族文化遗产保护的实际情况。连南瑶族自治县作为县级行政单位，采取统一立法的体例具有必要性和可行性。自治县民族文化资源丰富，但保护对象具有民族特色突出、范围集中、较强的整体性等特点。作为基层单位，自治县负有保护义务的职能机构较少，人员、编制相对精简，管理工作的综合性较强，对各类民族文化遗产单独立法缺乏必要性。另外，立法和执法需要大量的人力、物力和财力支持，自治县属于贫困县，立法资源有限，缺乏立法人才和立法经费，难以支持分别立法，采用统一立法体例，在一部条例中全面规定各类民族文化遗产的保护，统筹协调各项工作的方式更符合实际需求。

其二，统一立法体例有利于建立协调完整的民族文化遗产保护体系。统一立法体例有利于建立完整的保护体系，明确各主体职责和权限，充分协调保护工作、统一保护标准、合理分配资源。在全国范围内，少数民族文化资源集中的地区较多采用统一立法，如《云南省民族民间传统文化保护条例》《贵州省民族民间文化保护条例》等。连南以瑶族为主体，文化遗产特色鲜明、体系完整，各类保护工作的重心明确，统一立法可以围绕民族特色做出集中规定。保护范围为自治县境内，区域集中，保护对象数量相对有限，统一立法有条件对各类民族文化遗产统一管理、协调资源。《条例》采取统一立法的模式，有助于自治县建立完整的民族文化遗产保护体系，充分发掘瑶族文化特色，有效保护和充分利用各类民族文化资源。

其三，统一立法体例可强化民族文化遗产保护的整体性。民族文化遗产以内在的民族精神为基础，经过民族文化的各个元素整合形成完整的文化模式，文物、建筑群、遗址、语言文字、文学艺术、宗教习俗等均是其有机的组成部分。因此民族文化遗产保护要保持民族文化的完整与活力，具有不可分割的属性。对连南瑶族文化的传承自古以来未曾中断，瑶族民众在与时俱进的发展过程中，依然保持着瑶族传统文化的完整性和生命力，因此《条例》选择统一立法体例，可强化民族文化遗产保护的整体性，对物质文化遗产、非物质文化遗产和传统瑶族村寨等内容统一规定，通过立法全面完整保护民族文化遗产。

四、《条例》草案的制定

在《条例》草案的制定中，由自治县人民代表大会及其常务委员会、自治县人民政府及其职能部门、立法专家组、非物质文化遗产传承人组成了多元合作的主体，这些不同的主体在《条例》草案的制定中，以己之所长，对《条例》制定贡献了智慧。《条例》制定，经过了草案的启动到草案的形成各个阶段。在《条例》草案的制定过程中自治县人民代表大会常务委员会与华南理工大学法学院立法专家组的深度合作，既保障了《条例》草案的立法质量，也能凸显其地方特色性和针对性。

（一）《条例》起草中的多元参加者

1. 连南瑶族自治县人民代表大会及其常务委员会

根据《中华人民共和国宪法》《中华人民共和国地方各级人民代表大会和地方各级人民政府组织法》《中华人民共和国立法法》的规定，地方人民代表大会及其常务委员会是地方立法的主体，是立法工作的主要推动者。连南瑶族自治县人民代表大会及其常务委员会在《条例》制定中，主要由人民代表大会内务司法委员会和人民代表大会常务委员会法制工作委员会负责立法的具体工作。

在《条例》起草中，人民代表大会及其常务委员会做了以下工作。一是组织立法调研。2015年3月，县人大内务司法委员会开展了《条例》的前期调研工作，组织文化广电旅游文体局（文广旅体局）自然资源局、博物馆等机构，对连南各项文化遗产的保护情况进行了调查，为各参与单位形成立法可行性报告提供了基础。二是订定立法计划。根据省、自治县的立法规划和前期调研的情况，自治县人民代表大会常务委员会法律工作委员会制订了具体的立法计划，明确了《条例》起草、征求意见、修改等各个阶段的时间、人员安排。三是共同完成《条例》（草案）。自治县人大常委会与华南理工大学法学院立法专家组通力合作，在前期调研的基础上，根据自治县文化遗产保护的现实需要，依据相关上位法，并参考其他相关法律法规，共同完成了《条例》（草案）的起草工作。四是组织调研、召开座谈会完善《条例》（草案）。为进一步完善《条例》（草案），充分听取各界对《条例》（草案）的意见，自治县人大常委会组织了多次调研和座谈，针对条例的地方特色性和可行性，听取各主管部门、一线执法人员、非物质文化遗产传承人的意见建议，收集了较有针对性的建议，对《条例》（草案）的完善有较大的助益。五是修改完善《条例》（草案）并提交自治县人民代表大会通过。自治县人民代表大会常务委员会与华南理工大学法学院立法专家组合作，整理、吸收各方意见，完成《条例》草案修改，并提交自治县人民代表大会通过。六是提交广东省人民代表大会常务委员会批准。《条例》草案经自治县人民代表大会通过后，自治县人民代表大会常务委员会将《条例》草案提交广东省人民代表大会常务委员会，由广东省人民代表大会常务委员会批准。

2. 连南瑶族自治县人民政府及其职能部门

随着现代分工的日益细化，具体治理事务所要求的专业化程度越来越高，行政系统及其部门机构凭借自身在技术、信息方面的优势，愈来愈多地参与到代议制机关的立法活动中。[①] 在《条例》的制定过程中，连南自治县人民政府及其与文化遗产保护相关的职能部门参与了《条例》的立法立项和起草工作。在《条例》立法立项阶段，作为自治县文化遗产保护主管部门的文化广电旅游文体局根据文化遗产保护工作的实际情况，协助人民代表大会内务司法委员会开展了深入的调研工作，并完成了《连南瑶族自治县民族文化遗产保护条例立法可行性报告》。报告详细分析了近年来自治县民族文化遗产保护工作的情况，总结了成果与问题，提出了立法的必要性和迫切性，是《条例》立法立项的重要依据。在条例起草中，人民政府派出相关主管部门负责人和有经验的工作人员参与了立法座谈，为《条例》（草案）的完善提供了较有针对性的建议，对条例的操作性提供了保障。

3. 立法专家组

《中华人民共和国立法法》第五十三条第二款规定："专业性较强的法律草案，可以吸收相关领域的专家参与起草工作，或者委托有关专家、教学科研单位、社会组织起草。"连南瑶族自治县人民代表大会常务委员会于2015年与华南理工大学法学院签订了立法合作协议，邀请华南理工大学法学院的专家学者成立立法专家组，并与自治县人民代表大会常务委员会共同成立了立法工作组。立法专家组全程深入参与了条例的调研、起草和修改完善工作，并举办专家论证会，针对条例草案中传统瑶族村寨保护较为专业的问题邀请专业领域的专家对条例草案提出完善建议，对条例的立法质量提供了保障。

在条例制定中，立法专家组主要参与了以下工作。一是条例前期的调研工作。立法专家组深入连南，收集整理连南文化遗产的资料，了解文化遗产保护的实际情况，到文化遗产保护的相关部门调研，听取各主管部门的意见。二是系统收集整理立法资料，知悉国内外文化遗产保护立法的动态，为制定《条例》提供法律依据和参考。三是拟定《条例》草案的立法框架。立法专家组根据文化遗产保护上位法的法律框架与自治县文化遗产保护的实际需要，与自治县人民代表大会常务委员会充分沟通，拟定了《条例》草案的基本框架。四是与自治县人民代表大会常务委员会合作起草《条例》（草案）。立法专家组根据前期工作的成果，共同起草了《条例》（草案）。五是《条例》（草案）的修改完善。起

---

① 李准. 自治立法权的行使现状及对策研究［J］. 广西民族研究，2017（5）.

草了《条例》（草案）后，立法专家组又多次赴连南调研，参加自治县人民代表大会常务委员会组织的研讨会，听取当地各方对《条例》（草案）的意见；根据《条例》修改的需要，组织专家研讨会，就传统瑶族村寨保护进行了重点研讨，为《条例》（草案）中传统瑶族村寨保护的完善提供了重要参考；参加广东省人民代表大会常务委员会法制工作委员会组织的对《条例》（草案）修改完善的研讨会，认真收集整理各界专家对《条例》（草案）修改的意见，在此基础上，与自治县人大常委会合力，修改完善了《条例》草案。

4. 连南瑶族自治县非物质文化遗产传承人

非物质文化遗产传承人是"在有重要价值的非物质文化遗产传承过程中，代表某项遗产深厚的民族民间文化传统，掌握杰出的技术、技艺、技能，为社区、群体、族群所公认的有影响力的人物"。在连南的民族文化遗产中，非物质文化遗产占有重要的地位，在《条例》的立法过程中，自治县非物质文化遗产的传承人通过参加座谈会对立法提出建议。在座谈中，连南歌王、鼓王和绣娘参加了会议，他们介绍了瑶族民歌、长鼓舞、瑶绣的传承现状，结合自身的经验，对传承场所、传承形式提出了建议，对《条例》中非物质文化遗产保护提供了重要参考。非物质文化遗产代表性项目传承人还通过开展传承活动，让立法专家组加深了对连南瑶族文化的认识，当立法专家组到民族小学调研时，歌王唐买社公和鼓王唐桥辛二公在民族小学开展了非物质文化遗产传承活动，组织学生学习瑶族歌舞，亲自展示了非物质文化遗产的传承过程。非物质文化遗产代表性项目传承人以这种独特的方式对《条例》的制定提供了示例。

（二）《条例》草案的启动

1. 《条例》的立项

2015年3月，自治县人民代表大会内务司法委员会组织领导了《条例》立法的前期调研工作，经过自治县人民政府主管部门的具体研究和论证，完成了《连南瑶族自治县民族文化遗产保护条例立法可行性报告》（以下简称《立法可行性报告》）。《立法可行性报告》指出，连南民族文化遗产保护经过长期发展，已经取得了较大的成效，"瑶族耍歌堂""瑶族长鼓舞""瑶族婚俗"三个项目被认定为国家级非物质文化遗产代表性项目名录，自治县也制定了一些文化遗产保护规章。但是，文化遗产保护仍面临着发展不平衡、保护不充分带来的问题，有必要制定单行的民族文化遗产保护条例，使民族文化遗产的保护得到法律的保障。

《立法可行性报告》提交县人大常委会审议。报告指出，自治县制定文化遗产保护的单行条例，拟解决以下问题：

其一，通过制定民族文化遗产保护的单行条例提高民众对文化遗产保护的认识。自治县民众对民族文化的重要性认识不足，认识不到传统民族民间文化属于"不可再生资源"，在城市化加速发展的态势下，文化遗产的生态环境日益恶化，有加速消亡的危机，应提高民众文化遗产保护的紧迫感、责任感。通过条例的制定和宣传，对提升民众对文化遗产保护的意识有重要意义。

其二，解决民族民间文化资源流失严重的问题。由于缺乏规范、系统的传承体系，民族民间文化的继承后继乏人，一些传统技艺面临灭绝。许多技艺属独门绝技、口传心授、因人而存、人绝艺亡。同时民族民间文化保护工作专业人才匮乏，致使一些民间传统技艺濒临消亡；民间文化资源大多分散存留或流传于民间，尤其是那些独门绝技，传世不多。通过《条例》的制定，可采用多种的保护方法和传承方式，解决民族民间文化资源严重流失的问题。

其三，建立民族文化遗产的规范保障体系。长期以来，民族文化遗产在保护工作的政策规章方面不够健全，难以建立起科学的文化遗产发现、评估、认定、保护、管理、利用等工作程序，制定单行条例，有利于建立民族文化遗产的保障体系。

经审议通过了《立法可行性报告》，自治县人民代表大会常务委员会于2015年10月29日批准了民族文化遗产保护的单行条例的立法立项。

2. 收集材料和实地考察调研

为了解地方民族文化遗产保护实际情况，收集立法资料，立法工作组向连南主管部门和社会各界征求意见，并到文化广电旅游体育局、住房与城乡建设局、档案局、博物馆、文化馆、镇、村等多个部门广泛调研，充分听取各方意见，了解文化遗产保护工作的情况。各主管机构通过书面形式提出了有建设性的建议，并提供了历年非物质文化遗产保护的工作总结、工作计划、政府报告，以及各类文化遗产保护工作的实施情况，为《条例》的制定提供了较为翔实的材料。

立法工作组赴连南实地考察调研，走访具有代表性的镇、村。先后前往连南国家级历史文化名村南岗千年瑶寨、省级历史文化名村油岭古寨，并走访了广东瑶族博物馆、各镇文化馆，实地了解情况，为立法工作奠定了基础。

3. 知悉文化遗产保护立法的最新动态

在起草条例的过程中，立法专家组搜集了国内外文化遗产保护立法的资料，研究了国内外文化遗产保护的立法，了解立法动态和立法趋势，为《条例》的制定提供理论支撑、法律依据和参考。

（1）国际公约

文化遗产保护的国际公约反映了人类对文化遗产保护的共识和趋势，是文化遗产保护立法的重要资料。根据自治县民族文化遗产保护立法的需要，立法专家组搜集和整理的国际公约主要包括《保护世界文化和自然遗产公约》《世界文化多样性宣言》《保护和促进文化表现形式多样性公约》《保护非物质文化遗产公约》等。

其一，《保护世界文化和自然遗产公约》。1972年联合国教育、科学和文化组织大会通过了《保护世界文化和自然遗产公约》。制定公约的出发点是保护人类文明的遗迹和珍贵的自然资源，公约明确指出："保护不论属于哪国人民的这类罕见且无法替代的财产，对全世界人民都很重要，考虑到部分文化或自然遗产具有突出的重要性，因而需要作为全人类的世界遗产的一部分加以保护，考虑到鉴于威胁这类遗产具有突出的重要性，因而需要作为全人类世界遗产的一部分加以保护，考虑到鉴于威胁这类遗产的新危险的规模和严重性,整个国际社会有责任通过提供集体性援助来参与保护具有突出的普遍价值的文化和自然遗产。"

面对遗产遭受蓄意的破坏、文化多样性保护面临挑战的现实,公约确立了文化遗产保护的新理念,将保护文化遗产作为人与环境的关系问题来认识,重申文化遗产为全人类世界遗产的一部分,提升了文化遗产保护的价值。公约在总结世界文化遗产保护历史经验的基础上,进一步丰富了文化遗产保护的内涵,提出了"确定、保护、保存、展出和恢复"的多层次内涵,为世界各国的文化遗产保护提供了方向。最后,公约还拓展了文化遗产保护的视野,为文化遗产和自然遗产提供了标准,推动文化遗产保护的政府间合作,追求人与环境的和谐共生与可持续发展。

其二,《世界文化多样性宣言》。2001年联合国教育、科学及文化组织大会通过了《世界文化多样性宣言》。宣言首次在世界范围内明确了"文化多样性"的意义,提出"文化在不同的时代和不同的地方具有各种不同的表现形式。这种多样性的具体表现是构成人类的各群体和各社会的特性所具有的独特性和多样性,文化多样性是交流、革新和创作的源泉,对人类来讲就像生物多样性对维持生物平衡那样必不可少。从这个意义上讲,文化多样性是人类的共同遗产,应当从当代人和子孙后代的利益考虑予以承认和肯定"。宣言将文化多样性作为文化保护的一个维度,深化了文化遗产保护的理念。同时,宣言还指出文化保护与文化权利之间的密切联系,强调"每个人都有接受充分尊重其文化特性的优质教育和培训,每个人都应当能够参加其选择的文化生活和从事自己所持有的文化活动,但必须在尊重人权和基本自由范围内",使文化保护上升到权利保护的范畴,"在日益走向多样化的当今社会中必须确保属于多元的、不同的和发展的文化特性的个人和群体的和睦关系和共处"。

其三,《保护和促进文化表现形式多样性公约》。2005年联合国教育、科学及文化组织通过了《保护和促进文化表现形式多样性公约》。公约"确认文化多样性是人类的一项基本特性。认识到文化多样性是人类的共同遗产,应当为了全人类的利益而对其加以珍爱和维护。意识到文化多样性创造了一个多姿多彩的世界,它使人类有了更多的选择,得以提高自己的能力和形成价值观,并因此成为各社区、各民族和各国可持续发展的一股主要推动力"。进一步提升了文化多样性的价值,将其作为人类的基本特性对待,是人类发展的主要动力之一。公约特别提出要注重文化的物质财富与非物质财富,"承认作为非物质和物质财富来源的传统知识的重要性",并专门指出了民族对文化的价值,"特别是原住民知识体系的重要性,其对可持续发展的积极贡献,及其得到充分保护和促进的需要"。在此基础上,公约提出了明确的保护原则和完整的权利义务体系,为世界各国的文化遗产保护立法提供了重要的指导和参照。

其四,《保护非物质文化遗产公约》。2003年联合国教育、科学及文化组织通过了《保护非物质文化遗产公约》。尽管国际社会已经注意到非物质形态的文化遗产与文物、建筑等有形文化遗产具有同样的遗产价值,但长期以来未能形成统一的共识。公约的通过,是世界范围内首次对非物质文化遗产形成较为一致的理解:"非物质文化遗产,指被各社区、群体，有时是个人，视为其文化遗产组成部分的各种社会实践、观念表达、表面形式、知识、技能以及相关的工具、实物、手工艺品和文化场所。包括以下方面：口头传统和表现形式，包括作为非物质文化遗产媒介的语言；表演艺术；社会实践、仪式、节庆活动；有关自然界和宇宙的知识和实践；传统手工艺。"

该公约是第一个非物质文化遗产保护的国际法律文件。它继承了国际文化遗产保护的成果，继续贯彻和推动文化多样性的理念；"承认各社区，尤其是原住民、各群体，有时是个人，在非物质文化遗产的生产、保护、延续和再创造方面发挥着重要作用，从而为丰富文化多样性和人类的创造性做出贡献"；明确了非物质文化遗产的内涵，并建立了较为完备的世界非物质文化遗产保护体系，对管理机构、认定标准、申报程序、责任义务等做出了明确规定，为国际非物质文化遗产保护做出了重要贡献，对各国非物质文化遗产保护立法也具有重要的现实意义。

（2）国内立法

国家和地方均制定了各类文化遗产保护的法律法规，根据《条例》立法的需要，立法专家组搜集整理了文化遗产保护的相关法律、法规，具有参考性的地方性法规，为《条例》的制定提供法律依据和参考。

其一，《中华人民共和国文物保护法》（下文简称《文物保护法》）。为了加强对文物的保护，继承中华民族优秀的历史文化遗产，促进科学研究工作，进行爱国主义和革命传统教育，建设社会主义精神文明和物质文明，我国于1982年颁布了《文物保护法》。该法第二条明确规定了文物的范围，包括"具有历史、艺术、科学价值的古文化遗址、古墓葬、古建筑、石窟寺和石刻、壁画，与重大历史事件、革命运动或者著名人物有关的以及具有重要纪念意义、教育意义或者史料价值的近代、现代重要史迹、实物、代表性建筑；历史上各时代珍贵的艺术品、工艺美术品；历史上各时代重要的文献资料以及具有历史、艺术、科学价值的手稿和图书资料等；反映历史上各时代、各民族社会制度、社会生产、社会生活的代表性实物"。尽管《文物保护法》并未针对少数民族做专项规定，但作为国内对物质文化遗产保护的基本法，它对民族自治地方文物保护有重要的规范作用，是民族自治地方文化遗产保护立法的基本依据。

其二，《中华人民共和国非物质文化遗产法》。我国于2011年颁布了《非物质文化遗产法》，其包括总则、非物质文化遗产调查、代表性项目名录、传承与传播、法律责任和附则。该法的立法目的是"继承和弘扬中华民族优秀传统文化，促进社会主义精神文明建设，加强非物质文化遗产保护、保存工作"。在整体思路上，《非物质文化遗产法》对不同非物质文化遗产采取不同保护措施、对全部文化遗产采取认定、记录、建档的统一管理，对濒危的文化遗产采取抢救性保护。同时，《非物质文化遗产法》强调发挥政府主导作用，鼓励和支持社会各方面积极参与，正确处理文化遗产保存保护与开发利用的关系。《非物质文化遗产法》设立了非物质文化遗产保护的三项重要制度。①调查制度。调查是保护非物质文化遗产的基础，该法对各级人民政府、相关主管部门和人员的权利义务，以及境外组织或个人在我国境内的调查分别做出了规定，并强调"进行非物质文化遗产调查，应当征得调查对象的同意，尊重其风俗习惯，不得损害其合法权益"，在开展保护工作的同时维护民众的合法权益。②代表性项目名录制度。名录制度是非物质文化遗产保护的核心制度，《非物质文化遗产法》规定各级人民政府有建非物质文化遗产代表性项目名录的义务，对重大历史、文学、艺术、科学价值的非物质文化遗产项目列入名录保护。非物质文化遗产代表性项目名录的建立，旨在规范认定和保护程序，集中保护资源，开展重点保护。③传承与传播制度。传承与传播制度是保护非物质文化遗产可持续发展的重要制度，通过建立传承人制度，对代表性传承人进行认定、扶持和帮助，并规定了不同主体传播非物质文化遗产的义务，推动社会的积极参与。《非物质文化遗产法》不仅是《条例》制定的上位法依据，也为《条例》（草案）框架的确立提供了重要参考。

其三，国务院颁布的法规和政策性文件为连南民族文化遗产保护提供了明确的依据。2000年2月，文化部和国家民委共同下发了《关于进一步加强少数民族文化工作的意见》，对民族自治地方文化工作做出了较为全面的部署。文件明确提出了"加强民族地区文化基础设施建议""抓好少数民族文艺创作""加强民族地区文化队伍建设"等要求，为民族地方文化工作提供了保障。同时，文件专门强调了加强民族传统文化的保护和利用，指出要扶持优秀的少数民族文化，落实和完善文化经济政策，对民族自治地方的文化遗产保护起到了重要推动作用。

2005年12月22日，国务院下发《国务院办公厅关于加强我国非物质文化遗产保护工作的通知》，该通知针对文化遗产保护工作，内容具有明确的规范性与指引性，其指导思想、保护目标和文化生态区等具体措施都已经取得了一定成效，为保护民族文化遗产提供了保障。

2012年国务院办公厅发布了《少数民族事业"十二五"规划的通知》。该通知中提出："加强少数民族文化遗产保护工作。加强少数民族语言文字规范化信息化建设。健全少数民族文化遗产普查、登记、建档、认定制度，加强对世界文化遗产、大遗址和文物保护单位的保护，继续实施少数民族文物保护工程，加强对民族地区历史文化名城（街区、村镇）的保护。对濒危的少数民族非物质文化遗产实施抢救性保护，对具有一定市场前景的少数民族非物质文化遗产项目实施生产性保护，对少数民族非物质文化遗产集聚区实施整体性保护。"对民族自治地方立法具有重要的指导作用。

其四，民族文化遗产保护的地方性立法为《条例》的制定提供了重要的参考。随着国家法律的颁布，各地开始陆续制定文化遗产保护的地方立法。2000年云南省人大常委会批准了《云南省民族民间传统文化保护条例》，这是我国第一部保护民间传统文化的地方性法规，该条例主要通过行政手段对民族民间传统文化实行保护。2002年贵州省人大常委会批准了《贵州省民族民间文化保护条例》，分别就民族民间传统文化保护的原则、职责部门、抢救和保护的要求、民族民间传统文化传承人的传承单位的命名、开发和利用的原则、保障措施和法律责任等进行了规定。此后，福建、广西、宁夏、新疆等省和自治区也陆续颁布了文化遗产保护的地方立法。

一些自治县也制定了非物质文化遗产条例，主要有：《延边朝鲜族自治州朝鲜族文化工作条例》（1989年）、《恩施土家族苗族自治州民族文化遗产保护条例》（2005年）、《湘西土家族苗族自治州民族民间文化遗产保护条例》（2006年）、《长阳土家族自治县民族民间传统文化保护条例》（2006年）；《北川羌族自治县非物质文化遗产保护条例》（2008年）、《玉屏侗族自治县非物质文化遗产保护条例》（2010年）等。这些民族地方文化遗产保护条例，为连南瑶族自治县文化遗产保护条例的制定提供了重要的参考。

（三）《条例》（草案）的形成

在前期立法准备工作的基础上，立法工作组确立了《条例》的框架和主要内容，于2016年3月18日完成了《条例》（草案）。

1. 《条例》（草案）的框架与内容

《连南瑶族自治县民族文化遗产保护条例》（草案）包括总则，民族文化遗产的调查、申报和保护，民族文化遗产的传承与传播，民族文化遗产的利用及保障，法律责任和附则共6章。主要内容如下：

第一章：总则。是对条例内容的总体要求和一般性规定。包括立法目的与依据、保护对象、适用范围、保护原则、管理体制、部门统一协调保护民族文化遗产的机制等内容。

第二章：民族文化遗产的调查、申报和保护。条例根据保护工作的程序与重点内容，规定了民族文化遗产一般性保护、抢救性保护、文化生态区域保护三类内容。一般性保护包括民族文化遗产保护专家调查、咨询、评估制度，调查研究、归类建档、编制保护规划；抢救性保护包括抢救性保护项目和抢救性保护措施；文化生态区域保护包括瑶族文化生态保护区、传统瑶族村寨的认定和保护、传统瑶族村寨村民委员会的职责、传统瑶族村寨保护的措施等内容。

第三章：民族文化遗产的传承与传播。民族文化遗产的传承与传播立足于民族文化遗产的延续，主要包括平台建设、传承机制、资金资助和扶持、传承传播活动的形式等内容。推动民族文化遗产保护的可持续发展。

第四章：民族文化遗产的利用及保障。开发利用立足于民族文化遗产的推广，主要包括传承项目的知识产权保护、民族文化遗产教育、民族文化遗产宣传、民族文化遗产产品开发、民族文化遗产旅游项目等内容。民族文化遗产的保障主要包括文化遗产保护合作与人才培养、专项保护资金、代表性项目保护基金、文化遗产保护考核、奖励措施等内容，旨在调动社会积极性，鼓励各界参与民族文化遗产保护，建立政府主导、社会参与的民族文化遗产保护模式。

第五章：法律责任。法律责任指违反条例规定的责任，包括侵占和破坏文化遗产保护项目的责任，破坏传统瑶族村寨保护项目的责任。保存保护单位和个人的责任、主管部门及相关工作人员的责任，是条例相关规定的保障和落实。

第六章：附则。附则是条例生效的相关规定。

2. 《条例》（草案）的特色

其一，明确民族文化遗产的保护范围。自治县瑶族历史悠久，在世代传承中留存了丰富的文化遗产，亟需发掘和整理。为更好地保护自治县境内的民族文化遗产，《条例》（草案）第二条列举了民族文化遗产保护的范围，为民族文化遗产保护提供明确的依据，第二条规定：具有代表性的瑶族村寨或民族文化遗产集中的区域、建筑物、设施、标示；传统文学作品和艺术形式、生活生产器具和制作技艺、传统节庆、礼仪民俗和瑶族医药等内容，兼顾明确性与原则性，使民族文化遗产保护的范围比上位法的规定更加明确，更具有可操作性。

其二，完善民族文化遗产的抢救性保护制度。《条例》（草案）在上位法的基础上，结合自治县民族文化遗产保护的实际，规定了更为具体的保护制度，第十一、十二条规定了抢救性保护项目，对具有较高保护价值，但尚未被列入保护项目、保护资金尚未到位或传承人才断档等具体原因，而面临损坏、失传和灭失风险的民族文化遗产，给予抢救性保护。

其三，加强文化遗产整体风貌的保护。《条例》（草案）第十四条、十五条针对民族文化遗产集中，已经形成稳定风貌的区域制定了专门的保护措施，第十四条规定了瑶族文化生态保护区制度，"自治县人民政府应当在民族文化遗产集中、特色鲜明、形式和内涵保持完整的核心区域设立瑶族文化生态保护区。生态保护区范围内的各级地方政府要依托当地的自然环境和民族文化传承的特色村寨，确立若干与民族文化遗产表现形式关系相对紧密、相对系统、相对完整的文化区域，并将其纳入到非物质文化遗产名录体系，确保瑶族文化生态的整体性保护"。第十五条规定了传统瑶族村寨保护制度："自治县人民政府应当设立文化遗产生态保护区专门工作机构，统一协调生态保护区内自然环境、村寨规划建设及文化遗产保护，将生态保护区建设纳入当地经济社会发展规划和工作考核目标，文化主管部门负责实施具体工作。"通过上述措施，维护民族文化遗产的整体风貌。

其四，强化民族文化遗产的传承。《条例》（草案）第三章对非物质文化遗产的传承作出了规定，第二十一条规定了传承平台的建设，在学校、传统瑶族村寨、景区等文化传承的重点地区设立传承平台，开展文化传承工作。第十六、十七、十八条规定了代表性传承人的认定、传承人培养的认定、培养等扶持措施。

其五，注重民族文化遗产的可持续发展。民族文化是一个民族的标志，滋养和维系着民族的生存、文化的可持续发展，是一个民族繁衍生息的根基。《中华人民共和国非物质文化遗产法》对文化的可持续发展做出了原则性规定："保护非物质文化遗产，应当注重其真实性、整体性和传承性，有利于增强中华民族的文化认同，有利于维护国家统一和民族团结，有利于促进社会和谐和可持续发展。"《条例》（草案）在上位法的基础上，将民族文化的可持续发展的理念具体化，建立民族文化遗产保护的长效机制。①条例规定了完整的文化遗产保护与发展措施。包括民族文化遗产的调查、申报、保护、传承、传播与利用，并通过保障与激励制度，增强社会各界的积极性，使民族文化遗产保护形成政府主导、多方参与的格局，将保护与开发利用有机结合，最终实现文化发展与文化保护相辅相成，良性循环。②根据不同类型文化遗产的特点，结合自治县保护工作中的实际经验，制定了针对性的保护措施：对传统瑶族村寨、建筑等实物，以设立保护单位和保护区，明确保护责任为主要措施；对语言、舞蹈、节庆等非物质文化遗产，以培养传承人才，扩大文化影响力为主要措施；对民族文化遗产集中的区域，以生态保护和整体开发为主要措施。通过不同措施的有机结合，使自治县民族文化遗产的保护、传承和开发利用相协调，实现民族文化的可持续发展。

其六，明确了民族文化遗产保护的资金保障机制。民族文化遗产保护工作作为一项社会公共事业，具有投资周期长、投资效果难以量化和吸收社会资金能力较弱的特点。为了实现保护工作的长远可持续发展，必须提供可靠的资金来源。为此本条例规定了多种类型的资金来源。《条例》（草案）第十八条规定了自治县人民政府应当对民族文化遗产代表性项目的学艺者给予资助或扶持；第三十四条规定了自治县人民政府应设立民族文化遗产专项保护资金，并要求将保护资金纳入自治县年度财政预算，实现资金管理的法治化。此外，第三十五条还规定了代表性项目保护基金，鼓励社会各界的投入，实现保护资金来源的多元化，推进保护工作的健康发展。

（四）自治县人大常委会与立法专家组的深度合作

在《连南瑶族自治县民族文化遗产保护条例》的立法过程中，自治县人民代表大会常务委员会与华南理工大学法学院专家组展开了深度合作，为自治县的地方立法提供了质量保障。

其一，共同拟定立法计划。在《条例》起草工作中，自治县人民代表大会常务委员会根据县立法规划，确定初步的时间安排。专家组在接到自治县的时间安排后，根据立法的实践经验，对《条例》各个环节需要的时间和需要补充的内容提出建议，与自治县人民代表大会常务委员会协商调整工作计划，最终形成了较为合理的立法工作计划，以保障立法工作在保证质量的前提下能如期完成。

其二，共同组织和参与立法调研。立法调研是《条例》制定的基础，收集立法资料、听取立法建议是《条例》制定的重要环节。在这一过程中，自治县人民代表大会常务委员会与立法专家组发挥各自的优势，共同推动调研工作。自治县人民代表大会常务委员会对自治县实际情况有深入的了解，对各主管部门和其他相关人员较为熟悉，有较强的组织能力，能够根据实际问题和调研需要组织工作和人员。立法专家组能够有针对性地拟定调研计划，结合立法需要提出明确的问题，确定调研内容和调研对象。调研过程中，双方优势互补，县人民代表大会常务委员会、专家组均出席各类活动，与调研对象进行访谈，并根据需要引导讨论方向，获取立法所需的信息，并将调研内容进行进一步的梳理总结。通过这种深度合作的方式，保障了立法的针对性和专业性。

其三，共同合作《条例》的起草工作。在《条例》（草案）的起草工作中，立法专家组根据立法调研所收集的材料，参考国际公约，依据文化遗产保护的相关上位法规定，参照地方性法规，确立了《条例》（草案）的框架和基本内容，共同完成了《条例》（草案）。《条例》（草案）完成后，自治县人民代表大会常务委员会组织自治县文化遗产保护的各主管部门对草案提出了具体的修改意见。立法专家组在整理、吸收相关意见后，再次前往自治县，与非物质文化遗产主管部门、非物质文化遗产传承人、文物保护单位负责人等座谈，围绕文化遗产保护范围、管理体制、财政经费和自治地方立法变通权等重点问题进行了深入的研讨，以保障《条例》（草案）的合法性、可操作性和地方特色性。

自治县人民代表大会常务委员会与华南理工大学专家组在《条例》（草案）制定过程中的深度合作，既保证了立法的专业性和科学性，又保证《条例》（草案）的针对性，凸显地方民族特色，解决民族地方立法的实际问题，是民族自治地方合作立法的有益尝试，也可为民族自治地方合作立法提供一种范例。

附件：

《连南瑶族自治县民族文化遗产保护条例》（草案）

第一章 总则

第一条 为保护、传承和利用连南瑶族自治县民族文化遗产，依据《中华人民共和国文物保护法》《中华人民共和国非物质文化遗产法》《连南瑶族自治县自治条例》和有关法律、行政法规的规定，结合连南瑶族自治县（以下简称自治县）民族文化遗产保护的实际，制定本条例。

第二条 本条例所称民族文化遗产是指各族人民世代相传并视为其文化遗产组成部分的各种传统文化表现形式，以及与传统文化表现形式相关的实物和场所，主要包括：

（一）具有代表性的瑶族村寨或其他民族文化遗产集中的区域、建筑物、设施、标示；

（二）瑶经等传统文学以及作为其载体的瑶语；

（三）瑶族长鼓舞、瑶族民歌、瑶族口技等传统舞蹈、音乐；

（四）瑶族刺绣、瑶族服装、瑶族扎染、瑶族银饰制作技艺、瑶族长鼓制作技艺、瑶族特色食品制作技艺等传统技艺和瑶族医药；

（五）瑶族耍歌堂、瑶族婚俗等传统礼仪、节庆等民俗；

（六）其他民族文化遗产。

第三条 民族文化遗产中属文物的，依照文物保护法律、法规的规定实施保护。

第四条 本条例适用于自治县行政区域内从事民族文化遗产保存、保护等活动的单位和个人。

第五条 民族文化遗产保护坚持保护为主、抢救第一、合理利用、传承发展的原则。

第六条 自治县人民政府应当加强对民族文化遗产保护工作的领导，统一协调民族文化遗产保护工作。

倡导和鼓励社会力量关心、支持和参与民族文化遗产保护工作；自治县人民政府应当制定相应的鼓励办法和支持措施。

第七条 自治县人民政府文化主管部门（以下简称文化主管部门）负责本辖区内民族文化遗产保存、保护工作。

自治县人民政府相关部门按照各自职责，负责有关的民族文化遗产保护、保存工作。

第八条 民族文化遗产保护所需经费应当纳入同级财政预算，并根据财力水平和实际需要逐步加大投入。

第二章 民族文化遗产的调查、申报和保护

第九条 文化主管部门应当建立民族文化遗产专家库，组成相关专家工作机构，制定

民族文化遗产保护专家调查、咨询、评估制度。

专家调查、咨询、评估的范围包括民族文化遗产项目目录及保护规划、文化生态保护区、非物质文化遗产代表性项目及传承人、民族文化遗产保护专项资金和基金等事项。

第十条 文化主管部门应当组织专家对全县民族文化遗产进行调查。

调查应当按照民族文化遗产的沿革、发展、分布和保存现状等内容进行，按照边调查、边编制、边建设保护的原则归类建档，并编制保护规划。

文化主管部门应当对保护规划的实施情况进行监督检查；发现保护规划未能有效实施的，应当及时纠正、处理。

重视民族文化遗产原生形态保护，禁止随意改变原貌，禁止歪曲民族文化遗产的原意，保护措施应当尊重民族传统风俗习惯。

对瑶族代表性村寨、历史建筑等具有固定形态的民族文化遗产，不准随意拆除、迁移或者改变原貌。确因国家建设需要拆除、迁移的，经文化主管部门审查，报自治县人民政府批准。

自治县人民政府对其他民族文化遗产原生形态保存完好的场所，可以确定为民族文化遗产保护单位，采取相应的保护措施。

第十一条 文化主管部门应当对以下民族文化遗产濒危项目进行抢救性保护：

（一）尚未申报为历史文化名村的瑶族村寨；

（二）尚未申报为省级以上非物质文化遗产项目的；

（三）已列入省级非物质文化遗产名录但尚未有项目保护资金到位的；

（四）传承人年事已高、缺少年轻一代传承人的；

（五）其他民族文化遗产濒危项目。

第十二条 文化主管部门应当成立民族文化遗产抢救工作机构，并建立民族文化遗产濒危项目目录，采取以下抢救性保护措施：

（一）收集、整理、修复如瑶族长鼓舞、瑶族刺绣、瑶族服装、瑶经等一批有代表性的民族文化遗产实物和资料；

（二）抢救性保护三排镇南岗古排、油岭古排等一批古村寨；

（三）利用文字、图片、音像、多媒体等方式，真实系统记录民族文化遗产代表性传承人口述史、传统技艺流程、代表剧（节）目、仪式规程等信息，并建立民族文化遗产档案管理制度；

（四）整理出版图书、刊物、音像作品等相关学术研究成果和宣传资料；

（五）其他抢救性保护措施。

第十三条 文化主管部门应当组织专家对调查结果进行初步评估和认定，按照先急后缓的原则，申报文物保护单位、历史文化名镇名村或非物质文化遗产代表性项目。

第十四条 自治县人民政府应当在民族文化遗产集中、特色鲜明、形式和内涵保持完整的特定区域，设立瑶族文化遗产生态保护区。

生态保护区范围内的各级地方政府要依托当地的自然环境和民族文化传承的特色村

寨，确立若干与民族文化遗产表现形式关系相对紧密、相对系统、相对完整的文化区域，并将其纳入到非物质文化遗产名录体系，确保瑶族文化生态的整体性保护。

第十五条 自治县人民政府应当设立文化遗产生态保护区专门工作机构，统一协调生态保护区内自然环境、村寨规划建设及文化遗产保护，将生态保护区建设纳入当地经济社会发展规划和工作考核目标，文化主管部门负责实施具体工作。

第三章 民族文化遗产的传承与传播

第十六条 文化主管部门应当建立完善的民族文化遗产名录及其代表性传承人的认定机制，并建立传承人保障制度，对传承人给予生活和其他补助。

第十七条 文化主管部门应当设立民族文化遗产传承机构，组织民族文化遗产保护单位选定两名以上中青年传承骨干，由老一辈传承人以师带徒的方式培养新生代传承人，并加强对传承人的培训监督，确保正常开展传承工作，对传承作出贡献的艺人给予一定的奖励。

第十八条 文化主管部门应当对以下民族文化遗产代表性项目的学艺者给予资助或扶持：

（一）濒危民族文化遗产代表性项目的学艺者；

（二）已达到初级职称或同等技艺水平，但因经济困难无法完成学习的学艺者；

（三）其他需要资助或扶持的学艺者。

第十九条 传承人应当按照相关规定履行职责，采取举办培训班、进学校教学、招收徒弟入室学艺、参加各种文化交流活动等方式积极开展传承活动。

未能申请到省级及以上的非物质文化遗产代表性项目，由文化主管部门参照政府购买或采取按劳计酬、以奖代补的方式，聘请传承人开展传承活动。

第二十条 瑶族耍歌堂、瑶族长鼓舞、瑶族民歌、瑶族刺绣、瑶族服装、瑶族扎染、瑶族婚俗、瑶族银饰制作技艺、瑶族食品制作技艺、瑶族长鼓制作技艺等项目应当设立展演场所、工艺作坊或连锁经营机构，并建立研究协会，通过出版书籍、音像资料、举办比赛和研讨等活动，全方位开展民族文化遗产的传承活动。

第二十一条 文化主管部门和民族文化遗产代表性项目保护单位应当提供传承平台，加大民族文化遗产展演展览的场所和设施投入，完善传承场所设备设施建设，对传承活动给予适当的资金支持。

第二十二条 文化主管部门应当定期聘请专业人才对传承人进行培训，帮助传承人开展活动，提高表演展示水平，并提升其艺术创作力。

第二十三条 文化主管部门应当积极组织和资助民族文化遗产代表性项目传承人到国内外参加各种展示表演活动，并利用报刊、广播、电视和互联网等媒体进行宣传报道，鼓励机构和个人通过网站、微信等网络自媒体进行宣传，提高传承的积极性和自觉性。

第二十四条 文化主管部门和自治县人民政府知识产权主管部门，应当在尊重和保护传承人的原则下,将民族文化遗产项目申请注册商标、申报地理标志、登记版权,开展与民族文化遗产相关的知识产权保护工作。

第二十五条 文化主管部门应当在学校等场所设立民族文化遗产传承基地,开展校园民族文化遗产的展演展览活动。

第二十六条 自治县人民政府教育主管部门(以下简称教育主管部门)应当制定推进民族文化遗产教育管理制度,确保优先保障经费,把开发民族传统文化艺术教育列入校长考核机制和教师绩效工资考核范围,积极创建民族教育特色。

各级学校应当积极开发瑶族传统文化校本课程,围绕瑶族民歌、瑶族舞蹈、瑶族刺绣、民族体育等民族文化遗产打造特色精品,丰富教学内容。

第二十七条 鼓励瑶族教师、民族文化遗产代表性项目传承人或民间艺人在民族文化遗产传承基地等场所开展文化艺术教育,鼓励瑶区低年级教师实行汉瑶双语教学并展开研究,并对办学特色鲜明、成果突出的学校和教师给予奖励。

第二十八条 教育主管部门应当定期培训民族文化遗产艺术课程教师,不断提高教师的专业素养、理论水平和教育实践能力。

第四章 民族文化遗产的利用及保障

第二十九条 自治县人民政府和文化主管部门应当积极开展民族文化遗产的宣传交流和推介工作,并设立民族文化遗产传习场所等活动空间,用于陈列民族文化遗产实物资料。

第三十条 自治县人民政府应当加大对民族文化遗产项目的产业研发,以市场为导向,重点扶持瑶绣、瑶服、传统饰品与手工艺等通过采取生产性方式能够产生经济效益、改善传承人生活的民族文化产业,打造民族文化品牌,逐步建立民族文化产业体系。

第三十一条 自治县人民政府应当积极发展与民族文化遗产相关的瑶族民俗文化与旅游产业、民族演艺娱乐产业等服务性产业,重点扶持以瑶族文化生态保护区为载体,开展开耕节、起愿节、端阳节、尝新节、开唱节、中秋节、盘古王节、排瑶情人节等节庆体验项目,瑶族耍歌堂、瑶族长鼓舞等演艺娱乐项目,瑶族传统体育等养生健身项目,利用社会风俗、民间信仰、礼仪、节庆等与社会主义核心价值体系相关的民族文化资源,开展丰富多彩的民俗文化活动。

对需要通过恢复、保留原生态的生产、生活方式来保护的民族文化遗产保护项目,应当制定相关生态补偿制度,实现文化遗产保护的可持续发展。

第三十二条 文化主管部门应当在三排镇南岗千年瑶寨、三排镇油岭古寨等传统瑶寨设立代表性村寨保护区,编制保护规划,鼓励和支持民族文化遗产保护与旅游资源开发相结合。

第三十三条 文化主管部门应当在三排镇南岗千年瑶寨、油岭古寨、连水墩龙移民新村、福彩新村、大坪镇大古坳中站移民新村、三江镇红星移民新村、涡水镇大竹湾村等地设立民族文化传承的代表性村寨，鼓励少数民族文化工作者和社会各界人士参与村寨文化建设和群众文化活动，支持群众创办具有当地特色的文化团体、表演队伍，精心培育民族民间文化活动载体，发展综合性民族文化旅游。

第三十四条 自治县人民政府应当设立民族文化遗产保护专项资金，并列入自治县年度财政预算。

专项资金应当用于民族文化遗产调查、评估、申报、保护、传承和利用等方面。

第三十五条 自治县人民政府应当建立民族文化遗产代表性项目保护基金。

保护基金主要由自治县人民政府财政拨款、企业和民间捐赠，以及上级政府和部门的扶持资助组成，用于支持传承人开展传承活动、为传承人购买养老保险金、医疗保险和发放补助等事项。

第三十六条 自治县人民政府在规划和实施民族文化遗产保护项目时，应当将项目建成后的维护与运行资金落实到位，确保建设项目的长期效应。

第三十七条 自治县人民政府及文化主管部门应当与上级有关部门和大专院校等机构建立长期研究合作机制，并加强文化系统专门人才的继续教育和培训。

自治县人民政府及文化主管部门应当建立以项目为平台、以紧迫需求为导向、遵循符合民族文化遗产保护工作人员成长规律的用人机制，提高从事民族文化遗产工作人员的各项待遇，建立健全民族文化遗产保护的人才引进机制。

第五章　法律责任

第三十八条 依法负有民族文化遗产保存、保护责任的单位或个人，违反本条例规定，对民族文化遗产资料、实物保护管理不力的，由文化主管部门责令改正；造成遗失或者严重损坏的，对直接负责的主管人员和其他直接责任人员依法给予行政处分。

第三十九条 违反本条例规定，侵占、破坏列入民族文化遗产保护项目的资料、实物、建筑物、场所等的，由文化主管部门责令改正、恢复原状或者赔偿损失，可并处二千元以上二万元以下的罚款；情节严重的，并处二万元以上十万元以下的罚款。有违法所得的，没收违法所得。

第四十条 文化主管部门、民族文化遗产保护工作机构及其工作人员违反本条例规定，有下列情形之一的，由其上级主管部门或者监察机关责令改正；情节严重的，对直接负责的主管人员和其他直接责任人员依法给予处分：

（一）未按照本条例第三十五条第二款、第三十六条第二款截留、挪用、挤占民族文化遗产保护专项资金、保护基金的；

（二）未按照本条例第十二条、第十三条规定未及时对民族文化遗产濒危项目进行抢救性保护或建立民族文化遗产濒危项目目录的；

（三）未按照本条例第九条规定组织调查民族文化遗产项目，并制定保护规划，或者未对保护规划的实施情况进行监督检查的；

（四）有其他滥用职权、玩忽职守、徇私舞弊等违法行为。

第六章　附则

第四十一条　开发、利用民族文化遗产涉及知识产权的，适用知识产权的有关规定。其他法律、法规对传统医药、传统工艺美术等的保护另有规定的，依照其规定。

第四十二条　本条例自　　年　　月　　日起实施。

第五章 《条例》从草案到法规的蜕变

《连南瑶族自治县民族文化遗产保护条例》（草案），2016年3月18日完成第三稿[以下简称《条例》（草案）]。从草案的形成到最终蜕变为生效的民族自治地方条例，经历了三个阶段的征求意见，最终修改完善。在连南瑶族自治县人民代表大会常务委员会（以下简称"人大常委会"）主持对《条例》（草案）征求意见阶段，自治县人大常委会组织人民代表大会（以下简称"人大"）各专门委员会、政府相关主管部门、村镇文化工作管理者、非物质文化遗产传承人与立法专家组进行座谈，从自治县实际情况出发，围绕保护范围、管理主体与职责、保护措施、传统瑶族村寨保护等具体问题展开研讨，对《条例》（草案）的可操作性、针对性和地方特色性的完善具有重要意义。在立法专家组主持对《条例》（草案）征求意见的阶段，为解决传统瑶族村寨保护的专业性问题，立法专家组邀请了华南理工大学建筑学院和法学院相关领域的专家，研讨了传统瑶族村寨的保护理念、保护规划、保护工作与经济建设相协调等问题，对提升《条例》（草案）中传统瑶族村寨保护相关规定的专业性大有助益。广东省人大常委会法制工作委员会主持征求意见的阶段，他们向广东省人大各专门委员会及人大常委会法制工作委员会、广东省人民政府各部门、广东省人大常委会的各立法研究评估与咨询服务基地广泛征求意见，对《条例》（草案）展开了全面的研讨，对《条例》（草案）各章节、具体条文的合法性、规范性、立法技术与可操作性等问题提出了中肯的意见，为《条例》（草案）的最终完善提供了有益的参考。在各方的共同努力下，《条例》（草案）经过多次的修改，立法工作组完成了《条例》草案第四稿；经自治县人大常委会审议，其后再征求意见和修改，形成《条例》草案第五稿并提交自治县人民代表大会审议通过，并报广东省人大常委会批准，2017年11月广东省人大常委会批准此条例。但《条例》在立法过程中也留下了一些值得注意和思考的问题，如《条例》制定完成后需要履行报请广东省人大常委会批准的程序；《条例》制定中广东省人民代表大会华侨民族宗教委员会的深度参与，也在一定程度上对《条例》有较大的影响，这种立法权的分配，加强了上级立法机关对自治县行使立法权的领导和监督，但也可能限制了民族自治地方立法权的行使。在《条例》制定中自治县人大常委会与立法专家组深度合作，也为民族自治地方合作立法提供了一种范例。

一、《条例》（草案）修改中连南瑶族自治县人大常委会的主导

连南瑶族自治县人大常委会作为《条例》的立法主导者，在草案的修改中发挥了重要

作用。在《条例》（草案）完成后，自治县人大常委会组织了征求意见，主持了《条例》（草案）的修改工作。

自治县人大常委会主持的征求意见主要在自治县范围内。自治县人大常委会组织了自治县文化广电旅游文体局、民族宗教事务局、住房和城乡建设局、文化馆及相关文化工作管理者展开研讨，并向社会各界人士征求意见。

此次《条例》（草案）征求意见着重于发现和解决自治县民族文化遗产保护的实际问题。这些被调研对象均为自治县民族文化遗产保护相关机构的人员。其中文化广电旅游文体局、民族宗教事务局、住房和城乡建设局是民族文化遗产保护的管理主体，是保护工作的主要承担者；民间的文化工作者、非物质文化遗产代表性项目传承人、教育机构等是民族文化遗产保护重要的参与者和实施者。这些机构和人员对连南民族文化遗产保护有着丰富的经验，对现实中存在的问题有着较深刻的认知，他们的建议，对完善《条例》（草案）的可操作性、针对性有着重要的意义。

自治县人大常委会征集《条例》（草案）的意见主要集中在保护范围、管理主体与职责、保护措施与传统瑶族村寨保护等问题。具体情况如下：

（一）保护范围

关于保护范围，规定在《条例》（草案）第二条。

第二条　本条例所称民族文化遗产是指各族人民世代相传并视为其文化遗产组成部分的各种传统文化表现形式，以及与传统文化表现形式相关的实物和场所，主要包括：

（一）具有代表性的瑶族村寨或其他民族文化遗产集中的区域、建筑物、设施、标示；

（二）瑶经等传统文学以及作为其载体的瑶语；

（三）瑶族长鼓舞、瑶族民歌、瑶族口技等传统舞蹈、音乐；

（四）瑶族刺绣、瑶族服装、瑶族扎染、瑶族银饰制作技艺、瑶族长鼓制作技艺、瑶族特色食品制作技艺等传统技艺和瑶族医药；

（五）瑶族耍歌堂、瑶族婚俗等传统礼仪、节庆等民俗；

（六）其他民族文化遗产。

主要修改意见有：

其一，条文列举款项的修改。三排镇文化馆负责人提出，第三项中"瑶族口技"的表述不够准确，应予删除；第四项改为"瑶族长鼓舞、瑶族刺绣、瑶族扎染、瑶族特色饮食等传统制作"；第五项改为"瑶族耍歌堂、瑶族婚俗节庆等传统礼仪、民俗"；第六项改为"瑶族医药等其他民族文化遗产"。文化广电旅游文体局负责人提出，第三项中的"瑶族口技"是不分民族的；第四项中的瑶族医药应单列为一项。

其二，补充规定保护范围的内容。连南民间的文化工作者提出，除了瑶绣、长鼓舞等较为知名的保护项目外，瑶族还有一些知名度较小，但属于瑶民独有的文化项目，如瑶族的民族体育、瑶医瑶药、酿酒技术等，这些也是重要的民族文化载体，建议补充相关规定。此外，连南除了瑶族，还居住着少数壮族和大量的汉族客家群体，这些群体也保存着一定数量的文化遗产，相关内容建议也纳入条例的保护范围。

其三，《条例》（草案）涉及与文化遗产保护范围相关条款的修改。

第二十条　瑶族耍歌堂、瑶族长鼓舞、瑶族民歌、瑶族刺绣、瑶族服装、瑶族扎染、瑶族婚俗、瑶族银饰制作技艺、瑶族食品制作技艺、瑶族长鼓制作技艺等项目应当设立展演场所、工艺作坊或连锁经营机构，并建立研究协会，通过出版书籍、音像资料、举办比赛和研讨等活动，全方位开展民族文化遗产的传承活动。

第三十条　自治县人民政府应当加大对民族文化遗产项目的产业研发，以市场为导向，重点扶持瑶绣、瑶服、传统饰品与手工艺等通过采取生产性方式能够产生经济效益、改善传承人生活的民族文化产业，打造民族文化品牌，逐步建立民族文化产业体系。

三排镇文化馆负责人提出，第二十条的"瑶族扎染、瑶族婚俗、瑶族银饰制作技艺、瑶族食品制作技艺、瑶族长鼓制作技艺等项目"改为"瑶族扎染、瑶族婚俗等活动和瑶族银饰、瑶族长鼓等制作技艺"。第三十条的"瑶绣、瑶服、传统饰品与手工艺等"改为"瑶绣、瑶服、传统饰品、特色饮食等"。

从整体上看，相关意见集中于拓展保护对象，扩大保护范围。社会上已经公开的各类资料中，瑶族长鼓舞等艺术形式、盘王节等节庆风俗、瑶绣银饰等民间技艺已经有较大的知名度，在条例草案初稿的起草中已经纳入保护范围。在此基础上，各方提出的意见丰富了保护对象的范围，瑶族医药、体育、婚俗、服饰等内容被提出，使连南各民族的文化遗产均需要给予重视，这些意见加深了立法工作组对自治县民族文化遗产的认识，为条例能够全面覆盖自治县民族文化遗产保护提供了重要参考。

（二）管理主体与职责

管理主体与职责在《条例》（草案）中有多个条文涉及，在自治县征求意见中，主要对下述条文提出了修改建议：

其一，对《条例》（草案）第七条第一款提出了修改意见。

第七条　自治县人民政府文化主管部门（以下简称文化主管部门）负责本辖区内民族文化遗产保存、保护工作。

自治县文化馆工作人员提出，第七条第一款"负责辖区内民族文化遗产保存、保护工作"改为"负责辖区内民族文化遗产项目的保护管理工作"。

其二，对《条例》（草案）第十二条第一款提出了修改意见。

第十二条第一款　文化主管部门应当成立民族文化遗产抢救工作机构，并建立民族文化遗产濒危项目目录，采取以下抢救性保护措施。

自治县文化馆工作人员认为"文化主管部门应当成立民族文化遗产抢救工作机构"应修改为"自治县人民政府及相关主管部门负责民族文化遗产的保护工作"；"并建立民族文化遗产濒危项目目录"修改为"应当建立民族文化遗产濒危抢救制度"。

其三，对《条例》（草案）第二十一条提出了修改意见。

第二十一条　文化主管部门和民族文化遗产代表性项目保护单位应当提供传承平台，

加大民族文化遗产展演展览的场所和设施投入，完善传承场所设备设施建设，对传承活动给予适当的资金支持。

文化广电旅游文体局的工作人员认为，"文化遗产部门和民族文化遗产代表性项目保护单位"应当改为"文化遗产部门及民族文化遗产日常保护机构"。

从整体上看，相关意见集中于明确管理主体和职责，提高保护力度。自治县长期以来由文化主管部门来负责民族文化遗产保护相关工作，但实践中为了加强沟通协调，应当将部分职责交由自治县人民政府承担，提高保护主体的级别。在文化遗产保护的专门机构上，各方存在一定争议。文化馆负责人认为成立民族文化遗产保护的专门机构值得商榷，主要原因是自治县的财政和人事难以支撑如此具体的机构设置，由文化主管部门统一负责更为适合。而文化广电旅游文体局则认为可以设立民族文化遗产的日常保护机构，具体情况根据实际情况调整。专门的保护机构有利于进一步加强保护工作，但也需要考虑自治县实际情况。立法工作组充分听取了相关意见，作为修改管理主体的参考。

（三）保护措施

关于民族文化遗产的保护措施，在《条例》（草案）的多个条文中都有规定，多个单位都提出了修改完善的意见，比较有代表性的修改意见如下：

其一，对《条例》（草案）第十二条（一）（三）项的修改意见。

第十二条（一）收集、整理、修复如瑶族长鼓舞、瑶族刺绣、瑶族服装、瑶经等一批有代表性的民族文化遗产实物和资料。

（三）利用文字、图片、音像、多媒体等方式，真实系统记录民族文化遗产代表性传承人口述史、传统技艺流程、代表剧（节）目、仪式规程等信息，并建立民族文化遗产档案管理制度。

文化馆工作人员提出，第十二条第一项中"瑶经等一批有"改为"瑶族经文等具有"。第三项中"利用文字、图片、音像"改为"利用实物、文字、图片、音像"；移民新村负责人提出，"音像、多媒体等方式"改为"音像、多媒体实物等方式"。

其二，对《条例》（草案）第十七条的修改意见。

第十七条　文化主管部门应当设立民族文化遗产传承机构，组织民族文化遗产保护单位选定两名以上中青年传承骨干，由老一辈传承人以师带徒的方式培养新生代传承人，并加强对传承人的培训监督，确保正常开展传承工作，对传承作出贡献的艺人给予一定的奖励。

文化广电旅游文体局提出，"由老一辈传承人以师带徒的方式培养新生代传承人"修改为"由老一辈传承人以师带徒的方式或采取举办培训班的方式培养新生代传承人"。

其三，对《条例》（草案）第三十四条第二款的修改意见。

第三十四条第二款　专项资金应当用于民族文化遗产调查、评估、申报、保护、传承和利用等方面。

移民新村负责人认为"调查、评估、申报、保护、传承和利用"应修改为"调查、挖掘、整理、评估、申报"。

从整体上看，相关意见集中于强化保护措施、规范管理制度、丰富保护手段。在民族文化遗产保护的整体安排上，各方建议进一步完善"民族文化遗产的报名、挖掘、整理"的规定，将申报、抢救、发掘、整理等内容纳入条文。在具体保护措施上，建议利用多种保护措施，充分发挥实物、文字、图片、音像、媒体的作用，并在学校等机构设立文化传承与展演场所，加强文化遗产的传承传播和文化教育。这些意见对完善保护措施有重要的参考价值。

（四）传统瑶族村寨保护

《条例》（草案）中传统瑶族村寨保护的修改意见主要集中在第十一条第一项。

第十一条　（一）尚未申报为历史文化名村的瑶族村寨。

移民新村负责人提出，第十一条第一项"尚未申报为历史文化名村"应改为"尚未申报为代表性历史文化名村"；文化馆工作人员提出，"历史文化名村"应包括传统村落、少数民族特色村寨。文化广电旅游文体局负责人提出，"尚未申报为历史文化名村"建议改为在民国以前建立，以扩大保护范围。

从整体上看，相关意见集中于扩大保护范围、提高扶持力度。主要原因是连南保存着大量传统瑶族村寨，虽然已经有部分村寨申报了国家、省、市级历史文化名村，但仍有一些具有较高文化价值的传统瑶族村寨未获得申报，尚待发掘和保护，对这些村寨也应该采取相应保护措施，发掘文化潜力。条例草案初稿对此做出了规定，"尚未申报为历史文化名村的"传统瑶族村寨经主管机构认定可以获得资助。而参与研讨的相关人员认为这样的界定较为笼统，应该采取更明确的表述，如"尚未申报为市级以上"或"已得到县、市认定但未能申请到省级以上"等，并明确认定标准。这些意见对完善传统瑶族村寨保护的相关规定有重要的参考价值。

二、《条例》（草案）修改中立法专家组的主导

在《条例》（草案）修改完善的过程中，华南理工大学法学院立法专家组（以下简称立法专家组）针对传统瑶族村寨保护，组织了专题研讨。传统瑶族村寨保护涉及民居式样、整体风貌和居民风俗习惯等诸多内容，具有较强的专业性。立法专家组在研究了相关法律法规和连南的实际情况后，为进一步加强立法的专业性和可操作性，邀请了华南理工大学建筑学院、法学院有相关经验的专家学者针对《条例》（草案）中传统瑶族村寨保护的修改进行了研讨。

连南瑶族自治县是全国著名的瑶乡，保存有大量的传统瑶族村寨，保护工作涉及建筑、风貌、人居环境、村寨风俗等，内容较为复杂。而《条例》（草案）在立法体例上采用了统一立法体例，将物质文化遗产、非物质文化遗产和传统瑶族村寨保护都规定在一部条例之中，使得制定相关规范的难度加大。研讨会上，因邀请的专家在建筑设计与规划、

传统瑶族村寨保护等领域有着丰富的经验，他们提供的建议对《条例》（草案）的完善起到了重要的参考作用。

他们的建议主要聚焦于以下问题：

（一）传统瑶族村寨保护的理念

参与研讨会的专家指出，十九大报告提出实施乡村振兴战略，为解决"三农"问题、全面激活农村发展新活力做出指引，传统瑶族村寨的保护与发展正呈现前所未有的良好机遇，但实践中由于传统瑶族村寨分布广泛、数量庞大，保护与发展工作中仍然面临诸多具体难题。目前不少地方尚未拟定具体的议事日程，政府的保护职能还未充分发挥，仍然存在突出的问题，当务之急是充分认识传统瑶族村寨不可替代的独特功能，各级政府尤其是基层干部要及时纠正不重视传统瑶族村寨文化的错误观念，纠正妨碍传统瑶族村寨文化发展的政策，更要警惕"新农村建设"对传统瑶族村寨造成的冲击。

参与研讨的专家还指出，连南的很多传统瑶族村寨地处山区，基础设施薄弱，交通不便，经济文化相对落后，村民对传统瑶族村寨内部的各种建筑物与构筑物的文化价值缺乏清晰的认识。随着经济发展，村民对改善居住环境的需求越来越迫切，一些未经规划的建设活动破坏了具有瑶族特色的古建筑。

专家们认为，连南传统瑶族村寨保护的立法理念应该突出完整性、真实性和延续性。

其一，要注重保持传统瑶族村寨的完整性。《条例》制定时应注重传统瑶族村寨空间的完整性，保持建筑、村寨以及周边环境的整体空间形态和内在关系，避免"插花"混建和新旧村不协调。连南南岗千年瑶寨的保护与开发就是一个较好的例子，在修缮维护时注重村寨历史的完整性，制定了整体性的保护规划，维持传统瑶族村寨的整体风貌，避免了盲目塑造特定风貌。这个经验应该吸收到《条例》制定中，充分重视保护传统瑶族村寨价值的完整性，挖掘传统瑶族村寨的历史、文化、艺术、科学、经济、社会等价值，防止片面追求经济价值。

其二，要注重保持传统瑶族村寨的真实性。《条例》应严格规范传统瑶族村寨的建设、维护、开发利用，避免填塘、拉直道路等改变历史格局和风貌的行为，不仅要预防没有依据的重建和仿制，还要制止村民私搭乱建。除了建筑物的真实性，传统瑶族村寨保护还要注重村民生产生活的真实性，尽可能保护传统的生活方式，维系文化土壤。这一点连南油岭古排的保护效果较好，在保护传统瑶族村寨建筑和改善村民生活的同时，并没有改变传统瑶族村寨原本的风貌、建筑形式和格局，村民生活习惯都延续着瑶族的传统。

其三，要注重保持传统瑶族村寨的延续性。这是当前传统瑶族村寨保护中需要注意的问题，一方面要重视传统瑶族村寨的经济发展，提高村民收入，让村民享受现代文明成果，水、电、道路等基础设施建设要不断加强；另一方面，也要重视传统瑶族村寨文化和生态环境，延续传承优秀的传统习俗和传统技艺，尊重瑶民与自然和谐相处的生产生活方式，避免过度开发。

（二）加强保护规划的编制

2007年《中华人民共和国城乡规划法》颁布以后，广东省也很重视地方的保护规划的制定，2012年通过了《广东省城乡规划条例》，重视地方规划保护的理念应该在条例中凸显。根据《中华人民共和国城乡规划法》以及国务院《传统村落保护发展规划编制基本要求》，建议自治县抓紧编制和审批传统瑶族村寨保护发展规划。规划的编制和审批需要重视专业性和地方特色，自治县的规划主管部门、文化主管部门和财政主管部门应当组织专业人员参与。连南县作为基层单位，人才队伍相对薄弱，必要时可以委托有资质的第三方。传统瑶族村寨建筑涉及文物保护单位的，还应该编制文物保护规划并纳入传统瑶族村寨整体的保护发展规划。涉及非物质文化遗产代表性项目保护单位的，要由保护单位制定保护措施，由文化主管部门同意后，纳入保护发展规划。规划是保护管理工作最直接的依据，只有通过规划将传统瑶族村寨和依托村寨的文物、非物质文化遗产及其他文化载体凝结成一个整体，才能实现有价值的传统瑶族村寨保护。

（三）协调经济发展与传统瑶族村寨保护

一方面，连南瑶族自治县的财政相对薄弱，目前传统瑶族村寨的保护工作主要依靠县政府投入和省政府的专项拨款，缺乏可持续、多渠道的资金来源。面对传统瑶族村寨的持续发展，政府的资金补贴相对有限。另一方面，当地年轻村民大量外出务工，村里留下老人和小孩，出现了"空心村"的现象，也使得传统瑶族村寨的保护与发展缺乏最基础的人力保障。

传统瑶族村寨拥有丰富的优秀民族文化和技艺，而这些要延续发展下去，离不开当地瑶族村民。在《条例》的制定过程中既要考虑当地村民对于改善生活环境的合理需求，又要保证在法定程序下，通过与当地村民协商，通过征收、宅基地置换、适当经济补偿等方式将房屋收归国有后集中保护或重新安排村民异地建房。

此外，专家还指出政策导向型的扶贫、城乡一体化建设以及村民对居住条件改善的需求也可以融入传统瑶族村寨文化保护。连南此前在大规模地开展移民新村建设，这些新村虽然不是历史意义上的传统村寨，但依然能够发挥文化传承的作用。可以通过规划明确建设标准和式样，充分展现瑶族传统文化，在改善村民生活水平的同时，建设承载传统文化的现代村寨，实现另一种形式的文化保护。同时，随着旅游业的开发，要预防传统瑶族村寨内文物古迹的损毁，规范村民、游客的行为，防止传统瑶族村寨环境恶化。

三、《条例》（草案）修改中广东省人大常委会法制工作委员会的主导

在《条例》（草案）的修改过程中，广东省人大常委会法制工作委员会组织了书面征求意见，举行了专家论证会，为《条例》（草案）的完善提供了重要的参考。在广东省人大常委会法制工作委员会的组织下，这一阶段的主要参与者包括广东省人民代表大会的各

专门委员会及其常委会的工作委员会、广东省人民政府的主管部门和广东省人大常委会的地方立法研究评估与咨询服务基地。广东省人大参与的专门委员会有华侨民族宗教委员会、内务司法委员会、财政经济委员会、环境与资源保护委员会、农村农业委员会、教育科学文化卫生委员会等，人大常委会的法制工作委员会；广东省人民政府参与的主管部门有住房城乡建设厅、文化和旅游厅、法制办、社会科学院、中医药局、博物馆、文化馆、考古研究所等；广东省人大常委会地方立法研究评估与咨询服务基地主要有中山大学、华南理工大学、暨南大学、广东外语外贸大学、广州大学、广东海洋大学、韶关学院、韩山师范学院和嘉应学院等基地（以下简称立法基地）。这些参与者是立法、执法和法学研究的一线人员，有较为丰富的法学理论和实践经验，他们对《条例》（草案）的内容及条例的合法性、规范性、具体措施的可操作性、地方特色性等问题，从各自擅长的领域提出了更为全面的建议。

他们的修改建议主要涵盖以下五个方面：

（一）总则部分的修改建议

1. 保护范围

保护范围规定在《条例》（草案）的第二条。

第二条　本条例所称民族文化遗产是指各族人民世代相传并视为其文化遗产组成部分的各种传统文化表现形式，以及与传统文化表现形式相关的实物和场所，主要包括：

（一）具有代表性的瑶族村寨或其他民族文化遗产集中的区域、建筑物、设施、标示；

（二）瑶经等传统文学以及作为其载体的瑶语；

（三）瑶族长鼓舞、瑶族民歌、瑶族口技等传统舞蹈、音乐；

（四）瑶族刺绣、瑶族服装、瑶族扎染、瑶族银饰制作技艺、瑶族长鼓制作技艺、瑶族特色食品制作技艺等传统技艺和瑶族医药；

（五）瑶族耍歌堂、瑶族婚俗等传统礼仪、节庆等民俗；

（六）其他民族文化遗产。

主要修改意见有：

其一，关于"民族文化遗产"的界定。华南农业大学农村法治与社会发展研究中心提出，需要对《条例》（草案）调整的"民族文化遗产"下一个概括性的定义，强调其瑶族特色，具有历史、文化艺术和科学价值，有形或无形的文化表现形式。

中山大学立法基地认为，本条例涉及多部上位法，但"民族文化遗产"在上位法中并没有直接的概念，尽管上位法对各自的调整对象都做出了概括或列举，但《条例》（草案）应针对"民族文化遗产"做概括性的表述，以突出其保护范围包含物质文化遗产、非物质文化遗产和传统瑶族村寨。

其二，建议根据保护需要适当细化条文列举的条款。广东外语外贸大学立法基地、嘉应学院立法基地等提出建议，可补充列举以下内容。①瑶族语言文字、瑶族经文、过山榜、民间传说、谚语、礼词、诗歌等瑶族传统文学。语言是瑶族文化遗产重要的载体，包括瑶族经文、过山榜、民间传说、谚语、礼词、诗歌等经典内容，以及日常交流的民族语言。瑶族语言的特点是没有文字，只能口头传授，因此更有必要单独作出规定。②瑶族香歌堂、众人堂等传统节庆，这些也属于瑶族经典的民俗节庆，应通过列举予以明示，重点保护。③瑶族医药应单列一项。传统医药是民族文化的瑰宝，蕴含着重要的文化价值和医学价值，应单独列举，丰富相关内容。

其三，关于文化遗产的民族性，是使用"瑶族"还是"民族"文化遗产表述，应予明确。广东省律师协会提出，连南虽然是瑶族自治县，辖区内瑶族居多，占50%以上，但仍然存在壮族、汉族、回族、满族、黎族、土家族、布依族、朝鲜族等民族。《条例》（草案）的保护范围不应限于"瑶族"，辖区内其他民族的文化遗产也应当在地方性法规保护之内。《条例》（草案）是民族自治地方的单行条例，在当地以瑶族文化特色为主的基础上，应结合各民族文化遗产的实际情况做出规定，以突出"民族文化遗产"而不仅仅是"瑶族文化遗产"。

其四，第一项的表达应予明确。嘉应学院立法基地提出，原文"具有代表性的瑶族村寨或其他民族文化遗产集中的区域、建筑物、设施、标识"的表述不规范且容易造成歧义，建议修改为"具有代表性的瑶族建筑物、设施、标识和瑶族村寨或民族文化遗产集中的其他区域"，意思更明确。

2. 适用范围

适用范围规定在《条例》（草案）第四条。

第四条　本条例适用于自治县行政区域内从事民族文化遗产保存、保护等活动的单位和个人。

主要修改意见有：

其一，保护范围建议增加"抢救"。韶关学院立法基地认为，法律法规是社会关系调整器，是法律关系主体的行为规范。本条显然是从法律主体行为角度对其"适用范围"进行界定的。《条例》（草案）不仅涉及民族文化遗产发掘、整理、保护、保存、传承、传播和开发利用等行为，而且还应当涉及民族文化遗产"抢救"行为，需要"对濒临失传的非物质文化遗产项目、濒临损毁的文物或传统瑶族村寨进行抢救性的保护"。而该条所列举的诸行为和活动，不足以涵盖"抢救"行为和活动，故需在该条中增加"抢救"一词，与《条例》（草案）第五条中"抢救第一"的内容保持协调一致。

其二，逻辑顺序上的修改。中山大学立法基地提出，从逻辑上看，应先规定本条例的适用范围，再进一步对其中的保护对象等关键概念进行具体的定义。因此建议将第四条"适用范围"提至第二条"保护对象"之前；并建议修改为："本条例适用于自治县行政区域内民族文化遗产发掘、整理、保护、保存、传承、传播和开发利用等相关行为和活动。"增加"相关"两个字，扩大适用范围。

3. 保护原则

保护原则规定在《条例》（草案）第五条。

第五条　民族文化遗产保护坚持保护为主、抢救第一、合理利用、传承发展的原则。

主要修改意见有：

其一，将条文中的"原则"改为"方针"。韶关学院立法基地提出，"原则"和"方针"是两个不同的概念。按照《现代汉语词典》中的权威解释，"原则"是指说话或行事所依据的法则或标准，如做人原则、做事原则，违背做人原则的事情不做，不符合共产党党性原则的话语不说，等等。可见，"原则"是某种具体行为的出发点和基础。"方针"是指，引导事业前进的方向和目标，如方针政策、教育方针、大政方针等。"原则"回答的是该不该做、这样做合不合理与合不合法等类似问题，而"方针"回答的是合理或合法行为应当朝着哪个方向去行事、应当做到什么程度等类似问题。就《条例》（草案）来讲，"保护行为""抢救行为""传承行为""利用行为""管理行为"都是符合本条例的合法行为，因为符合民族文化遗产保护的基本原则。关于"遗产保护的原则"，建议者认为，应当归结为：传承民族文化的原则、防止遗失的原则、形式与内涵统一原则、维护真实性原则、确保完整性原则、保持整体性原则、服务于社会的原则等。正是在这些原则的基础上，才衍生了"保护""抢救""利用""管理""传承"和"发展"等诸多行为。至于"保护为主""抢救第一""发展性传承""合理性利用"及"管理的强化"等，是根据目前自治县民族文化遗产保护所面临的形势，而有针对性地提出的保护工作的侧重点和方向，是指出《条例》（草案）所规范的行为当中的重点保护行为，显然不是涵盖条例所要规制的所有行为，而是指出保护重心和保护问题的根本所在。而这一点不是"原则"的内涵，恰恰是"方针"的内涵。无论是《中华人民共和国文物保护法》，还是《广东省实施〈中华人民共和国文物保护法〉办法》，都是将"保护为主、抢救第一、合理利用、加强管理"作为方针提出来的，为什么《条例》（草案）却将"保护为主、抢救第一、合理利用、强化管理"等内容改成"保护原则"而加以规定呢？这种变动显然是混淆了"方针"和"原则"这两种概念，犯了法律逻辑学中"概念混淆"的逻辑错误，建议加以修改。

其二，"有序开发"是当代文化遗产保护的重要原则，相关上位法和其他地方立法对"有序开发"均有较多规定，应予以补充。暨南大学立法基地提出，现在旅游业发展迅猛，过度的开发会对当地环境和人文都有较大影响，为了更好地保护文化遗产资源，应当遵循有序开发的原则。建议该条修改为"民族文化遗产保护应当坚持保护为主、抢救第一、合理利用、传承发展、强化管理、有序开发的原则。"

其三，为传承发展民族文化遗产要体现瑶族特色，建议补上"民族特色"。这是广东省法学会立法基地提出的建议。

其四，补充"强化管理"。广东省律师协会立法基地在修改建议中指出，2005年《国务院关于加强文化遗产保护的通知》中明确：物质文化遗产保护贯彻"保护为主、抢救第一、合理利用、加强管理"的方针，非物质文化遗产贯彻"保护为主、抢救第一、合理利用、传承发展"的方针。根据文物法的规定，一切文物（物质文化遗产）属于国家所有，所以保护方针坚持"加强管理"，而非物质文化遗产属于某个民族、群体或者个人，但它又是中华传统文化的组成部分，所以强调全社会积极参与其传承发展。连南民族自治地方性法规将二者保护方针不加区别统一在一条，不利于地方政府及主管机关理解和执行。

4. 管理职责

管理职责主要规定在《条例》（草案）第七条。

第七条　自治县人民政府文化主管部门（以下简称文化主管部门）负责本辖区内民族文化遗产保存、保护工作。

自治县人民政府相关部门按照各自职责，负责有关的民族文化遗产保护、保存工作。

主要修改意见有：

其一，应明确自治县人民政府、相关主管部门和镇人民政府保护职责。韶关学院等立法基地提出，应规定文化主管部门负责非物质文化遗产、文物等物质文化遗产的保护工作；自治县人民政府城乡规划建设主管部门会同民族宗教主管部门和文化主管部门，负责传统瑶族村寨、建筑物、设施、标识等的保护工作；自治县人民政府其他部门法定职权涉及民族文化遗产保护的，依据法定职责进行管理。

其二，应补充村民委员会的职责。《中华人民共和国非物质文化遗产法》在规定村民委员会、居民委员会的相关职责时，分别强调了"文化主管部门应当给予指导和支持""应当在文物行政主管部门指导下"，《条例》（草案）应参照上位法的要求和自治县实际情况，补充村民委员会的规定。广东省人大常委会法制工作委员会建议，村民委员会、居民委员会作为基层群众性自治组织，应明确其定位和职责与镇人民政府不同，因此可以补充规定"村民委员会、居民委员会协助镇人民政府开展相应的民族文化遗产保护工作"。

其三，应补充社会参与的规定。中山大学立法基地提出，本条除了政府和主管部门的职责外，还应补充政府主导、社会参与的规定，如"自治县人民政府鼓励和支持公民、法人和其他组织参与民族文化遗产保护工作"。

5. 沟通协调机制

《条例》（草案）没有明确规定沟通协调机制，部分立法基地专家建议应予补充。其主要理由如下：

其一，中山大学、广东海洋大学、韩山师范学院等立法基地提出，条例的民族文化遗产保护涉及内容较为复杂，沟通协调需要涉及多个部门，应规定建立沟通协调机制，并由自治县人民政府承担主要责任，以保障沟通协调机制有效运行。

其二，广东省法学会立法基地提出，应当设立民族文化遗产保护领导小组，统筹沟通协调工作，即规定"自治县人民政府应当成立民族文化遗产保护领导小组，建立民族文化遗产保护沟通协调机制。民族文化遗产保护涉及其他部门职责的，应当及时沟通并会同相关部门共同开展工作"。民族文化遗产保护是连南自治县最重要的工作之一，应当建立专门的领导小组加以统筹推进。

（二）民族文化遗产的调查、申报和保护的修改建议

1. 民族文化遗产保护专家调查、咨询、评估制度

民族文化遗产保护专家调查、咨询、评估制度规定在《条例》（草案）第九条。

第九条　文化主管部门应当建立民族文化遗产专家库，组成相关专家工作机构，制定民族文化遗产保护专家调查、咨询、评估制度。

专家调查、咨询、评估的范围包括民族文化遗产项目目录及保护规划、文化生态保护区、非物质文化遗产代表性项目及传承人、民族文化遗产保护专项资金和基金等事项。

主要修改意见有：

其一，应赋予文化主管部门相关的职权。嘉应学院立法基地提出，要保护与传承民族文化遗产，首先应当搞清楚民族文化遗产资源的存在。而民族文化遗产内容广泛且形式多样，需要有一个专门的部门对各类文化遗产进行普查并进行分门别类的归纳整理。因此，在专家调查等内容之前，应先规定文化遗产的普查、收集与整理，从目前各政府部门的职能分工来看，赋予文化主管部门对民族文化遗产进行普查、整理的职能是比较合适的。

其二，建议明确专家制度的具体范围。广东省法制办、广东省法学会立法基地提出，本条可以细化规定专家制度的具体适用范围，补充规定如下内容："①民族文化遗产项目目录及保护规划；②瑶族文化生态保护区；③非物质文化遗产代表性项目及传承人；④民族文化遗产保护专项资金和基金；⑤其他应当由专家调查、咨询、评估的事项。"

2. 调查研究、归类建档、编制保护规划

调查研究、归类建档、编制保护规划规定在《条例》（草案）第十条。

第十条　文化主管部门应当组织专家对全县民族文化遗产进行调查。

调查应当按照民族文化遗产的沿革、发展、分布和保存现状等内容进行，按照边调查、边编制、边建设保护的原则归类建档，并编制保护规划。

文化主管部门应当对保护规划的实施情况进行监督检查；发现保护规划未能有效实施的，应当及时纠正、处理。

重视民族文化遗产原生形态保护，禁止随意改变原貌，禁止歪曲民族文化遗产的原意，保护措施应当尊重民族传统风俗习惯。

对瑶族代表性村寨、历史建筑等具有固定形态的民族文化遗产，不准随意拆除、迁移或者改变原貌。确因国家建设需要拆除、迁移的，经文化主管部门审查，报自治县人民政府批准。

自治县人民政府对其他民族文化遗产原生形态保存完好的场所，可以确定为民族文化遗产保护单位，采取相应的保护措施。

主要修改意见有：

其一，应明确"责任主体"。中山大学立法基地认为本条第一款责任主体不明确，不利于执行，不符合立法技术规范，建议将自治县人民政府作为责任主体，修改为"自治县人民政府和相关主管部门应当按照民族文化遗产的沿革、发展、分布和保存现状等内容对民族文化遗产进行调查，并对民族文化遗产归类建档，编制保护规划"。

其二，增加鼓励"社会参与"的条款。嘉应学院立法基地建议，应增加一款鼓励社会各界参与的规定："鼓励民族文化研究机构、其他学术团体、单位和个人从事民族文化遗产的考察、收集与研究。保护研究成果，提倡资源共享。鼓励开展民族文化遗产的交流与合作。"这样规定的原因是，民族文化遗产的保护不能仅仅依靠政府履行职责，更需要社会各界包括个人的共同努力。现在社会上有不少文化研究机构、社会团体、单位和一些对文化遗产感兴趣的个人在从事与民族文化遗产保护有关的研究工作，应该在条例中明确鼓励这些研究工作并提倡保护成果、资源共享，鼓励开展交流与合作，以形成全民保护民族文化遗产的共识并进一步促进民族文化遗产的保护工作。

3. 抢救性保护项目

抢救性保护项目规定在《条例》（草案）第十一条。

第十一条　文化主管部门应当对以下民族文化遗产濒危项目进行抢救性保护：

（一）尚未申报为历史文化名村的瑶族村寨；

（二）尚未申报为省级以上非物质文化遗产项目的；

（三）已列入省级非物质文化遗产名录但尚未有项目保护资金到位的；

（四）传承人年事已高、缺少年轻一代传承人的；

（五）其他民族文化遗产濒危项目。

主要修改意见有：

其一，应增加管理主体。嘉应学院立法基地提出，第一款中规定的管理主体不应限于文化主管部门，条文具体事项除了涉及文化主管部门外，历史文化名村的申报保护还涉及城乡规划建设主管部门，因此建议在管理主体中补充"城乡规划建设主管部门"。

其二，应进行分类保护和管理。暨南大学立法基地提出，根据文化遗产项目的特点和现状，可以采取抢救性保护、生产性保护和区域性整体保护等方法实行分类保护和管理。抢救性保护针对部分情况，不能达到完全保护或者说保护大部分文化遗产的情况，需要多层分类，即通过采取抢救性保护、生产性保护和区域性整体保护等方法实行分类保护和管理的方法，以更全面地保护文化遗产，这应该是本条例的立法目的之一。

其三，应补充预警机制的规定。广东省法学会立法基地提出，建立民族文化遗产预警系统，健全濒危项目预警机制，防患于未然。

其四，应进一步扩大保护项目。各立法基地建议，应扩大保护项目，可包括：①中华人民共和国成立之前已形成的具有代表性的传统瑶族村寨；②尚未申报为市级以上非物质文化遗产项目的；③濒临灭绝或面临失传的独门绝技；等等。

4. 传统瑶族村寨的认定和保护

传统瑶族村寨的认定和保护主要规定在《条例》（草案）第十四条第二款。

第十四条第二款　生态保护区范围内的各级地方政府要依托当地的自然环境和民族文化传承的特色村寨，确立若干与民族文化遗产表现形式关系相对紧密、相对系统、相对完整的文化区域，并将其纳入到非物质文化遗产名录体系，确保瑶族文化生态的整体性保护。

主要修改意见有：

其一，明确认定与保护主体。暨南大学立法基地建议，对文化遗产的保护应首先明确传统瑶族村寨的认定与保护的主体，然后才能规定如何保护。连南传统瑶族村寨的认定和保护应该由城乡规划建设主管部门负责，因此可以由城乡规划建设主管部门牵头，会同民族宗教主管部门和文化主管部门共同完成。中山大学立法基地建议，城乡建设主管部门、文化主管部门和民族宗教主管部门应当制定传统瑶族村寨的认定标准，并负责组织和指导传统瑶族村寨保护发展规划和保护项目的制定，以日常监督、定期巡查等方式保障规划和项目的实施。

其二，应增加新的条款明确传统瑶族村寨的认定和保护、管理主体和职责、相关保护措施等内容。广东省住房和城乡规划建设厅及部分立法基地提出，传统瑶族村寨是连南民族文化遗产的特色，应当从生态保护区的规定中独立出来进一步扩充内容，新增一条，规定："城乡规划建设主管部门负责制定传统瑶族村寨的认定标准，并负责组织和指导传统瑶族村寨保护发展规划和保护项目的制定，以日常监督、定期巡查等方式保障规划和项目的实施。传统瑶族村寨保护发展规划和保护项目应当充分尊重村民意愿和专家意见，建立和完善公众参与机制，并长期公开，接受公众监督。"

5. 传统瑶族村寨村民委员会的职责

《条例》（草案）条文中未明确规定传统瑶族村寨村民委员会的职责，从保护工作的特点和自治县实际情况出发，建议补充传统瑶族村寨村民委员会的职责。

广东省人大常委会法制工作委员会及部分立法基地建议新增一条，规定："传统瑶族村寨所在的村民委员会承担传统瑶族村寨保护管理的具体工作。村民委员会要根据传统瑶族村寨发展规划和保护项目，引导和推动村民自治章程、村规民约符合传统瑶族村寨发展规划和保护项目的相关保护要求。"

6. 传统瑶族村寨保护的措施

《条例》（草案）中未明确规定传统瑶族村寨保护的措施，建议加以补充。广东省人大常委会法制工作委员会及部分立法基地提出，传统瑶族村寨的法律地位相对特殊，既不同于一般的非物质文化遗产，也无法全部认定为文物保护单位。因此在上位法相关规定尚属空白的情况下，需要整合上位法对相关问题的规定，并对传统瑶族村寨的保护措施进行专门性、补充性的规定。在条例中补充规定："设置传统瑶族村寨和历史建筑等民族文化遗产保护标志，建立保护档案，原则上不得随意改变传统瑶族村寨和历史建筑的原貌。因重大原因确需拆除、迁移或者改变的传统瑶族村寨，依照相关法律法规的规定办理。"

（三）民族文化遗产的传承、传播与利用的修改建议

1. 民族文化遗产传承机制

民族文化遗产传承机制主要规定在《条例》（草案）的第十六、十七条。

第十六条　文化主管部门应当建立完善的民族文化遗产名录及其代表性传承人的认定机制，并建立传承人保障制度，对传承人给予生活和其他补助。

第十七条　文化主管部门应当设立民族文化遗产传承机构，组织民族文化遗产保护单位选定两名以上中青年传承骨干，由老一辈传承人以师带徒的方式培养新生代传承人，并加强对传承人的培训监督，确保正常开展传承工作，对传承作出贡献的艺人给予一定的

奖励。

主要修改意见有：

其一，对传承人的培训可采用多种措施。嘉应学院立法基地建议，第十七条可补充规定："自治县人民政府文化主管部门应当定期聘请专家对传承人进行培训，帮助传承人开展活动，提高展演水平，并提升其民族文化创作能力。"自治县是基层单位，同时也是贫困县，当地的文化艺术水平提升需要政府主动支持，定期聘请专家对传承人进行培训是政府职能部门的职责，而且文化主管部门也有条件有资源可以聘请到专家开展相关的培训活动。

其二，可采用政府购买服务的方式支持民族传统文化的传承。广东省人大内务司法委员会建议，第十七条可补充规定："自治县人民政府及有关部门可以通过政府购买服务等方式，支持民族文化遗产代表性传承人开展传承活动。"政府购买服务是政府对传承人提供资助的重要方式，符合条件的传承人均可承接，这种方式能够在专项拨款之外，进一步为传承人提供支持。

2. 民族文化遗产传承传播措施

有关部门和部分立法基地认为，《条例》（草案）第三章"民族文化遗产的传承传播"中，从总体上看，对民族文化遗产传承传播措施的规定不够充分，建议补充相关规定，其主要的意见有：

其一，应强调交流合作。广东省法学会立法基地提出，各民族的文化遗产是相通的，应当加强合作交流，在全球化过程中，还应当提高民族文化遗产的国际影响力，打造民族文化品牌，因此建议新增一条，规定："加强与国内其他地区民族文化遗产保护的合作交流，共同有序开发利用民族文化遗产资源。积极参与国际社会民族文化遗产保护活动，提高瑶族民族文化遗产的国际影响力，打造中华民族文化品牌。"

其二，增加对瑶医瑶药的传承规定。广东省人大教育科学文化卫生委员会建议第三章的条文中应就瑶医瑶药的挖掘、传承、振兴和培训、利用等作专条规定，如在县、镇中医药机构中开设瑶医科，收集整理瑶医瑶药资源，培养瑶医，拨出专项经费予以扶持等内容。

其三，增加城乡建设主管部门的职责。广东省住房和城乡规划建设厅建议增加一条，规定住房城乡建设主管部门的职责，如重视瑶族传统建筑技艺的传承，鼓励建筑施工企业加强对瑶族传统建筑工匠的培养，在建筑类技术工人的教育培训中设立相应课程等，并建立相应的瑶族传统建筑技艺传承机制。

3. 资金资助或扶持

资金资助或扶持主要规定在《条例》（草案）第十八条。

第十八条　文化主管部门应当对以下民族文化遗产代表性项目的学艺者给予资助或扶持：

（一）濒危民族文化遗产代表性项目的学艺者；

（二）已达到初级职称或同等技艺水平，但因经济困难无法完成学习的学艺者；

（三）其他需要资助或扶持的学艺者。

主要修改意见有：

其一，应重视保护"项目代表性传承人"的权利。广东外语外贸大学立法基地认为，民族文化遗产保护工作中，项目代表性传承人应具有重要发言权，在资助对象的考察过程中，应该给予项目代表性传承人更大的自主权，建议增加一项"经项目代表性传承人考察，具有发展潜力，但因经济困难无法完成学习的学艺者"。

其二，应对"学艺者"进行界定。中山大学立法基地认为，上位法仅规定了非物质文化遗产代表性项目传承人的权利和义务，但未对资助或扶持学艺者进行规定。学艺者是民族文化遗产传承的后续力量，本条规定对学艺者的资助或扶持，立法目的是值得肯定的，但应考虑对学艺者做出界定。

4. 传承传播活动的形式

传承传播活动的形式主要规定在《条例》（草案）第十九、二十、二十三条。

第十九条　传承人应当按照相关规定履行职责，采取举办培训班、进学校教学、招收徒弟入室学艺、参加各种文化交流活动等方式积极开展传承活动。

未能申请到省级及以上的非物质文化遗产代表性项目，由文化主管部门参照政府购买或采取按劳计酬、以奖代补的方式，聘请传承人开展传承活动。

第二十条　瑶族耍歌堂、瑶族长鼓舞、瑶族民歌、瑶族刺绣、瑶族服装、瑶族扎染、瑶族婚俗、瑶族银饰制作技艺、瑶族食品制作技艺、瑶族长鼓制作技艺等项目应当设立展演场所、工艺作坊或连锁经营机构，并建立研究协会，通过出版书籍、音像资料、举办比赛和研讨等活动，全方位开展民族文化遗产的传承活动。

第二十三条　文化主管部门应当积极组织和资助民族文化遗产代表性项目传承人到国内外参加各种展示表演活动，并利用报刊、广播、电视和互联网等媒体进行宣传报道，鼓励机构和个人通过网站、微信等网络自媒体进行宣传，提高传承的积极性和自觉性。

主要修改意见有：

其一，应对传承活动进行抽象和概括。部分立法基地建议应对传承活动的形式进行抽象和概括，整合为一条。修改为："民族文化遗产传承和传播活动可按照如下形式开展：①组织民族文化遗产代表性项目传承人到国内外参加各种展示表演活动，利用报刊、广播、电视和互联网等媒体进行宣传报道，鼓励机构和个人通过网站、微信等媒介进行宣传；②建立研究协会，出版书籍、音像作品，举办比赛和研讨会等；③其他与民族文化遗产传承和传播相关的活动形式。"

其二，鼓励使用瑶族传统文化元素。广东省文化和旅游厅、广东海洋大学立法基地等建议，日常生活是民族文化遗产传承的基础体验，服饰、语言等文化遗产要在生活中才能保持其真实性，避免歪曲原来的意义。因此对瑶族服饰、语言等内容，可以补充规定鼓励瑶族村寨居民穿戴瑶族服饰、使用瑶族语言。在不违反相关规划的同时，还可以鼓励居民在建造房屋时采用民族传统建筑风格和元素，传承瑶族风俗习惯。

5. 传承项目的知识产权保护

传承项目的知识产权保护规定在《条例》（草案）第二十四条。

第二十四条　文化主管部门和自治县人民政府知识产权主管部门，应当在尊重和保护传承人的原则下，将民族文化遗产项目申请注册商标、申报地理标志、登记版权，开展与民族文化遗产相关的知识产权保护工作。

主要修改意见有：

其一，关于知识产权申请主体的问题。广东省人大常委会法制工作委员会、韩山师范学院立法基地、嘉应学院立法基地等提出，根据《中华人民共和国商标法》《中华人民共和国著作权法》的相关规定，知识产权保护以商标、版权权利人提出申请为宜，主管部门的职责为指导，政府部门是不宜作为文化遗产项目的商标权、版权所有人的，也不符合相关法律规定，只能由项目保护单位、传承人或者行业协会行使相关权利，政府的职能应当是"鼓励和支持"相关的知识产权保护工作。故本条规定存在保护主体合法性的问题，建议修改申请知识产权的主体，把"文化主管部门和自治县人民政府知识产权主管部门"修改为"鼓励和引导单位和个人"申请知识产权。

其二，应补充保密制度规定。广东省法学会立法基地提出，部分文化遗产包含不宜公开的技艺、材料等，不适合申请知识产权，建议补充保密制度规定，如"对珍贵民族文化遗产相关技艺、材料实行保密制度"。

6. 民族传统文化的教育

民族传统文化的教育主要规定在《条例》（草案）第二十六条。

第二十六条　自治县人民政府教育主管部门（以下简称教育主管部门）应当制定推进民族文化遗产教育管理制度，确保优先保障经费，把开发民族传统文化艺术教育列入校长考核机制和教师绩效工资考核范围，积极创建民族教育特色。

各级学校应当积极开发瑶族传统文化校本课程，围绕瑶族民歌、瑶族舞蹈、瑶族刺绣、民族体育等民族文化遗产打造特色精品，丰富教学内容。

修改意见主要集中在是否在学校教学中使用瑶语教学的问题。

广东省法学会立法基地、连南瑶族自治县立法工作组（以下简称立法工作组）建议，学校的文化教育是保护瑶族语言的重要途径，因为瑶族是一个有自己的语言、无文字的民族，更有必要在学校教育中普及瑶语教育，建议规定"设立瑶语课程"或"使用瑶语教学"。

广东省人大常委会法制工作委员会、广东省文化和旅游厅、部分立法基地则认为，《中华人民共和国国家通用语言文字法》第十条规定："学校及其他教育机构以普通话和规范汉字为基本的教育教学用语用字。"第十八条规定："国家通用语言文字以《汉语拼音方案》作为拼写和注音工具。初等教育应当进行汉语拼音教学。"如果明确规定瑶语教学，存在和上位法相抵触的嫌疑，不建议在学校教育中专门规定瑶族语言的内容。

（四）保障与激励措施的修改建议

1. 专项保护资金

专项保护资金主要规定在《条例》（草案）第三十四条。

第三十四条　自治县人民政府应当设立民族文化遗产保护专项资金，并列入自治县年度财政预算。

专项资金应当用于民族文化遗产调查、评估、申报、保护、传承和利用等方面。

主要修改意见是应明确"专项保护资金"的含义。

广东省人大常委会法制工作委员会提出，依据《中华人民共和国非物质文化遗产法》第六条规定"县级以上人民政府应当将非物质文化遗产保护、保存工作纳入本级国民经济和社会发展规划，并将保护、保存经费列入本级财政预算"，这里的概念为"保护、保存经费"，专项资金的设立有一整套的程序、要件等规定。同时，依据《中华人民共和国文物保护法》第十条第四款规定："国家鼓励通过捐赠等方式设立文物保护社会基金，专门用于文物保护，任何单位或者个人不得侵占、挪用。"这里的概念为"社会基金"，不能由政府拨款，政府性基金只有国务院及其财政部才能设立。因此建议研究专项保护资金、代表性项目保护基金的上位法依据和实际情况，明确《条例》（草案）规定的专项保护资金的含义。

2. 代表性项目保护基金

代表性项目保护基金主要规定在《条例》（草案）第三十五条。

第三十五条　自治县人民政府应当建立民族文化遗产代表性项目保护基金。

保护基金主要由自治县人民政府财政拨款、企业和民间捐赠，以及上级政府和部门的扶持资助组成，用于支持传承人开展传承活动，为传承人购买养老保险金、医疗保险和发放补助等事项。

主要修改意见有：

应明确规范代表性项目保护基金的来源。韩山师范学院立法基地、嘉应学院立法基地等建议，应在原文基础上，进一步明确基金的资金来源，规范资金管理。根据专项基金的一般构成，可以规定民族文化遗产代表性项目保护基金主要来源如下：①自治县人民政府财政拨款；②上级人民政府及其部门的经费资助；③企业和个人捐赠；④保护基金的其他来源。

3. 文化遗产保护合作与人才引进

文化遗产保护合作与人才引进主要规定在《条例》（草案）第三十七条。

第三十七条　自治县人民政府及文化主管部门应当与上级有关部门和大专院校等机构建立长期研究合作机制，并加强文化系统专门人才的继续教育和培训。

自治县人民政府及文化主管部门应当建立以项目为平台、以紧迫需求为导向、遵循符合民族文化遗产保护工作人员成长规律的用人机制，提高从事民族文化遗产工作人员的各项待遇，建立健全民族文化遗产保护的人才引进机制。

主要修改意见有：

其一，应建立健全民族文化遗产保护人才的培育机制。广东外语外贸大学立法基地提出，因为民族文化具有较强的民族性和地域性，单纯的人才引进较为困难。与之相对比，培育人才更符合地方的实际情况，能满足民族文化传承的需要。因此，本条应当强调建立遵循民族文化遗产保护工作人员成长规律的用人机制，选配熟悉民族文化的年轻干部担任民族文化保护工作，提高从事民族文化遗产保护工作人员的待遇，建立健全民族文化遗产保护的人才引进和培育机制。

其二，应建立"交流合作机制"。韩山师范学院立法基地提出，民族文化遗产保护的重点不仅仅是研究，而是整理开发、教育培训等方面。因此自治县人民政府与上级人民政府有关部门和大专院校、科研院所等机构建立的应当是"交流合作机制"而非原文的"研究合作机制"，建议作相应的修改。

（五）法律责任的修改建议

1. 立法技术与立法的规范性

《条例》（草案）第五章关于法律责任规定的条文中，存在立法技术与立法的规范性问题。广东省法学会立法基地指出，该章法律责任各条，要明确何种法律责任；还有类似"情节严重的，依法追究责任"的表述不符合立法技术的一般要求。从立法技术考虑，在行政问责之后应该是追究刑事责任，因此建议将相关表述统一修改为"构成犯罪的，依法追究刑事责任"。

2. 侵占和破坏文化遗产保护项目的责任

侵占和破坏文化遗产保护项目的责任规定在《条例》（草案）第三十九条。

第三十九条　违反本条例规定，侵占、破坏列入民族文化遗产保护项目的资料、实物、建筑物、场所等的，由文化主管部门责令改正、恢复原状或者赔偿损失，可并处二千元以上二万元以下的罚款；情节严重的，并处二万元以上十万元以下的罚款。有违法所得的，没收违法所得。

主要修改意见有：

条文规定的法律责任应具体一些。嘉应学院立法基地认为，条文的法律责任过于笼统，所以建议对直接责任人员给予行政处分（针对政府工作人员）或行政处罚（针对普通公民）。另外，《中华人民共和国刑法》中有关"妨害文物管理罪"的专门规定，如果负有保存、保护职责的单位或个人情节严重，构成犯罪的还应当依照《中华人民共和国刑法》的相关规定予以追究刑事责任。

韶关学院立法基地建议，本条规定的法律责任较为笼统，罚款的规定不能与上位法完全对应，有必要参照上位法调整罚款的范围和数额，避免增设行政处罚。

3. 主管部门及相关工作人员的责任

主管部门及相关工作人员的责任规定在《条例》（草案）第四十条。

第四十条　文化主管部门、民族文化遗产保护工作机构及其工作人员违反本条例规定，有下列情形之一的，由其上级主管部门或者监察机关责令改正；情节严重的，对直接负责的主管人员和其他直接责任人员依法给予处分：

（一）未按照本条例第三十五条第二款、第三十六条第二款截留、挪用、挤占民族文化遗产保护专项资金、保护基金的；

（二）未按照本条例第十二条、第十三条规定未及时对民族文化遗产濒危项目进行抢救性保护或建立民族文化遗产濒危项目目录的；

（三）未按照本条例第九条规定组织调查民族文化遗产项目，并制定保护规划，或者未对保护规划的实施情况进行监督检查的；

（四）有其他滥用职权、玩忽职守、徇私舞弊等违法行为。

本条修改意见主要针对立法语言的规范性。嘉应学院立法基地认为原文中"依法给予处分"的表述不明确，处分仅指行政机构内部的问责，建议改为"依法追究行政责任，构成犯罪的依法追究刑事责任"。韶关学院立法基地建议，第四十条第一款修改为"各主管部门及其工作人员违反本条例规定，有下列情形的，由其上级主管部门或者监察机关责令改正；情节严重的，对直接负责的主管人员和其他直接责任人，依法追究相应的法律责任"。

4. 破坏传统瑶族村寨的责任

《条例》（草案）中缺乏对"破坏传统瑶族村寨的责任"的规定，广东省人大常委会法制工作委员会、广东省政府职能部门和各立法基地建议，应单独设置一条，规定破坏传统瑶族村寨保护项目的责任。法律责任明确，才能加强保护力度。相关条文应包括以下内容：

其一，对传统瑶族村寨的保护，管理主体是城乡规划建设主管部门，执法工作由城乡规划建设主管部门负责。

其二，对破坏传统瑶族村寨的行为，特别是已构成破坏的，应责令恢复原貌；逾期不恢复原貌的，城乡规划建设主管部门可以指定有能力的单位代为恢复原貌，所需费用由违法者承担。

其三，对于在开发活动中造成破坏性影响的情节严重行为，应当发出濒危警示和取消项目支持，并根据情节严重情况，给予相应处罚，构成犯罪的依法追究刑事责任，以进一步明确行为人所应承担的法律责任。

综合上述内容，建议新增的条文为："违反本条例规定，破坏传统瑶族村寨保护项目的，承担下列责任：

（一）破坏传统瑶族村寨或违反传统瑶族村寨保护发展规划进行建设活动和行为的，住房城乡建设主管部门应当及时责令停止相关活动和行为；已构成破坏的，责令恢复原貌，并依法追究法律责任。

（二）因违反传统瑶族村寨项目保护规划要求或因保护工作不力、造成民族文化遗产资源破坏的，住房城乡建设主管部门应当给予警告并进行通报批评。

（三）在开发活动过程中造成传统建筑、选址和格局、历史风貌破坏性影响的，住房城乡建设主管部门应当发出濒危警示，并依法取消名录认定和项目支持；情节严重的，依法追究法律责任。"

四、《条例》（草案）最后的完善及批准

（一）《条例》（草案）在修改完善中争议的焦点

1. 关于立法体例的争议

立法体例的选择是《条例》（草案）制定中存在争议的重点问题。文化遗产保护国家立法和大多数地方立法都采用了分别立法的体例，但《条例》（草案）采用了将物质文化遗产、非物质文化遗产和传统瑶族村寨统一保护的立法体例，因与上位法的立法体例差异较大，因此在历次修改完善中都是争议的焦点，各参与主体都提出了自己的意见。

支持统一立法体例一方的理由概括起来主要有四个方面：

其一，统一立法体例有利于民族文化遗产的整体保护。立法工作组认为，连南瑶族自治县有丰富的民族文化遗产，文化遗产主要包括物质文化遗产、非物质文化遗产和传统瑶族村寨三个方面，《条例》（草案）在参考上位法规定的基础上，根据自治县文化遗产保护的实际，对上位法的相关规定进行了整合，将三者统一规定在一个条例中，由自治县人民政府统一、集中协调各项民族文化遗产保护工作，构建了民族文化遗产整体保护的系统机制。

其二，统一立法体例可明确自治县文化遗产保护的具体对象。广东省人大常委会法制工作委员会提出，在上位法的规定中，对文化遗产保护对象多采取列举的方式，但列举的都比较抽象。自治县是一个基层的行政级别，抽象的立法模式对自治县文化遗产保护难以起到有效的指导作用。《条例》（草案）第二条采用了列举的方法规定了自治县文化遗产保护的对象，有利于明确保护对象的具体范围，突出地方特色。广东省人大华侨民族宗教委员会认为，将保护对象具体化，能够使保护目标明确，有利于保护工作的开展，对自治县文化遗产保护有具体的指引作用，也是对上位法的重要补充。

其三，统一立法体例还可凸显对传统瑶族村寨的保护。自治县人大常委会法律工作委员会认为，传统瑶族村寨为自治县的地方特色，既是自治县民众的生活场所，又是民族文化的现实载体，《条例》（草案）整合了相关规定，对传统瑶族村寨的保护做出专门性的规定，凸显了对传统瑶族村寨的保护，符合自治县的现实情况与长远发展需要。广东省人大常委会法制工作委员会认为，在民族自治地方的文化遗产保护立法中整合民族特色村寨的内容，符合国家政策的导向。同时，目前各地对民族特色村寨的立法保护不够充分，连南瑶族自治县保护传统瑶族村寨的立法具有示范意义。

其四，统一立法体例保护举措的可操作性较强。《条例》（草案）在遵守上位法规定的基础上，针对多个问题，从多角度对上位法做出补充性的规定，如保护主体的职责确定、保护措施的具体规定、奖励机制的创新规定、专项资金的细化规定等方面，强化了民族文化遗产保护举措的可操作性，符合《条例》（草案）的立法目的和宗旨。

除了支持《体例》（草案）采用统一立法体例的意见外，部分立法专家、立法基地也提出了质疑的意见，认为《体例》（草案）采取统一立法体例值得商榷，需要谨慎研究，其理由概括起来主要有以下四个方面：

其一，上位法并未将物质文化遗产与非物质文化遗产纳入一部法律统一调整。暨南大学立法基地指出，目前我国文化遗产包括文物（物质文化遗产）和非物质文化遗产，分别由《中华人民共和国文物保护法》和《中华人民共和国非物质文化遗产法》调整；广东省地方性法规分别是《广东省实施〈中华人民共和国文物保护法〉办法》和《广东省非物质文化遗产条例》。因此，连南在地方立法中要突破这种分别立法的体例需要谨慎。

其二，采用统一立法体例在实施中也可能遭遇困境。广东省律师协会指出，《中华人民共和国文物保护法》和《中华人民共和国非物质文化遗产法》两法相隔时间长达30年，很多客观情况是难以合并在一个法规的。《中华人民共和国文物保护法》于1982年颁布，《中华人民共和国非物质文化遗产法》于2011年颁布，两法相隔近30年时间，无论是立法的成熟度、理论研究情况、行政管理与执法情况、社会各界对其熟悉情况、法律完善程度等都不相同，合并在一个法规里会在实施中带来很多难题。

其三，采用统一立法条例在法制宣传中也可能会遇到困难。中山大学立法基地提出，社会对于文物的概念较为熟悉，但对文化遗产、物质文化遗产和非物质文化遗产的概念还需要进一步宣传普及。上位法并没有直接使用民族文化遗产的术语，单靠一个民族自治县的力量，能否使"民族文化遗产"的概念和法制宣传达到普及的效果也是存在疑问的。文物保护法实施已经30余年，各级政府、社会各界和民众对文物及其保护均已有相当的认知和了解，现在以文化遗产的概念出现，可能会冲淡文物保护的概念。我国非物质文化遗产保护是一个相对薄弱的环节，国家正式的保护工作开展10余年，立法8年，仍需要加强。《条例》（草案）将物质文化遗产与非物质文化遗产统一为文化遗产出台地方性法规，虽然有新意，但也可能不现实，也难以宣传实施。建议可以就连南自治县、乡两级地方政府部门人员对《条例》（草案）的理解情况做一个简单调查，如果结果为难以或无法读懂和理解，那么显然是无法保障其宣传和实施的。

其四，采用分别立法体例对不同文化遗产的保护更为有利。广东省人大内务司法委员会提出，物质文化遗产与非物质文化遗产，一个是有形的，一个是无形的，管理与保护的方法差别很大，分开规定便于保护。目前，将二者合并在一部法律里加以规范的比较成熟的国家是日本、韩国，国内也仅有个别地方性法规如《扬州市文化遗产保护管理办法》。但上述可以借鉴的法规都是将物质文化遗产与非物质文化遗产分为不同章节、不同条款规定。而《条例》（草案）不仅将其合二为一，还将传统瑶族村寨保护也列入其中，且条款上也不加以区分，一般对该领域不了解的学者都难以全部理解该条例的条款，连南自治县政府、乡镇居民要做到很好地理解并实施保护，可能有一定难度，因此，分别立法可能更好。

经过多次研讨，《条例》（草案）最终选择采用统一立法体例。立法工作组认为，一方面，自治县作为县级行政单位，采取分别立法的模式有着实际的困难，自治县虽然民族文化资源丰富，但保护对象的数量与类型相比于国家和省相对较少，保护工作相对集中，负有保护义务的职能机构较少，对各类民族文化遗产单独立法缺乏必要性；另一方面，立法和执法需要大量的人力、物力和财力的支持，自治县属于贫困县，资源相对有限，采用分别立法体例实施有较大的困难。

当前自治县物质文化遗产、非物质文化遗产和传统瑶族村寨的保护需要全面加强，通过统一立法，集中规定保护措施，明确权利义务和法律责任，加强整体保护力度。传统瑶族村寨和文物存在结构性老化和维护利用不当等问题，部分传统瑶族村寨还存在随意拆除古建筑、乱搭乱建现象，亟须制定保护措施，明确法律责任；非物质文化遗产保护存在传承人培养断层严重、传统技艺后继乏人等问题，需要结合自治县实际情况，明确扶持、保护、抢救等措施与程序，以及相关的政策与经费支持。此外，自治县大力推进民族文化生态保护区建设，将区域内的物质文化遗产、非物质文化遗产与传统瑶族村寨作为整体进行保护，有利于多种民族文化遗产保护的综合协调。

2. 关于保护范围的争议

连南自治县的民族文化遗产丰富，在保护范围上应考虑民族特色和文化遗产的类型。在立法过程中，如何在《条例》（草案）中规定保护范围，也是《条例》（草案）争议的重点问题。

其一，是否将民族体育、民族医药、传统舞蹈等地方特色的文化遗产纳入《条例》（草案）的保护范围。这些内容作为瑶族传统文化的载体，有必要加强保护，但《条例》（草案）中的列举性规定不宜冗长，因此参照《中华人民共和国非物质文化遗产法》的规定，采用列举与概括相结合、分类表述的方法，确定了瑶族体育、医药等为保护对象。

其二，在保持瑶族特色的基础上，采用"民族文化遗产"的表述，确保将连南各民族的文化遗产均纳入保护范围。连南是瑶族自治县，辖区内瑶族居多，占50%以上，但仍有壮族、汉族等民族，汉族客家民系在连南也保存有较多的文化遗产，因此《条例》（草案）第二条的保护范围不应限于"瑶族文化遗产"，而应调整为"民族文化遗产"，将辖区内其他民族的文化遗产纳入保护范围。

但对"民族文化遗产"的规定，也有质疑的意见。中山大学立法基地就指出，《条例》（草案）所称"民族文化遗产"并没有直接的上位法的依据。但因《条例》（草案）涉及多部上位法，上位法对各自立法的调整对象都做出了概括或列举，但《条例》（草案）合并立法后，与上位法的概括和列举都不可能一致，所面临的问题，也是没有上位法可参照的。还有，《条例》（草案）也应该对"民族文化遗产"做概括性表述。华南农业大学农村法治与社会发展研究中心认为，需要对本条例调整的"民族文化遗产"下一个概括性的定义，以突出强调其瑶族特色，具有历史、文化艺术和科学价值，有形或无形的文化表现形式。广东省律师协会也认为，我国对文物、非物质文化遗产的保护范围都有一定条件和标准，《条例》（草案）是民族自治地方的单行条例，应结合当地以瑶族文化特色为主进行具体性的规定，虽然在立法上有本地特色，但是这样具体的规定缺乏条件与标准。

经研讨，立法工作组认为，文化遗产的范围在国家立法中已经有相关规定，自治县作为一个基层单位，面对的都是非常实际、具体的问题，自治县的单行条例需要将上位法中概括的规定具体化，突出地方特色，解决地方问题。同时，立法工作组在听取了各方意见后，参照《中华人民共和国文物保护法》《中华人民共和国非物质文化遗产法》中的分类，在《条例》（草案）中对列举的民族文化遗产进行了归类，使其既符合上位法的规定，又契合自治县的实际情况。

3. 关于瑶族语言保护的争议

在《条例》（草案）的修改完善中，对瑶族语言的保护存在较大争议的主要有以下两方面：

其一，将瑶语单列一项在《条例》（草案）第二条的保护范围里。主要理由：一是语言作为民族文化遗产的最重要载体，除了以经文、过山榜、民间传说、谚语、礼词、诗歌等为载体外，还包括日常交流语言以及其他载体，有必要单独作出规定；二是目前学界普遍的看法是瑶族除了有本民族的语言外，没有本民族文字，所以将语言作为单独一项内容加以规定确有必要。

其二，将瑶语作为瑶区小学的教学语言。韩山师范学院立法基地认为，《中华人民共和国国家通用语言文字法》第十条明确规定："学校及其他教育机构以普通话和规范汉字为基本的教育教学用语用字。"第十八条规定："国家通用语言文字以《汉语拼音方案》作为拼写和注音工具。初等教育应当进行汉语拼音教学。"在《条例》起草中也曾规定："鼓励瑶区小学教师运用瑶语开展教学活动。"有专家认为，该规定和上位法有抵触的嫌疑。广东海洋大学立法基地认为，根据《中华人民共和国宪法》《中华人民共和国民族区域自治法》《中华人民共和国国家通用语言文字法》和《广东省非物质文化遗产条例》的规定，鼓励使用瑶语开展教学活动并不违反上位法律，但还应当考虑国家的民族政策和基本国情。中国是统一的多民族国家，促进少数民族地区经济和社会发展同样是政府的责任，使用全国通用的语言文字是少数民族地区经济和社会发展的重要条件。一般而言，少数民族地区经济水平相对落后，只有与更广泛的外界地区交流才有更多的发展经济的机会，而掌握通用语言文字是获得这些机会必不可少的条件。考虑到少数民族地区教学质量较低，相当数量的中小学生在中小学毕业后辍学，再学习普通话的成本相当高昂，有可能造成此类民众连普通话都难以掌握，连打工都难以为继，进而造成贫困。学习少数民族语言及文化不能与现代教育和民族政策相冲突，少数民族语言文化教学完全可以作为素质教育融入基础教育。不宜在小学阶段全面使用瑶语开展教学活动，需要慎重考虑在基础教育阶段使用少数民族语言开展教学的规定。

立法工作组认为，语言是民族文化的核心，是民族文化传承的重要载体。在现代文明不断冲击瑶族传统生活方式的背景下，很多瑶族青少年不愿意使用瑶语，民族文化的内核面临消亡的风险，有必要加强对瑶族语言的保护。因此在《条例》草案的制定过程中，立法工作组曾拟定瑶族语言的保护措施，规定："定期培训民族文化校本课程教师，鼓励教师、民族文化遗产代表性项目传承人或民间艺人到学校、传统瑶族村寨等民族文化遗产传承场所开展教育活动。鼓励瑶区小学教师运用瑶语开展教学活动。"从法律层面来看,《中华人民共和国宪法》《中华人民共和国民族区域自治法》《中华人民共和国国家通用语言文字法》和《广东省非物质文化遗产条例》等法律法规并没有禁止民族语言的教学,《中华人民共和国民族区域自治法》还明确了少数民族使用本民族语言的权利,因此瑶族语言教学的规定并不违背上位法规定。但由于本条存在较大争议,经多方研讨,结合国家政策和自治县瑶族文化深厚的实际情况,立法工作组最终采纳了多数意见,修改了瑶族语言教学的规定。

(二)《条例》的完善与批准

回顾条例草案的修改过程,自 2016 年 3 月 18 日完成《条例》(草案)第三稿后,在自治县人大常委会的主导下,在自治县召开座谈会,向自治县各主管部门征求意见,研讨条例草案与自治县实际情况的切合性,自治县与会的各主管领导和一线执法人员认真研读《条例》(草案),结合本部门的工作经验提出了意见和建议。同年 6 月下旬在立法专家组的主导下在华南理工大学法学院召开专家学者座谈会,重点就传统瑶族村寨保护进行了研讨。此后,为了进一步提高立法质量,又在广东省人大常委会法制工作委员会的主导下,召开了两场专家座谈会,邀请广东省人大的专门委员会、广东省政府各部门及广东省人大常委会的各大立法基地对《条例》(草案)认真研讨,征集意见、建议。在梳理、吸收各方建议的基础上,立法工作组完成条例草案的第四稿。

2016 年 7 月 28 日连南瑶族自治县第十四届人大常委会第三十九次会议审议了《连南瑶族自治县民族文化遗产保护条例》草案。自治县常委会提出了一些修改意见和建议。2016 年 8—9 月,自治县人大内司委再次向广东省、清远市有关主管部门,广东省、清远市人大法制工作委员会,自治县的各机构发出了征求意见信函 150 多封,与此同时在连南政府网上向社会公开征求意见和建议。期间,收到反馈修改意见 70 多条。

立法工作组在《条例》草案第四稿的基础上,根据收到的反馈意见,逐条进行了修改,形成了《条例》草案的第五稿,经连南自治县人民代表大会审议通过,报广东省人大常委会审议。2017 年 11 月 30 日广东省第十二届人民代表大会常务委员会第三十七次会议批准了《条例》,使《条例》完成了由草案到法规的蜕变。

五、《条例》立法中留下的思考

(一)民族自治县的立法权边界

民族区域自治制度是中国单一制结构背景下治理民族地区与解决民族问题的重要举措,自实施以来取得了显著成就。从理论上和法律规范层面上来看,民族区域自治制度划分了中央与地方的权力边界,对国家结构形式具有创新意义。依照《中华人民共和国宪法》第一百一十六条、《中华人民共和国立法法》第七十五条第一款以及《中华人民共和国民族区域自治法》第十九条的规定，民族自治地方的权力机关基于当地民族的政治、经济和文化特点的考虑，有权制定自治条例、单行条例等自治法规，此乃自治立法权产生的宪法层面的正当性依据。法律能够设定各类社会主体的权利义务，明确其行为规范，并拥有强制实施效力。自治法规作为成文法渊源之一，是体现民族区域自治制度的法律规范，其目的在于构建一个行使自治权的法律秩序，亦具法律的外在功能与价值。

但在制定《连南瑶族自治县民族文化遗产保护条例》的过程中，笔者也看到在民族自治地方行使立法权中存在的值得思考的问题。一般来说，完整的立法权在程序上包括提案、审议、表决和公布四个步骤，只有顺利通过这四个步骤，地方立法才具备合法性，能够在当地实施。但是按照《中华人民共和国宪法》《中华人民共和国民族区域自治法》和《中华人民共和国立法法》的规定，自治县的自治条例和单行条例制定完成后，除了需要本级人大通过外，还需要报请省或自治区人大常委会批准。学界对这种"报批制"的立法批准程序存在许多讨论，有学者认为，如果自治地区行使立法权时，必须经过其他机关的批准，这种立法权就很难成为独立的立法权。① 将自治立法的批准权单独列出交由上级人大常委会行使，事实上分割了自治立法权，因此也有学者称其为"半个立法权"，认为民族自治地方的立法权只是一种特殊的法案起草权。②

另一种观点认为，全国或省、自治区人大常委会的批准生效权属于立法批准的立法审查，不仅是一般的立法程序，还兼具立法监督的性质。③ 但从实质来看，上级人大的批准行为是决定自治地方立法能否生效不可或缺的环节，否则自治立法就不能对外发生法律效力。有学者指出，通过对自治条例进行适当性审查后，要么批准生效，要么不批准并退回制定机关调整和修改，这只是批准与否的问题。④ 从《连南瑶族自治县民族文化遗产保护条例》的立法过程来看，报批制能够加强国家或省一级人大常委会对自治县立法的监控，维护法制体系的统一，防止自治县立法权被滥用，但也可能会变相加剧上级国家机关与自治地方之间的领导与被领导关系，加大民族自治地方制定自治条例的难度。

此外，按《广东省地方立法条例》第十七条规定，"省人民代表大会有关的专门委员会、常务委员会有关工作机构应当提前参与有关方面的地方性法规草案起草工作"。该条例明确了省人大相关机构参与地方立法的权力，是制定地方性法规的必经步骤。该规定旨在避免自治县自治条例出现违法或不当情形，为省人大直接参与和指导自治地方立法提供依据，进一步加强立法监督工作，同时也能避免自治地方立法提交省人大审议时出现大幅修改或退回的情况。但值得注意的是，在省人大直接参与立法的模式下，上级的"意见"

---

① 康耀坤，马洪雨，梁亚民. 中国民族自治地方立法研究［M］. 北京：民族出版社，2007 年，第 69 页.
② 吴宗金. 民族法制的理论与实践［M］. 北京：中国民主法制出版社，1998 年，第 102 页.
③ 周旺生. 立法学［M］. 2 版. 北京：法律出版社，2009 年，第 340 页.
④ 全国人大常委会法制工作委员会国家法室. 中华人民共和国立法法解读［M］. 北京：中国法制出版社，2015 年，第 278 页.

通常会得到贯彻和执行，导致自治县行使自治立法权的空间进一步受限。

由于批准程序的存在，在自治县人大常委会通过条例后，报请广东省人大常委会批准时，一旦广东省人大常委会审查条例时提出了较多修改意见，导致需要对条例做出较大修改时，就会对自治县人大立法权产生实质性的影响，变相削弱了自治立法权。在实践中，广东省人民代表大会华侨民族宗教委员会在参与条例草案修改的过程中，也确实提出了较多的修改意见，对条例最终的形成产生了较大影响，这是"批准制"下难以避免的问题。《广东省地方立法条例》明确规定广东省人民代表大会有关的专门委员会、常务委员会有关工作机构应当提前参与有关方面的地方性法规草案起草工作，显然也是为了避免省人大常委会在正式的批准程序上对自治县人大通过的条例做出过多干预，通过专门委员会将修改意见在起草阶段提出，确保自治县提交给广东省人大常委会的条例文本符合广东省人大常委会的要求。这种方式能够在形式上保持民族自治立法权的稳定，使自治县通过的条例可以在广东省人大常委会获批。但在实质上，民族自治地方的自治立法权依然受到了相当大的干预，可能的结果就是在条例修改阶段，不符合广东省人大常委会要求的规定就有可能提前被修改掉。在这一背景下，民族自治地方如何根据当地实际情况，依法自主地行使自治地方立法权，解决当地的实际问题，还需要《中华人民共和国立法法》等相关法律的进一步修改明确。

(二) 立法专家组的选择

近年来，地方立法机构尝试邀请专家学者参与立法起草，以拓宽法规草案的产生渠道。特别是在经济发达的省市，专家参与立法逐步形成规模，然而无论是国家层面还是地方层面，都尚未对专家参与立法的途径和程序做出明确规定。实践当中，专家参与机制多采用专家咨询或委托立法等方式选任专家，专家选任和参与模式多取决于立法机构的自主选择。连南瑶族自治县在制定《连南瑶族自治县民族文化遗产保护条例》的过程中，采用了不同于上述两种模式的方式选任专家组，自治县人大常委会与华南理工大学法学院的专家组深度合作，组成了立法工作组，其合作方式为民族自治地方合作立法提供了有益的经验。

其一，专家组成员的学术积累、研究方向与连南地方立法内容较为契合。立法专家组成员长期关注广东地方法制，对地方立法的问题有较为深入的研究。他们长期致力于广东地方习惯法的研究，在参与该条例立法之前就对连南瑶族自治县的情况有较深入的了解，掌握了大量资料，对自治县的民族文化有一定的研究成果，对连南瑶族自治县相关问题的研究有较高的热情，在参与立法工作后能够很好地适应，较深入地发掘自治县民族文化遗产保护的主要问题和实际需求，为立法工作服务。

其二，专家组在连南的立法工作具有连贯性。在传统的委托立法或专家咨询中，立法专家只参与立法的某个环节，如起草、修改或征求意见。而在条例的立法中，立法专家组从条例立法调研阶段开始就深入参与，在条例的调研、起草、修改与报送审批过程中，专家组均作为立法的主要参与成员,与自治县人大常委会密切合作,深入沟通,共同推进立法工作。对立法工作的全程参与,使专家组能够深入地方,与各方参与主体充分交换意见,了解实际情况和具体问题,并保持条例制定的连贯统一,保证了条例的立法质量。

其三,专家组在连南的立法工作具有长期性。连南瑶族自治县与华南理工大学法学院达成了立法合作协议,立法专家组参与了连南多部条例的制定。这种合作模式使专家组对自治县的了解不断深入,对不同法律中的关联问题有更深刻的认识。在《连南瑶族自治县民族文化遗产保护条例》的立法中,传统瑶族村寨保护的相关问题在自治县的另一部条例《连南瑶族自治县村镇规划建设管理条例》中已经开展过较为深入的研讨。虽然两部条例的调整对象不同,但相关问题具有较强的关联性。专家组对自治县的村寨保护工作已经有了较为充分的了解,在《连南瑶族自治县民族文化遗产保护条例》立法中能够充分运用相关的材料,提高立法效率和立法质量。此外,在和自治县的长期合作中,双方也摸索出适合的工作方式,即组成立法工作组,共同参与立法的各个环节,充分、及时地沟通交流,将专家组的法学理论优势与自治县人大常委会工作人员对地方实际情况有深入把握的优势相结合,做到优势互补,对提升地方立法质量有很大的助益。

第六章 《条例》的立法后评估研究

地方性法规的立法后评估，对于维护法制统一，检验法律实效，推进公众参与都具有重要的意义。《条例》的立法后评估在构建评估指标体系时根据《条例》的实际以及评估组希望达成的目标，建立了立法必要性、合法性、合理性、可操作性、地方特色性、实效性6大一级指标并包含31个二级指标的评估指标体系，在权重上加大了地方特色性（20分）和实效性（40分）的分值，这一评估指标体系具有独特性。立法后评估指标体系建立后，评估组将《条例》的立法后评估指标体系表和调查问卷发放到连南自治县的各机关团体及村镇，收回后，评估组进行了认真分析，撰写了《条例》的立法后评估报告，为完善《条例》提供了借鉴。

一、地方性法规立法后评估的意义

地方性法规立法后评估在国内的理论界和实务界都处在进一步发展完善的阶段。有学者认为，立法后评估"就是在法律法规制定出来以后，由立法部门、执法部门以及社会公众、专家学者等，采用社会调查、定量分析、成本与效益计算等多种方式，对法律法规在实施中的效果进行分析评价，针对法律法规自身的缺陷及时加以矫正和修缮"。[①] 而关于地方性法规的立法后评估，有学者则认为"是指具有地方性法规、政府规章制定权的国家机关或者由其委托的主体，按照一定的评估程序，对地方性法规、政府规章的合法性、合理性、实效性、协调性等指标进行评价，并提出完善法规、规章建议的活动"。[②] 笔者认为，地方性法规的立法后评估，就是在法规实施后，由立法机关、执法机关及其专家学者，按照一定的程序，对法规的合法性、合理性、地方特色性、实效性等，采用社会调查、定量分析、成本与效益计算等多种方式，对法规在实施中的效果进行分析评价，并对法规提出完善建议的活动。

地方性法规立法后评估的实践在2000年前后兴起。一些地方立法主体（主要是省级人民代表大会（以下简称"人大"）及其常务委员会（以下简称"常委会"）和较大的市人大及其常委会）开展"立法回头看"的工作，据此来检测立法状况，判断已经生效的法律规定是否合法、合理，可操作性、实效性怎样等，也据此来评判法规是否需要修改、

---

① 高勇. 法规质量评估, 走向地方立法前台 [N]. 人民之声报, 2006 – 07 – 13.
② 刘作翔, 冉井富. 立法后评估的理论与实践 [M]. 北京：社会科学文献出版社, 2013.

废止或重新创制。较早实践的,如广州市人大常委会法制工作委员会在1997年对该市1992年至1996年制定的8部地方性法规进行检查。2000年以来,山东、安徽、云南等省也开展了立法后评估工作。从2000年开始,安徽省法制办会同省政府有关部门,每年选择几部已经施行了一段时间的省政府规章进行效果评估;云南省人大常委会法制工作委员会2004年组织有关机构的人员对该省制定的《云南省邮政条例》《云南省广播电视管理条例》《云南省农村土地承包条例》开展了立法后评估;等等。这些地方的立法后评估,推动了我国立法后评估的发展。2012年9月25日广州市第十四届人大常委会第七次会议通过了《广州市人大常委会立法后评估办法》,标志着地方立法后评估进入量化评估的新阶段。当下,地方性法规的立法后评估正朝着规范化、制度化方向完善。

地方性法规的立法后评估有着重要的意义。

(一) 维护法制统一

中国是实行单一制的国家,中央与地方在各自的立法权限中行使立法权,但是必须遵循地方的立法权限在维护法制统一的原则下行使。《中华人民共和国宪法》第五条规定:"国家维护社会主义法制的统一和尊严,一切法律、行政法规和地方性法规都不得同宪法相抵触。"《中华人民共和国立法法》第八十七、八十八、八十九条对宪法的规定具体化。①

从法的经济学视角看,地方立法也是利益分配和利益博弈的过程。在社会主义市场经济中,存在着多元利益主体,但他们的利益诉求却千差万别,中央和地方的不同利益主体站在各自的立场,可能会导致中央与地方利益诉求相差别的情况,投射到立法领域,利益上的博弈往往会导致权力上的博弈;再加上我国针对地方立法权限的规定比较复杂,有一般地方立法权、民族自治地方立法权、经济特区和特别行政区立法,且对地方立法权的限制性规定也有一定的模糊性,在地方立法中往往依靠因地制宜的优势,来弥补统一法规不能兼顾不同利益诉求的不足,但也可能出现逾越既定的立法权限,扩大地方的经济利益,从而出现违背法制统一原则的情况。虽然《中华人民共和国立法法》划分了中央与地方立法权限的原则依据,但是在具体的立法事项中却仍有模糊地带。如根据《中华人民共和国民族区域自治法》和《中华人民共和国立法法》的规定,民族自治地方可以依照当地民族的特点对法律、行政法规的规定做出变通规定,但变通规定的实施在具体的立法实践中的界限也是比较模糊的。因此,应在维护法制统一的前提下,较为准确地把握地方立法权的合理空间,既给地方立法留下合理的空间,使其特殊的利益诉求能通过地方立法体现,同时又避免其地方立法权力的滥用。而立法后评估,通过对地方性法规实施情况进行调查研究,考察其是否与宪法、法律相抵触,及时制止地方性立法中的越权立法、狭隘的地方性利益立法等现象,是维护法制统一的有效途径之一。

---

① 《中华人民共和国立法法》第八十七条:"宪法具有最高的法律效力,一切法律、行政法规、地方性法规、自治条例和单行条例、规章都不得同宪法相抵触。"第八十八条:"法律的效力高于行政法规、地方性法规、规章。行政法规的效力高于地方性法规、规章。"第八十九条:"地方性法规的效力高于本级和下级地方政府规章。省、自治区的人民政府制定的规章的效力高于本行政区域内设区的市、自治州人民政府制定的规章。"

（二）检验法律实效

法律的生命在于实践，一部有效力的法律并不必然就具有实效。一部有实效的法律，还须与所调整的社会关系相契合，与社会现实相符合，制度设计合理，才会具有更强的实效性。而法律的实效性需要对其进行不断的调研、反思、修正，立法后评估也是提高地方立法实效性的有效途径之一。具体而言，立法后评估对检验法律实效有如下作用：

其一，提升立法质量。要提升立法质量，需要通过不断的自我审视、评估和修正来实现。改革开放以来，我国在立法上比较重视法律条文公布前的起草环节，相对忽视了对法律条文在实践中的操作情况进行调研、反馈、评估、修正的环节。而立法后评估，正是通过对后续环节的强化完善立法程序；通过对一些立法指标的分类，立法微观技术的细化研究，在提高立法技术水平的同时，或可克服成文法的滞后性，提升立法的前瞻性。地方立法后评估制度的建立，还能够对地方性法规的修订、废止提供比较科学、有效的依据，提出较为系统、合理的建议，提升地方性法规的立法质量。

其二，提高执法效力，降低执法成本。立法的目的在于实施。但地方性法规在执行中却是困难重重，究其缘由，或许是地方性法规职权划分不明确，但更重要的原因可能是，在其立法中本身未考量执法成本，未赋予执法有力的保障措施。而通过立法后评估，对地方性法规的执行情况进行考量，检查和分析执法成本与执法措施的现实度。从法律经济学的角度看，执法是有成本的，且在我国的实践中执法成本还是偏高的。这既有体制、机制的因素，又有立法技术不高、法规制定不够科学、与实践相脱节难操作等不容忽视的重要因素。例如，有的法规对部门的职权划分不明确，多头管理，多部门利益相冲突，在实施中就可能出现执法效力不高、互相推诿等情况。通过立法后评估，完善立法规定，给执法以科学的指引，可避免执法资源的浪费，降低执法成本，提高法律的实效。

（三）推进公众参与

我国宪法规定了中华人民共和国的一切权力属于人民，并规定人民对国家事务有平等的、广泛的参与权力。① 近年来随着全面依法治国的推进，在立法中已经形成了一些公众参与的方式，如调查研究、书面征求意见、列席旁听、专家咨询与论证会等，推进了民主立法与开门立法，提高了立法的科学性。就制度而言，《中华人民共和国立法法》第三十六、三十七、六十七条规定了公众的立法参与制度。② 但在立法后评估中，公众参与还有

---

① 《中华人民共和国宪法》第二条第一款："中华人民共和国的一切权力属于人民"。第三款："人民依照法律规定，通过各种途径和形式，管理国家事务，管理经济和文化事业，管理社会事务。"

② 《中华人民共和国立法法》第三十六条第一款规定："列入常务委员会会议议程的法律案、法律委员会，有关的专门委员会和常务委员会工作机构应当听取各方面的意见。听取意见可以采取座谈会、论证会、听证会等多种形式。"第三十七条规定："列入常务委员会会议议程的法律案，应当在常务委员会会议后将法律草案及其起草、修改的说明向社会公布，征求意见，但经委员长会议决定不公布的除外。向社会公布征求意见的时间一般不少于三十日。征求意见的情况应当向社会公布。"第六十七条规定："行政法规起草过程中，应当广泛听取有关机关、组织、人民代表大会和公民的意见。听取意见可采取座谈会、论证会、听证会等多种形式。"

待更进一步的扩大。公众参与立法后评估有很多优越性，马克·霍哲认为："即使政府提供服务的效率没有改变，更多的公众参与也可能会使政府更受其公民的欢迎。因为当参与程度提高后，公民对政府运作的理解也就提高了，对政府机构的批评意见也就会相应减少，从而改善政府官员受到'鞭策'的困境，这不愧是一种逃离政府低效率批评的好方法。"① 立法后评估为公众有序参与政治打开了一条通道，让公众能够更多地表达他们的意愿，参与社会管理，使社会各阶层都可以对立法内容提出建议和意见。同时，公众参与立法后评估，还能够提高公众守法的自觉性。因为立法后评估过程中公众参与其中，能更好地了解立法目的和过程，对法规的制度设计有更深刻的认知，并表达自己的意见，使立法者与公众达成更多的共识，从而提高守法的意识。同时，通过立法后评估，还能找出法规中不被公众遵守的内容及其原因，进而完善法规内容，提升立法质量。

上述地方性法规立法后评估的意义，也是《条例》进行立法后评估的指导原则。

二、《条例》立法后评估指标体系的构建

进行地方性法规立法后评估，首先要构建立法后评估的指标体系。在构建《条例》立法后评估指标体系的过程中，评估组既参考了国内一些地方性法规评估的指标体系，又根据《条例》的实际和评估组希望达成的评估目标，构建了切合《条例》的立法后评估指标体系。

（一）《条例》立法后评估指标体系的建立

对于立法后评估指标体系的建立，已有不少学者进行了较为深入的探讨。有的学者认为评估指标应当包括三类标准：即合目的性标准，考量其立法目的是否科学、合理以及在法规实施过程中是否达到立法目的；合法性标准，评估其立法从实体到程序是否合法；技术性标准，主要从狭义的立法技术角度考察法规的协调性、完备性和可操作性。②

有的学者把立法后评估标准称为立法质量标准，认为立法质量的评估标准应包括四类：法理标准，即用法的原理来评价立法，包括立法的合法性与合理性，这是立法质量评价的首要标准；价值标准，即考察立法目的、立法理念和立法的价值取向，主要包括制衡标准、激励标准、正义标准和合目的性标准等；实践标准，也称实效标准，即对法律实施效果的评估；技术标准，也称规范性标准，即从立法技术的角度考察法律内部的协调性、完备性和可操作性，考察法律的逻辑结构是否合理，条文设计是否科学、严谨，文字表达是否准确、简练、易懂等。③

还有学者提出五标准说，认为立法后评估的指标体系应包括五个标准。一是合法性标

---

① [美]马克·霍哲. 公共部门业绩评估与改善[J]. 张梦中，译. 中国行政管理，2000（3）.
② 卿泳. 立法评价对于提高立法质量的意义[J]. 民主与法制建设，2005（5）.
③ 王亚平. 论地方性法规的质量评价标准及其指标体系[J]. 人大研究，2007（2）.

准。合法性评价是指在立法后评估过程中，评估主体对立法的原则、精神和规范所做的合乎法律性的衡量和判断，从而发现立法的整体或部分规范可能存在的违法性因素。二是合理性标准。立法内容的合理性主要表现为合规律性和合利益性。例如，法规是否适应经济社会发展需要，在相关社会关系调整中是否必需；各项规定是否符合公平、公正原则，是否符合立法目的，所规定的措施和手段是否适当、必要；可以采用多种方式实施立法目的的，是否采用对当事人权益损害最小的方式；有关法律责任设定是否适当。三是协调性标准。本法与同位阶的立法是否存在冲突，本法规定的制度之间是否衔接、配套规定是否完备。四是实效性标准。法规规定的执法体制、机制、措施是否明确、具体、高效、便捷，是否具有可操作性；法规是否得到普遍遵守和执行，是否实现立法预期的目的；法规的实施成本大小，以及是否达到预期的立法效益和社会效益。五是技术性标准。主要从狭义的立法技术角度考察法规的协调性、完备性和可操作性。如立法技术是否规范，逻辑结构是否严密，文字表达是否准确。[1]

也有学者认为，指标是通过定量或定性的数据反映评估对象特性的要素，是评估活动进行的基本手段。指标是多层次的系统，立法后评估一般指标体系可以考虑设定一级指标和二级指标，在较为复杂的情况下可以考虑设定三级指标。一级指标是在某个评估维度中反映评估对象性质的基本要素，是评估对象性质的基本概括。一级指标一般性和抽象性较强，因此一级指标数量少、概括性强。二级指标是反映评估对象性质的具体要素，是对一级指标的具体描述和修正。二级指标主要有两个功能：一是对一级指标的具体描述功能；二是对一级指标的修正功能。二级指标可以对一级指标评估中的不实情况和客观因素进行修正；通过设定二级指标也可以使得处在不同评估环境的同一评估对象位于同一评估起点上。基于同样的道理，在较为复杂的情况下，可以设定三级指标对二级指标进行具体化和修正。从上级指标和下级指标的关系上看，二者既是相互独立的，又是密切联系的：上级指标和下级指标都能各自独立地反映评估对象的性质，只不过相比较而言，上级指标概括性强，下级指标具体性强；上级指标和下级指标在一定意义上又是相互依赖的，上级指标依赖下级指标的细化，恰当的下级指标可以具体描述上级指标并修正上级指标。[2]

在《广州市人大常委会立法后评估办法》（以下简称《立法后评估办法》）中，将评估指标分为合法性、合理性、操作性、实效性、协调性、规范性六个方面，并按百分制量化各项指标的权重：合法性15%、合理性25%、操作性25%、实效性25%、协调性5%、规范性5%，满分为100分。

综合上述各位学者对立法后评估指标体系的理论，参考《立法后评估办法》，结合《条例》的内容和实施情况，评估组将《条例》的立法后评估指标体系设定为一级指标和二级指标。一级指标包括：①立法必要性；②合法性；③合理性；④可操作性；⑤地方特

---

[1] 俞荣根，刘艺. 地方性法规质量评估的理论意义与实践难题［J］. 华中科技大学学报（社会科学版），2010 (3).

[2] 孙晓东. 立法后评估的原理与应用［M］. 北京：中国政法大学出版社，2016.

色性；⑥实效性。又将每个一级指标细化设二级指标，共设 31 个二级指标。6 大一级指标和 31 个二级指标相结合，共同构成《条例》的立法后评估指标体系，满分 100 分。立法后评估指标体系的确定，为《条例》立法后评估的科学性、客观性、准确性奠定了基础。（《条例》立法后评估指标体系表，见附件一。）

（二）《条例》立法后评估指标体系解析

1. 立法必要性（10 分）

一般的立法后评估指标都没有设"立法必要性"指标，但因《条例》的立法目标中有针对自治县民族文化遗产存在濒危的情况，且现有的民族文化遗产保护措施不力，需要加强法律保护这一立法目标，并将该立法目标内化在《条例》的内容中。但是否在法规实施中得到了认同，评估组希望通过立法后评估得到证实，因此设置了"立法必要性"指标。该指标分 4 个二级指标细化：

（1）自治县存在民族文化遗产濒危的情况，有必要制定条例加强保护力度（4 分）；

（2）自治县民族文化遗产保护体系需要通过立法进一步完善（2 分）；

（3）自治县民族文化遗产保护的主体较多，有必要制定条例明确各类主体的权利和义务（2 分）；

（4）自治县民族文化遗产保护对象种类和数量较多，有必要制定条例全面保护（2 分）。

上述 4 个二级指标将一级指标的"立法必要性"具体化。

2. 合法性（10 分）

前已述及，我国是单一制国家，维护社会主义法制的统一和尊严是一项基本的宪法原则。一切法律、行政法规和地方性法规都不得同宪法相抵触。此外，《中华人民共和国宪法》和《中华人民共和国民族区域自治法》对民族自治地方的立法权进行了规定。民族自治地方的人民代表大会除享有一般地方国家权力机关的权力外，还有权依照当地民族的政治、经济和文化的特点，制定自治条例和单行条例，但制定的自治条例和单行条例也不得与宪法和法律相抵触，应与其他法律、法规相协调。① 因此，在合法性指标下，设了 2 个二级指标：

（1）条例与宪法、法律及行政法规的立法精神和具体条文无抵触（5 分）；

（2）条例创设、变通的内容没有超越民族自治地方的立法权，与自治条例、其他单行条例相协调（5 分）。

上述 2 个二级指标将条例的合法性具体化。

---

① 《中华人民共和国民族区域自治法》第十九条规定："民族自治地方的人民代表大会有权依照当地民族的政治、经济和文化的特点，制定自治条例和单行条例。自治区的自治条例和单行条例，报全国人民代表大会常务委员会批准后生效。自治州、自治县的自治条例和单行条例报省、自治区、直辖市的人民代表大会常务委员会批准后生效，并报全国人民代表大会常务委员会和国务院备案。"

3. 合理性（10分）

立法的合理性包含以下几层意义：一是立法合理性表示立法的一种价值标准，它体现了立法的真理性、合规律性、完善性以及符合平等、正义、人权等要求；二是合理性是一种理性的认识方法，立法合理性则是指立法是体现符合客观规律的认识与反映；三是合理性作为一种评价方法，立法合理性意味着立法合规律性、合科学性、合逻辑性的评价。从我国立法评估状况来看，立法后评估的"合理性评估"包括以下三个方面的评估：①法作为社会规范选择的合理性，这是立法之前对社会控制方式选择的合理性的评估；②立法权、立法程序、立法内容的合理性；③立法实施绩效的合理性。[①]

合理性标准即评估法律法规的内容是否符合一定的理性，是否体现了公平正义等价值标准，是否体现了立法合规律性、完善性及符合平等、正义、人权等要求。具体到《条例》的立法后评估，我们在此指标下设5个二级指标：

（1）立法精神与具体措施符合民族文化遗产保护的客观要求（2分）。这是从立法符合规律性的角度来考核的。保护民族文化遗产的立法，应当能够促进民族文化遗产的传承和保护，如果不能体现这一立法精神，就不具有合理性。这一指标是客观性的体现。

（2）执法主体明确，执法权限设置合理，责权分明。执法授权或委托符合法律规定（2分）。在民族自治地方文化遗产保护中，执法主体具有重要的作用，执法主体是否明确、执法权限的划分是否合理等，将对地方民族文化遗产保护起到至关重要的作用，因此《条例》在立法中对执法主体进行了明确，并设置了各执法主体的权限，但是否与实践相符，体现公平、正义，有待实践检验。

（3）执法程序完善，执法对象权利有充分保障（2分）。此指标从执法角度对《条例》是否体现公平、正义进行检测。

（4）公民、法人及其他社会组织的权利义务分配合理（2分）。

（5）民族文化遗产的保护措施没有给自治县居民增设过多义务，没有给居民的日常生产、生活造成负担，能够和自治县社会经济发展相协调（2分）。

（4）和（5）两个指标的设立，是从民族文化遗产保护的另一方主体——公民、法人等，在民族文化遗产中权利义务的享受和分担是否符合公平、正义的价值来检测的。民族文化遗产的保护，不仅涉及各行政主体的职责，也是全社会都要参与的事业，公民、法人等既享有民族文化遗产保护的权利，如民族文化遗产项目代表性传承人可以享受名誉、经济等权利；同时公民、法人、社会组织等又对民族文化遗产的保护负有义务，即全社会都有保护民族文化遗产的义务。但是权利义务的分配和分担是否合理，是考量《条例》是否具有合理性的重要指标，因此（4）和（5）两个指标的设立具有必要性。

4. 可操作性（10分）

对于法律法规的可操作性规定，国务院制定的条例中有明确界定："行政法规应当备

[①] 汪全胜，等. 立法后评估研究［M］. 北京：人民出版社，2012年，第259页。

而不繁，逻辑严密，条文明确、具体，用语准确、简洁，具有可操作性。"① 这是从立法的技术性角度定义的。也有学者认为，"立法的可操作性评估是立法后评估的重要内容，立法后评估，也就是法律法规实施一段时间以后，采取一定的措施、手段考察法律实施的效果，从而为立法完善提供决策依据。立法的可操作性评估，虽然总体上可以归结为立法技术评估的内容，但与立法技术评估又有所差异，更注重法律规则、法律制度实施的可能性与现实性问题，它是法律法规、法律制度实施一段时间以后，这种规则与制度还能否操作以及发挥作用的程度，是否需要用新的规则与制度来替代它。这恐怕是立法操作性评估的意义所在"。② 评估组在定义《条例》的可操作性时，既关注《条例》操作的技术性规范，也关注《条例》规则、制度实施的可行性与现实性，以及实际发挥的作用。因此《条例》可操作性下设5个二级指标：

（1）各类保护主体在实践中分工明确，能够较好地沟通和协调（2分）。

（2）条例所规范的行为模式容易被辨识和理解（2分）。

（3）民族文化遗产保护措施切实可行、易于操作（2分）。

（4）法律责任承担方式适当（2分）。

（5）条例的规定能够得到相应的人力和财政支持（2分）。

（1）和（5）这两项指标是从制度设置的可操作性和现实性考察的。（2）、（3）、（4）三项指标则是从立法技术的可操作性上考察《条例》的可操作性。

5. 地方特色性（20分）

地方特色性指标是《条例》立法后评估的重要内容。因为制定自治县民族文化遗产保护条例的目的就是要细化上位法的规定，有利于上位法的实施，创制适合本地方实际的规范，有针对性地解决自治县民族文化遗产保护中的实际问题，因此设置地方特色性评估指标，既是检验条例实效的需要，也体现了《条例》评估指标体系的特色。因此设置了5个二级指标，每个指标分值4分，加大了权重。

（1）条例的保护范围能够包含自治县境内的各类民族文化遗产（4分）。在上位法的规定中，对文化遗产保护范围的规范都比较概括，而作为地方性法规，能针对自治县民族文化遗产的具体情况，将保护范围列举在《条例》中，但是否达到了立法目的，应当通过《条例》实施后的情况来检测，因此设置了此指标。

（2）条例能够为传统村寨保护提供明确的依据和指引（4分）。连南瑶族自治县有传统瑶族村寨需要保护，《条例》中设置了相关的条款，这些规定能否为传统瑶族村寨的保护提供明确的依据和指引，是《条例》立法后评估要考核的重点内容。

（3）条例规定了多样化的民族文化遗产传承方式（4分）。在上位法的立法中，对民族文化遗产的传承方式规定较为抽象，而《条例》针对连南瑶族自治县的实际，创制了多样化的民族文化遗产传承方式，例如，对濒危民族文化遗产传承人的保护，将传承人年事

---

① 国务院：《行政法规制定程序条例》第5条，2001年.
② 汪全胜，等. 立法后评估研究［M］. 北京：人民出版社，2012年，第258页.

已高且缺少年轻一代传承人的列入民族文化遗产濒危项目名录加以保护；多重的资金保障，如规定对未获资助或扶持的学艺者进行资助；传承项目的知识产权保护，加强民族文化遗产传承项目的知识产权保护，有助于依法保护传承人的智力成果，增强民族文化遗产传承的积极性和创造性；等等。① 该指标就是要评估这些传承方式是否在实施中取得了成效。

（4）扶持措施的范围较为全面地覆盖了自治县各类文化遗产从艺者和传承人（4分）。连南瑶族自治县民族文化遗产丰富，但至2015年，国家级、省、市级项目代表性传承人分别为1、10、19人，② 未被评上国家级、省、市级项目代表性传承人的，则没有资金资助，《条例》针对该情况，规定了多重的资金扶持，扩大对自治县文化遗产从艺者和传承人的资助。

（5）激励措施提高了社会各界参与民族文化遗产保护的积极性（4分）。《条例》对自治县民族文化遗产的保护设置了各项激励措施，这些激励措施的设置，旨在促进民众参与民族文化遗产的保护，活跃地方特色的民族文化。

6. 实效性（40分）

实效性是立法后评估最重要的指标，主要目的在于评估地方性法规在实施中所产生的社会效果，也就是考察立法时所创设的制度在现实中实现的程度。具体来看，就是要考察公众对地方性法规的认同程度，法规各项规定的实施效果是否实现了预期的立法目标，经济效益和社会效益的实现程度，等等。以法规创设的各项制度和措施是否得到实施为中心来看，"可以主要考察以下三个方面：一是通过实施，各项制度和措施是否达到了制定时的预期；二是所制定的制度和措施是否科学和合理；三是基于现状和对发展趋势的把握，各项制度和措施是否超前或者滞后。"③《条例》实效性评估指标的建立，既参照了这三个方面的内容，也重在考核《条例》实施后取得的实效，设置了10个二级指标，每个指标4分，共40分。

（1）条例颁布后，各主管机构的责权划分是否明确，实践中有无责权不清的情况（4分）。从执法主体责权划分后取得的成效进行考察。

（2）民族文化遗产保护专家库制度是否有筹备计划或已经开展（4分）。《条例》创设民族文化遗产保护专家库制度，是为民族地方文化遗产保护建立人力资源，使民族自治地方文化遗产保护有长久的人力支撑，但是民族文化遗产保护专家库制度的建设，不可能一蹴而就，《条例》实施才一年的时间，该制度是否在筹建或已经开展，是本次立法后评估考核的重点之一。

（3）文化主管部门对传承人群的扶持措施是否有效（4分）。在民族文化遗产的传承中，传承人群的作用至关重要，前已述及自治县的民族文化遗产传承人群受到国家、省、

---

① 曾天然，张洪林. 少数民族非物质文化遗产的保护与传承——以民族地方文化保护立法为考察对象[J]. 学术研究，2018（6）.
② 连南瑶族自治县非物质文化遗产保护中心：《关于我县非物质文化遗产的几点建议》，2015年5月12日.
③ 刘作翔，冉井富. 立法后评估的理论与实践[M]. 北京：社会科学文献出版社，2013年，第240页.

市级资助的只是很少一部分，为了鼓励和扶持更多的传承人群投入到民族文化的传承中，《条例》设置了鼓励和扶持措施，需考察这些措施是否取得了实效。

（4）民族文化遗产保护制度是否与社会经济发展相适应（4分）。民族文化遗产的保护与社会经济发展密切相关，社会经济的发展为民族文化遗产的保护提供了基础，因此民族文化遗产的保护要与社会经济发展相适应。

（5）民族文化遗产保护人才队伍的建设情况是否有所改善（4分）。民族文化遗产保护人才队伍的建设是自治县民族文化遗产保护的长效机制，《条例》创设的内容是否取得实效，也是立法后评估关注的重要内容。

（6）多元化的民族文化遗产保护资金机制是否建立（4分）。民族文化遗产保护的资金除政府资金来源外，《条例》还规定了其他渠道的保护基金来源，条例实施后是否有实效。

（7）濒危民族文化遗产的消亡是否得到一定程度的遏制（4分）。《条例》对濒危民族文化遗产的保护设置了一系列的措施，其实效也是立法后评估所要关注的问题。

（8）条例的普法宣传工作是否深入开展，村民是否了解和遵守条例（4分）。从法制宣传和守法的角度来评估条例的实效性是非常重要的，因为民族自治地方性法规涉及的守法主体比较特殊，广大村民对条例的了解和遵守，是考察条例实效性的重要部分。

（9）公众参与民族文化遗产保护的积极性是否有所提高（4分）。公众参与是民族文化遗产保护的重要制度，条例所设置的规定是否有实效，是否提高了公众参与民族文化遗产保护的积极性，也是《条例》立法后评估不可或缺的指标。

（10）条例的实施是否有利于活跃民族自治地方的特色文化（4分）。用立法来加强民族文化遗产保护，活跃地方特色文化，是我国从20世纪90年代以来就开始采取的重要措施，近30年来，国家和地方立法都注重采用这一措施，自治县的民族文化遗产保护条例所取得的实效，也是值得考察的。

上述立法后评估指标体系的一级指标和二级指标的设置，是针对《条例》从制定到实施的整个过程，以及《条例》所具有的独特性而设置的，也展现了评估组此项立法后评估的重点和目标，如指标中的特色性（20分）和实效性（40分），占了总分的60%，是《条例》立法后评估的核心指标。

三、《条例》立法后评估的实施

《条例》立法后评估的实施，是指立法后评估具体实行的活动，包括立法后评估主体的确定、评估程序的启动、评估方法的运用等。

（一）《条例》立法后评估主体的确定

立法后评估主体是指立法后评估活动的参加者。一般来讲，立法后评估主体包括以下几种类型：一是立法后评估的决策主体，是指做出立法后评估决策的国家机关或组织；二是立法后评估的组织与实施主体，是指根据立法后评估的决策、具体组织与实施立法后评估活动的组织或个人；三是立法后评估的参与主体，是除立法后的决策、组织与实施主体以外，其他直接或间接参与立法后评估活动的国家机关、组织或个人。[①] 本书所指的评估主体是指做出评估决策，并按评估决策具体组织与实施评估立法后评估活动的组织和个人。

《条例》是连南自治县民族文化遗产保护的第一部单行条例，实施后对其进行立法后评估意义重大。《条例》立法后评估主体由自治县人大常委会法制工作委员会和华南理工大学法学院的专家组共同组成，该评估主体也是参与制定《条例》的主体，对《条例》的立法过程、内容都非常熟悉。这个评估主体属于既有权力机关，又有专家学者参与的评估主体模式。

（二）《条例》评估的程序

2018年12月，评估组确定了对《条例》进行立法后评估。《条例》立法后评估分为5个阶段：

1. 拟定立法后评估指标体系

2018年12月，专家组针对《条例》的立法内容和实施的具体情况，收集和整理资料，草拟了《条例》的立法后评估指标体系。2019年1月中旬，专家组赴自治县，与自治县人大常委会法律工作委员会的负责人就《条例》的立法后评估指标体系进行认真研讨。经过反复调研、修改完善，最终确定了《条例》的立法后评估指标体系。

2. 发放《条例》立法后评估指标体系表

2019年2月13日，自治县人大常委会办公室发出了《关于开展〈连南瑶族自治县民族文化遗产保护条例〉立法后评估的函》："县内各有关单位：为了考察分析《连南瑶族自治县民族文化遗产保护条例》的运行情况，评估立法质量，发现问题、总结经验，推进科学立法、民主立法、依法立法，决定在全县范围内开展立法后评估工作，现致此函，请给予协助。"并随函向下列单位发放《条例》立法后评估指标体系表（见附件一）。具体发放的单位和数量如下：

（1）县四套班子（含自治县党委办公室、自治县各人大办公室、自治县人民政府办公室、自治县政协办公室的正、副主任，人大、政协各委科室）和法律工作委员会共65份；

（2）各镇政府共70份；

（3）县副科以上单位各一份共120份；

（4）民族宗教事务局（民宗局）、文化广电旅游文体局（文广旅体局）、住房和城乡建设局（住建局）、自然资源局共55份；

（5）文化馆、博物馆、民族歌舞团共65份；

（6）油岭村、南岗村、三排村、联红村共40份。

合计：415份。评估指标体系表要求于2019年3月15日前收回。

[①] 汪全胜，等. 立法后评估研究［M］. 北京：人民出版社，2012年，第53页.

3. 发放《条例》立法后评估调查问卷

为重点考察《条例》评估指标中的一些重要问题，评估小组还制作了一份立法后评估调查问卷，于2019年3月15日发出。（《条例》立法后评估调查问卷见附件二）。

《条例》立法后评估调查问卷发放范围和数量如下：

（1）县四套班子及"四大办"，人大、政协各委室，共60份。

（2）自然资源局、住房和城乡建设局（住建局）、文化广电旅游文体局（文广旅体局）、民族宗教事务局（民宗局），共75份；

（3）文化馆、博物馆共30份；

（4）寨岗镇、大麦山镇、三排镇、三江镇、大坪镇、香坪镇，共235份。因涡水镇路塌方调查问卷没有发放到该镇。

合计：400份。调查问卷要求于2019年4月15日前收回。

4. 立法后评估调研和访谈

确定对《条例》进行立法后评估后，评估组多次前往自治县民族文化保护的单位，如文化广电旅游文体局（文广旅体局）、博物馆、民族小学等单位调研，访谈条例实施的实效。

5. 撰写立法后评估报告

《条例》的立法后评估指标体系表和调查问卷收回后，评估组将根据立法后评估指标体系表和调查问卷，结合专家组调研和访谈材料，评估组于2019年5月完成《条例》的立法后评估报告。

评估报告完成后将送连南自治县人大常委会、广东省人大华侨民族宗教事务委员会、广东省人大常委会法制工作委员会等部门，为完善《条例》提供参考和借鉴。

（三）《条例》评估方法的运用

评估方法对于评估结果有着重要的作用。《条例》的立法后评估将运用调查问卷、座谈会和个人访谈、个案分析和成本效益分析等方法，全面地考察《条例》，进行综合评估。

1. 公众问卷调查法

前已述及，为了重点考察《条例》中的一些重要问题，连南自治县人大常委会办公室于2019年3月15日向自治县民族宗教事务局、文化广电旅游文体局（文广旅体局）（包括其管理的文化馆、博物馆、展演场等）、司法局、教育局、各乡镇等发出《条例》立法后评估调查问卷400份，调查问卷收回后，通过分析来评估《条例》的各项内容和实效，是《条例》立法后评估的重要方法。

2. 召开座谈会和个人访谈调查法

评估组将召集与《条例》实施相关的部门召开座谈会，收集对《条例》立法后评估的意见和建议。

评估组还将专访民族文化遗产项目代表性传承人，进行个人访谈，深入了解《条例》实施的实效。

3. 个案分析法

通过个案分析，对《条例》需要评估的重点问题进行深入研究，从而为准确评价法规中存在的问题、进一步完善法规中的制度打下良好的基础。

4. 成本效益分析法

法律经济法分析的方法，是对立法成本、执法成本与立法效益及立法获得的收益进行权衡比较，判断《条例》的立法成本与其预期收益之间是得大于失，还是失大于得，成本效益分析是一种定量分析，其结论更具说服力。但法律的效益与普通的经济上的效益是有差别的，属于社会效益，社会效益受更多因素的影响。

四、《条例》立法后评估报告的形成

从2018年12月开始决定对《条例》进行立法后评估，成立了评估组，制定了《条例》立法后评估指标体系，评估指标体系表于2019年2月13日发出，于2019年3月15日收回；发出415份，收回356份，收回率85.78%（具体情况见下图）。《条例》立法后

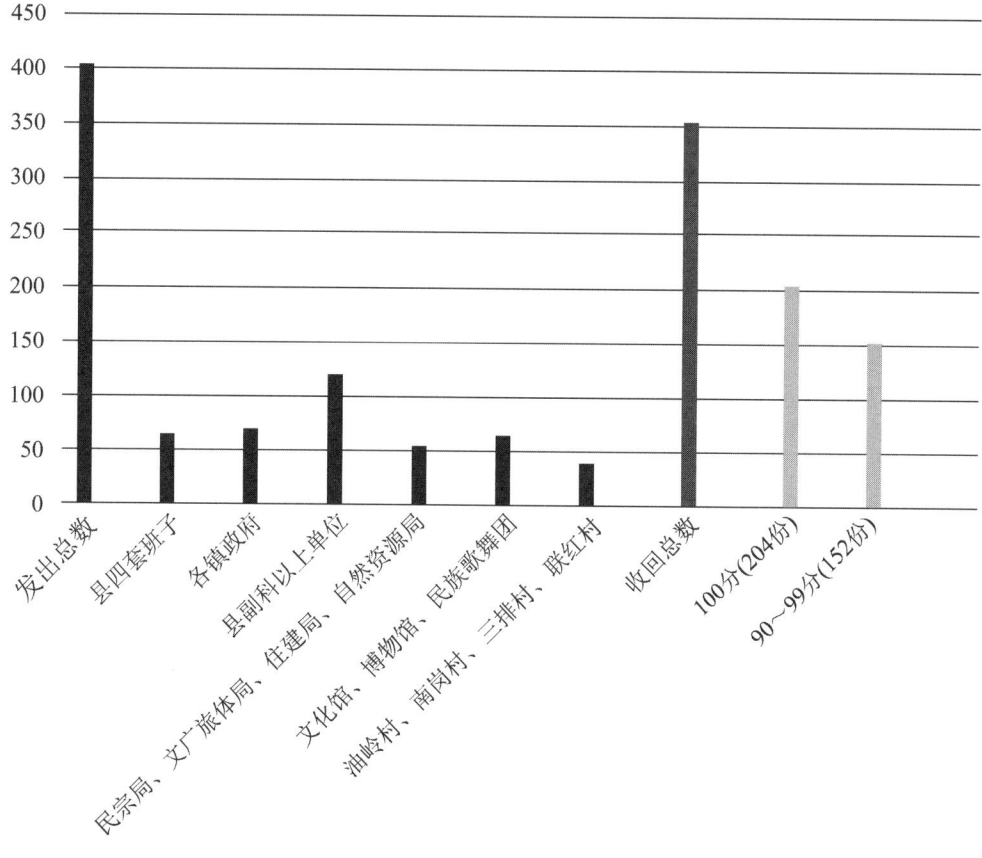

《条例》立法后评估指标体系表发出与收回情况统计

评估调查问卷于 2019 年 3 月 15 日发出,于 2019 年 4 月 15 日前收回;发出 400 份,收回 372 份,收回率 93%(具体情况见下图)。在此期间,评估组还通过召开座谈会、访谈等调研了《条例》的实施情况。

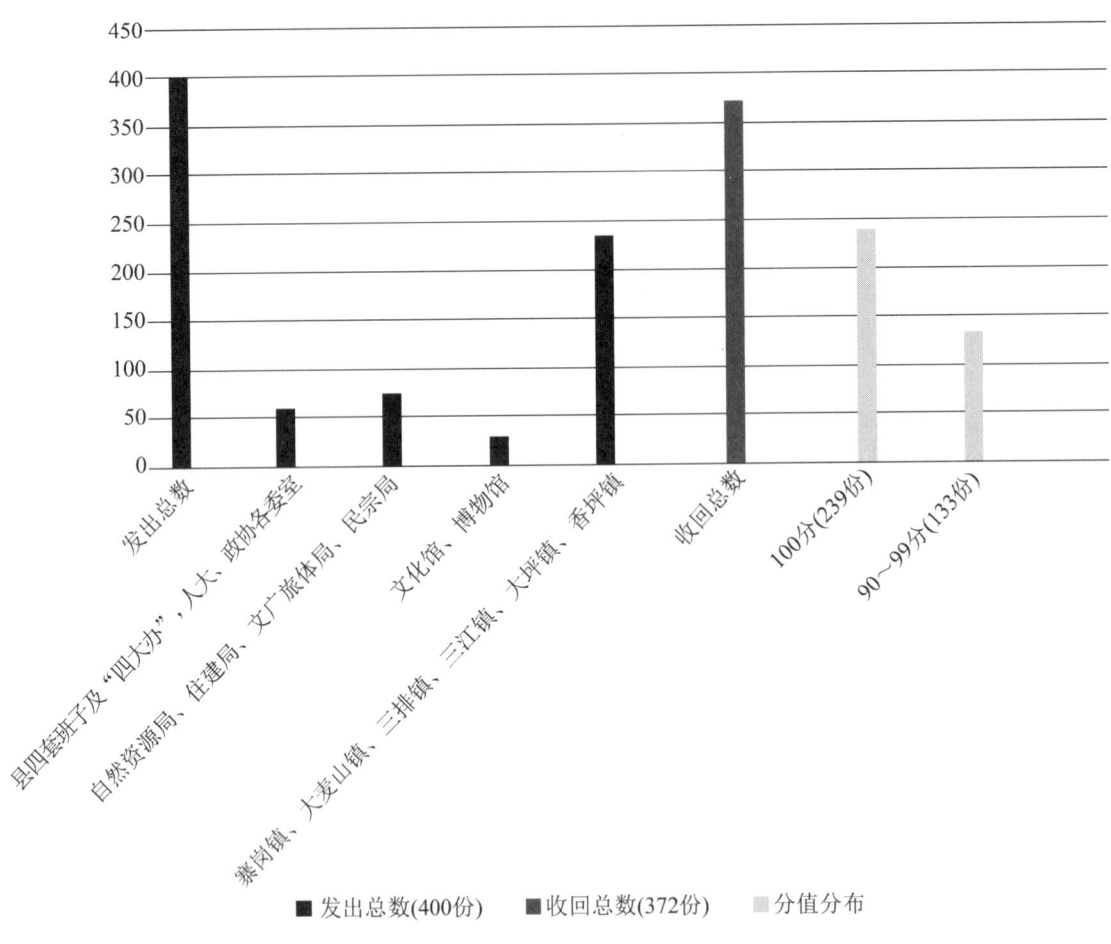

《条例》立法后评估调查问卷发出与收回情况统计

(一)《条例》实施效果的基本评价

1. 民族文化遗产保护工作稳步推进

《条例》公布实施以后,从收回的《条例》立法后评估指标体系表和调查问卷总体情况可以看出,自治县各部门按条例规定的保护民族文化遗产的各项制度和措施,稳步推进民族文化遗产保护工作,民族文化遗产执法工作也加大力度,民族文化遗产保护工作取得了一定的成效。

2. 传统瑶族村寨保护力度加强

连南的传统瑶族村寨是自治县民族文化遗产中很有特色的部分,它既不同于一般的非物质文化遗产,也无法全部认定为文物保护单位,上位法也没有明确的规定,在《条例》中,整合了上位法对相关问题的规定,针对传统瑶族村寨保护在《条例》的第十二、十

三、十四条做了具体规定。

《条例》第十二条规定，城乡规划建设主管部门负责制定传统瑶族村寨的认定标准，并负责组织制定传统瑶族村寨保护发展规划和保护项目，通过日常监督、定期巡查等方式保障规划和项目的实施。城乡规划建设有关主管部门制定传统瑶族村寨保护发展规划和保护项目，应当充分尊重村民意愿和专家意见，建立和完善公众参与机制，公开规划和项目相关的信息，并接受公众监督。该条是关于传统瑶族村寨认定和保护的规定，共两款。第一款是关于传统瑶族村寨认定和保护的一般性规定。第二款是关于传统瑶族村寨保护公众参与机制的规定。《中华人民共和国非物质文化遗产法》第二十六条，规定了对非物质文化遗产代表性项目集中的区域实行整体性保护措施，第九条及《中华人民共和国城乡规划法》第二十六条都规定了公众参与非物质文化遗产保护的机制。传统瑶族村寨的认定和保护，既需要政府主管部门依法履职，制定保护发展规划和保护项目，监督规划和项目的实施，同时也需要发挥社会力量的积极作用，建立公众参与机制，在尊重村民意愿的前提下发挥专家意见的优势，接受公众监督，实现政府与公众的有效互动。

《条例》第十三条规定了传统瑶族村寨村民委员会的义务：传统瑶族村寨所在的村民委员会应当协助镇人民政府开展传统瑶族村寨保护工作。村民委员会应当根据传统瑶族村寨发展规划和保护项目名录，引导和推动村民制定相关村规民约，并组织实施。该条是关于传统瑶族村寨村民委员会职责的规定，第一款是关于村民委员会协助义务的规定；第二款是关于村民委员会具体义务的规定。《中华人民共和国文物保护法实施条例》第十二条规定了文物保护单位、村民委员会等文物保护的义务；《广东省实施〈中华人民共和国文物保护法〉办法》第七条也作了相关的规定。《条例》具体细化了上位法的规定。传统瑶族村寨保护工作既需要政府主导、社会参与，同时也需要发挥基层自治组织的积极性与主动性。本条规定了村民委员会的义务，是为了发挥基层自治组织的作用。村民委员会应根据民族文化遗产保护的需要，依据相关政策，积极引导和推动村民制定自治章程、村规民约，主动实现传统瑶族村寨保护的要求。

《条例》第十四条规定了传统瑶族村寨保护的措施：城乡规划建设主管部门、文化主管部门和民族宗教主管部门应当为具有代表性的瑶族建筑物和传统瑶族村寨等设置民族文化遗产保护标志，建立保护档案。任何单位和个人不得随意改变具有代表性的瑶族建筑物和传统瑶族村寨的原貌。《广东省非物质文化遗产条例》第三十六条对与非物质文化遗产代表性项目直接相关联的建筑物、场所、遗迹及其附属物规定保护范围，并予以专门保护，本条例的规定具体细化为传统瑶族村寨的保护措施，补充了立法规定。

上述第十二、十三、十四条的规定构建了《条例》对传统瑶族村寨的保护制度，对传统瑶族村寨这类特殊文化载体进行专项保护，维护了民族文化遗产的整体风貌。在《条例》立法后评估的指标体系中的地方特色性和实用性两大指标中都作了规定，如地方特色性指标（2）"条例能够为传统村寨保护提供明确的依据和指引（4分）"。从收回的356份立法后评估指标体系表中统计，平均分数为3.9分。实效性指标（8）"条例的普法宣传工作是否深入开展，村民是否了解和遵守条例（4分）"，从收回的356份立法后评估指标体系表中统计，平均分数为 3.8 分。说明传统瑶族村寨保护的立法目标和实施效果都是不错的。

3. 公众参与民族文化遗产保护意识不断提高

民族文化遗产是一个民族遗存的精神内核，民族文化遗产的保护需要全社会的共同参与，《条例》在加强政府和职能部门保护的基础上，鼓励社会各界参与民族文化遗产保护工作。《条例》除在总则第五条第五款规定"自治县人民政府应当鼓励和支持公民、法人和其他组织参与民族文化遗产保护工作"外，还在第四章专门规定了保障与激励措施，通过强化人才培养、丰富资金渠道、加强干部考核、鼓励单位和个人资源参与保护工作等方式，引进高水平的人才和高质量的资源，提高社会各界的积极性，使民族文化遗产保护形成政府主导、多方参与的格局，实现民族文化的可持续发展。在《条例》立法后评估指标体系的设置中，评估组也特别注重对公众参与的评估，在合理性、地方特色性和实效性三大指标中都有所涉及。如，合理性的指标（4）"公民、法人及其他社会组织的权利义务分配合理（2分）"；（5）"民族文化遗产的保护措施没有给自治县居民增设过多义务，没有给居民日常生产、生活造成负担，能够和自治县社会经济发展相协调（2分）"。以上两项指标是从公民参与文化遗产保护所设定的权利义务是否合理的角度来考核的，从收回的356份立法后评估指标体系表中统计，两项指标的平均分数为 3.7 分，说明权利义务的分担是合理的。地方特色性的指标（5）"激励措施提高了社会各界参与民族文化遗产保护的积极性（4分）"，从收回的 356 份立法后评估指标体系表统计，平均分数为 3.8 分，说明激励措施得当。实效性指标（9）"公民参与民族文化遗产保护的积极性是否有所提高（4分）"，从收回的 356 份立法后评估指标体系表统计，平均分数为 3.8 分。以上立法后评估指标体系中直接涉及公民参与的有 4 个二级指标共 12 分，评估结果平均分数为 11.3 分，这既说明了对公众参与文化遗产保护的重视，也说明了公众参与在民族文化遗产保护中的稳步推进。

（二）关于《条例》几项主要制度评估的分析和评价

《条例》立法后评估指标体系设置了立法必要性、合法性、合理性、可操作性、地方特色性、实效性 6 个一级指标，每个一级指标下设若干二级指标，并明确了每个指标的分值，评估组根据收回的评估指标体系表，对以下制度评估的结果进行分析和评价。

1. 关于民族文化遗产的保护范围

连南瑶族自治县历史文化悠久，在世代传承中留下了丰富的民族文化遗产。确定文化遗产保护的范围，是《条例》立法的重要内容，经过反复调研和论证，《条例》第二条明确规定了民族文化遗产的保护范围。《条例》第二条规定："本条例所称民族文化遗产包括：（一）具有代表性的瑶族建筑物、设施、标识和传统瑶族村寨；（二）瑶族经文、过山榜、民间传说、谚语、礼词、诗歌等传统文学以及作为其载体的瑶语；（三）瑶族长鼓舞、民歌、口技等传统舞蹈、音乐；（四）瑶族银饰、扎染、刺绣、食品、传统服饰、生产生活器具等传统制作技艺；（五）瑶族耍歌堂、香歌堂、众人堂、婚俗、传统体育等传统节庆、礼仪民俗；（六）瑶族医药；（七）其他非物质文化遗产、文物、场所等民族文化遗产。"该保护范围的确立，有以下特点：

其一，从立法技术来看，采用了列举与概括相结合的模式；（一）至（六）项明确列举了保护的对象，（七）项作为兜底条款将没有具体列举出的其他民族文化遗产也概括其中。

其二，该条所列举的民族文化遗产都与瑶族文化遗产相关，但涉及自治县行政区域内其他民族文化遗产保护问题，规定的依据是根据《中华人民共和国立法法》第七十五条的规定："民族自治地方的人民代表大会有权依照当地民族的政治、经济和文化的特点，制定自治条例和单行条例。"《条例》在着力保护自治县瑶族文化遗产的同时，对其他民族文化遗产也加以保护。

其三，《条例》的保护对象包括三个方面：①物质文化遗产，（一）项。②非物质文化遗产，（二）（三）（四）（五）（六）项；③传统瑶族村寨，（一）项。其依据的上位法有：《中华人民共和国非物质文化遗产法》《中华人民共和国文物保护法》，国务院《历史文化名城名镇名村保护条例》。将物质文化遗产、非物质文化遗产和传统瑶族村寨都列入本条例的保护对象，一是基于连南瑶族自治县民族文化遗产的急需保护的实际情况；二是为节约立法资源，作为自治县的文化遗产保护条例，没有必要与上位法一一对应制定三个单行条例，而将民族文化遗产（物质文化遗产、非物质文化遗产和传统瑶族村寨）都归结到一个条例中，既节约了立法资源，又便于统一管理和保护。《条例》规定的保护范围实效在《条例》立法后评估指标体系中，体现在立法必要性的指标（4）"自治县民族遗产保护对象种类和数量较多，有必要制定条例全面保护（2分）"，地方特色性的指标（1）"条例的保护范围能够包含自治县境内的各类民族文化遗产（4分）"。从收回的356份立法后评估指标体系表统计，前一个指标评分平均分数为1.9分，后一个指标评分平均分数为3.9分，证明达到了立法的预期目标。

2. 关于民族文化遗产保护管理体制

由于《条例》保护的对象包括非物质文化遗产、物质文化遗产和传统瑶族村寨，因此管理制度也较为复杂，为明确各部门在民族文化遗产中的职责，《条例》在总则的第五条专门规定了管理体制，第六条还规定了沟通协调机制，确保各部门在民族文化遗产保护中既明确各自的职责，又通过沟通协调互相配合。《条例》第五条规定："自治县人民政府应当将民族文化遗产保护工作纳入国民经济和社会发展规划，并将保护经费列入本级财政预算。自治县人民政府主管部门负责非物质文化遗产、文物等保护工作；城乡规划建设主管部门会同民族宗教主管部门和文化主管部门负责传统瑶族村寨、建筑物、设施、标识等保护工作；其他有关部门在各自职责范围内，负责有关民族文化遗产保护工作。镇人民政府在自身职责范围内，开展民族文化遗产发掘、整理、保护、保存、传承、传播和开发利用等工作。村（居）民委员会协助镇人民政府开展民族文化遗产发掘、整理、保护、保存、传承、传播和开发利用等工作。自治县人民政府应当鼓励和支持公民、法人和其他组织参与民族文化遗产保护工作。"此条明确了政府及相关部门在民族文化遗产保护中的职责,国家、省有关法律法规明确规定了在非物质文化遗产保护、文物保护、历史名村保护的管理层级、管理部门与管理职责,根据自治县的具体情况,对管理体制进行了细化:

第一款是关于自治县人民政府职责的规定。民族文化遗产保护工作应当与经济社会发展协调一致,而且保护工作涉及政府工作的多个方面,应将民族文化遗产保护纳入自治县国民经济和社会发展规划;民族文化遗产保护需要财政经费支持,因此应将民族文化遗产保护经费列入财政预算。

第二款是关于文化主管部门、城乡规划建设主管部门、民族宗教主管部门与其他部门职责的规定。非物质文化遗产工作由文化主管部门具体负责,对此上位法已有明确规定,条例有必要重申,文物保护工作由文物行政主管部门负责,连南县并未专门设立文物管理机构,根据《连南瑶族自治县文化广电旅游文体局(文广旅体局)主要职责内设机构和人员编制规定》,文物工作由县文化广电旅游文体局文化综合股负责。因此,非物质文化遗产和文物保护工作的管理部门统一规定为文化主管部门。传统瑶族村寨、建筑物、设施、标识等的保护工作,上位法并未明确规定,但符合《历史文化名城名镇名村保护条例》的相关规定,条例规定城乡建设主管部门会同民族宗教主管部门和文化主管部门共同承担管理职责。其他涉及瑶族医药、瑶语教育、财政支持工作,由相关主管部门具体负责。

第三款是关于镇人民政府职责的规定。镇人民政府的职能,依据《中华人民共和国文物保护法》第八条第二款、《广东省实施〈中华人民共和国文物保护法〉办法》第五条第一款以及国务院《历史文化名城名镇名村保护条例》第五条第二款规定,镇人民政府在自身职责范围内开展民族文化遗产保护各项工作的职责,有助于明确基层管理主体的职责,加强民族文化遗产保护工作。

第四款是关于村(居)民委员会职责的规定。村(居)民委员会行使职权的依据是《广东省非物质文化遗产条例》第八条第二款以及《广东省实施〈中华人民共和国文物保护法〉办法》第七条第二款,规定村民委员会、居民委员会的协助职责,有助于深入推进民族文化遗产保护工作的全面开展。

第五款是关于公众参与的规定。政府主导、公民参与是民族文化遗产保护工作应当遵循的基本原则,相关法律法规也对此进行了不同形式的表述,故本条对此予以规定。

因《条例》涉及的民族文化遗产保护范围包括物质文化遗产、非物质文化遗产和传统瑶族村寨,保护管理涉及多个主管部门,各部门既需要合理分工也需要沟通协调。因此《条例》第六条规定:"自治县人民政府应当建立民族文化遗产保护协调机制,加强对民族文化遗产保护工作的组织领导。"建立沟通协调机制,统一组织领导民族文化遗产保护工作,确保文化遗产保护工作顺利开展。

在《条例》立法后评估指标体系中,对《条例》所规定的管理体制和沟通协调机制进行了重点评估,在6大一级指标中的4大指标都有所涉及,因《条例》第五款"公众参与"在前面已有专门论述,在下面的分析中不再涉及第五款内容。具体分析如下:

其一,立法必要性中的指标(3)"自治县民族文化遗产保护的主体较多,有必要制定条例明确各类主体的权利和义务（2分）"。从收回的356份立法后评估指标体系表统计，平均分数为1.8分。

其二，合理性中的指标（2）"执法主体明确，执法权限设置合理，责权分明。执法授权或委托符合法律规定（2分）"，从收回的356份立法后评估指标体系表统计，平均分数为1.7分；（3）"执法程序完善，执法对象权利有充分保障（2分）"，从收回的356份立法后评估指标体系表统计，平均分数为1.8分。

其三，可操作性中的指标（1）"各类保护主体在实践中分工明确，能够较好地沟通和协调（2分）"。从收回的356份立法后评估指标体系表统计，平均分数为1.7分。

其四，实效性中的指标（1）"条例颁布后，各主管机构的责权划分是否明确，实践中有无责权不清的情况（4分）"，从收回的356份立法后评估指标体系表统计，平均分数为3.8分；（4）"民族文化遗产保护制度是否与社会经济发展相适应（4分）"，从收回的356份立法后评估指标体系表统计，平均分数为3.6分。

3. 关于民族文化遗产保护的资金制度

资金制度是民族文化遗产保护的重要内容。民族文化遗产保护工作作为一项社会公共事业，具有投资周期长、投资效益难以量化和吸收社会资金能力较弱的特点。为了实现民族文化遗产保护工作的可持续发展，必须有可靠的资金制度。

其一，专项保护资金制度。《条例》第五条第一款规定"自治县人民政府应当将民族文化遗产保护工作纳入国民经济和社会发展规划，并将保护经费列入本级财政预算。"第二十五条将专项保护资金制度具体化规定：自治县人民政府应当设立民族文化遗产保护专项资金，资金规模随着本级财政收入的增长而增加。保护专项资金用于民族文化遗产的调查、发掘、鉴定、整理、评估、申报、保护、传承、补助、管理、利用、基地建设以及队伍的培养、培训和建设等方面。

第二十五条第一款是关于民族文化遗产专项保护资金及相关财政预算的规定。经费保障是制度保障的基础。上位法明确规定要将民族文化遗产（非物质文化遗产、文物、历史文化名村）保存经费列入本级财政预算，此款规定是对上位法的落实与必要重申。第二款是关于专项保护资金用途的规定，对专项保护资金的用途进行了明确的规定，以专款专用的形式，保证经费严格依照预算使用，以保障资金利用效率的最大化。

其二，代表性项目保护基金筹集制。《条例》第二十六条规定："文化主管部门按规定牵头组建民族文化遗产代表性项目保护基金，用于支持民族文化遗产传承活动。民族文化遗产代表性项目保护基金主要由下列来源组成：（一）自治县人民政府财政拨款；（二）上级人民政府及其部门的经费资助；（三）企业和个人捐赠；（四）其他资金来源。"该条规定的代表性项目保护基金与第二十五条规定的专项保护资金区别在于：①专项保护资金来源是自治县人民政府财政拨款，代表性项目保护基金不限于此，包括企业和民间捐赠、上级政府及其部门经费资助等。②专项保护资金的用途较为广泛，而代表性项目保护基金则专门支持民族文化遗产传承活动。

受连南瑶族自治县经济发展的制约，用于民族文化遗产保护工作的政府财政拨款有限，因此应当扩大经费来源，在上级政府及其部门的支持下，动员全社会的力量共同推动自治县民族文化遗产保护工作的顺利开展。上位法并未对企业和民间捐赠做出禁止性的规定，《中华人民共和国文物保护法》对其持鼓励态度，因此，该条规定是对上位法的落实与补充。

其三，资金扶持制度。《条例》第十七条规定："自治县人民政府应当对下列非物质文化遗产代表性项目的传承人群给予资助或扶持：（一）濒危民族文化遗产的学艺者；（二）已达到初级职称或同等技艺水平，但因经济困难无法完成学习的学艺者；（三）其他需要资助或者扶持的传承人。未列入省级及以上非物质文化遗产代表性项目名录的，自治县人民政府可以采取政府购买服务等方式，扶持资助传承人开展传习活动。"该条共两款，第一款是关于接受资助或扶持范围的规定；第二款是关于以政府购买服务等方式提供扶持或资助的规定。《中华人民共和国非物质文化遗产法》第十三条，《广东省非物质文化遗产条例》第四条、第三十一条等上位法仅规定了非物质文化遗产项目代表性传承人的权利和义务，但未对资助或扶持学艺者进行规定。学艺者是民族文化遗产传承的后续力量，完善民族文化遗产传承工作，必须重视对学艺者的资助或扶持，该条将学艺者与传承人均列入资助或扶持的范围，是对上位法进行的必要补充。此外，一些体现本区域民族特色但未列入省级以上非物质文化遗产代表性项目名录的民族文化遗产同样需要重点资助或扶持，从而保障民族文化遗产保护的深入与全面，是对上位法进行的必要补充。

《条例》构建的资金保障制度，为民族地方文化遗产的保护提供了最基本的经济保障，这一制度的成效也是《条例》立法后评估重点关注的问题。评估指标在可操作性、地方特色性和实效性中都有所涉及，具体为：

其一，可操作性指标中的（5）"条例的规定能够得到相应的人力和财政支持（2分）"。从收回的356份立法后评估指标体系表统计，平均分数为1.8分，说明达到立法目标。

其二，地方特色性指标中的（4）"扶持措施的范围较为全面地覆盖了自治县各类文化遗产从艺者和传承人（4分）"。从收回的356份立法后评估指标体系表统计，平均分数为3.7分，说明对该措施的实施是较为满意的。

其三，实效性指标中的（6）"多元化的民族文化遗产保护资金机制是否建立（4分）"。从收回的356份立法后评估指标体系表统计，平均分数为3.6分，说明该项措施落实较好。

4. 关于民族文化遗产传承

民族文化遗产的保护中，民族文化遗产的传承处于核心地位，没有民族遗产的传承，民族文化遗产将失去精神内核，因此，《条例》在制定和实施中都非常重视对民族遗产的传承保护。《条例》第三章从完善传承机制入手，对上位法进行了必要的细化和补充。《条例》第十五条规定："文化主管部门、民族宗教主管部门和民族文化遗产代表性项目保护单位应当提供传承平台，在学校、传统瑶族村寨、旅游景区等场所设立民族文化遗产传承基地、生产性保护基地和民族文化艺术中心等，对民族文化遗产加以传承和保护。"

民族文化遗产的传承既需要制度和政策的支持，也需要相应的传承措施予以配套落实。该条对上位法的相关规定进行了提炼整合，对传承平台的设立主体、场所、运作形式等问题进行了规定。设立主体为文化主管部门、民族宗教主管部门和民族文化遗产代表性项目保护单位，设立场所为学校、传统瑶族村寨、旅游景区等，运作形式为民族文化遗产传承基地、生产性保护基地和民族文化艺术中心。《中华人民共和国非物质文化遗产法》第三十二、三十六条，《广东省非物质遗产条例》第三十三、三十四条也作了相关的规定。《条例》第十六、十七、十八条规定了传承工作的管理、资金、形式和内容，在上位法的基础上细化成符合连南自治县的具体措施，保护尚未纳入国家、省级扶持范围的传承人，为濒临失传的民族遗产分配更多的资源。在立法后评估指标体系的立法必要性、合理性、地方特色性和实效性四大指标中都有涉及，具体为：

其一，立法必要性中的指标（1）"自治县存在民族文化遗产濒危的情况，有必要制定条例加强保护力度（2分）"。从收回的356份立法后评估指标体系表统计，平均分数为1.9分。说明立法加强保护濒危的民族文化遗产，更好地传承民族文化的立法目的得到了民众的认同。

其二，合理性中的指标（1）"立法精神与具体措施符合民族文化遗产保护的客观要求（2分）"。从收回的356份立法后评估指标体系表统计，平均分数为1.9分，达到了预期目标。

其三，地方特色性中的指标（3）"条例规定了多样化的民族文化遗产传承方式（4分）"。从收回的356份立法后评估指标体系表统计，平均分数为3.8分，表明多样化的民族文化遗产传承方式，对推进民族文化遗产的保护有一定的实效。

其四，实效性指标中的（2）"民族文化遗产保护专家库制度是否有筹备计划或已经开展（4分）"。从收回的356份立法后评估指标体系表统计，平均分数为3.6分。（7）"濒危民族文化遗产的消亡是否得到一定程度的遏制（4分）"。从收回的356份立法后评估指标体系表统计，平均分数为3.7分。说明濒危的民族文化遗产保护措施取得了一定的成效。

（三）《条例》实施的不足与完善的建议

通过立法后评估，可以看到《条例》实施一年以来，实施效果总体是不错的，在保护自治县的民族文化遗产方面收到了较为突出的实效。但是，通过立法后评估，发现《条例》在实施中也有需要完善的方面，具体建议如下：

其一，出台《条例》的实施细则，便于民族文化遗产保护的各部门分工更明确，更好地明确各部门的职责。《条例》对自治县及各职能部门在民族文化遗产保护中的职权分工以及建立沟通协调机制都做了明确的规定，从收回的评估指标体系表结果看，评价分数也不低。但是评估组在召开座谈会和个人访谈时，发现比较集中的问题还是各个职能部门明确分工的问题。究其缘由，一是由于《条例》保护的范围涉及非物质文化遗产、文物保护、传统瑶族村寨，涉及不同的部门，在实际执行中，还是存在职责不够明确的方面；二是由于机构改革合并精简了一些职能部门，而且民族文化遗产保护只是这些职能部门的工作之一。如果没有更明确的文化遗产保护规定，民族文化遗产保护工作在实际中就有可能被虚化，因此，尽快制定《条例》的实施细则是非常必要的。

其二，民族文化遗产保护资金的问题。《条例》规定了较为完善的民族文化遗产资金制度，但因自治县是广东省的贫困县，财政资金比较困难，能投入到文化遗产保护的资金有限，因此，《条例》规定的一些资金扶持措施实效并不是很明显。建议自治县政府和各职能部门，在文化遗产保护方面，每年可依据《条例》尽早规划，多争取省、市、县的财政保护资金；同时加大力度宣传自治县的民族文化遗产，使其真正成为自治县的特色文化，吸引更多的社会资金投入。

其三，《条例》的宣传有待进一步加强。在立法后评估中，在发放《条例》立法后评估指标体系表时，评估组是将《条例》文本与立法后评估指标体系表一起发放的，便于评分人在评分时学习；在《条例》的立法后评估调查问卷中，评估组也将与调查问题相关条文附上。因此，《条例》的立法后评估本身也是一次重要的普法宣传。但是，普法宣传是一项长期的法治工程，需要持久的努力。一是还应在更大范围进行宣传。此次立法后评估，《条例》立法后评估指标体系表和调查问卷，主要向政府机关和各职能部门发放，虽然也向乡镇发放，但在范围、数量上都很有限。公众参与是民族文化遗产保护的重要途径，因此，加大《条例》的宣传，更好地利用网络等媒介来吸引公众参与，也不失为今后宣传《条例》的有效方法之一。二是将《条例》列入自治县中小学的法制课教学内容。在自治县中小学的教学计划中，有专门的法制课程，评估组在专访自治县教育局和民族小学的校长、副校长时，他们都建议将《条例》列入法制课教学内容。这是一个非常好的建议，对民族文化遗产保护和传承能起到切实的作用，是建立保护和传承民族文化遗产长效机制的重要措施。

附件一：

《连南瑶族自治县民族文化遗产保护条例》立法后评估指标体系表

序号	一级指标	二级指标	分值	评分
1	立法必要性（10分）	自治县存在民族文化遗产濒危的情况，有必要制定条例加强保护力度	4分	
2		自治县民族文化遗产保护体系需要通过立法进一步完善	2分	
3		自治县民族文化遗产保护的主体较多，有必要制定条例明确各类主体的权利和义务	2分	
4		自治县民族文化遗产保护对象种类和数量较多，有必要制定条例全面保护	2分	
5	合法性（10分）	条例与宪法、法律及行政法规的立法精神和具体条文无抵触	5分	
6		条例创设、变通的内容没有超越民族自治地方的立法权，与自治条例、其他单行条例相协调	5分	
7	合理性（10分）	立法精神与具体措施符合民族文化遗产保护的客观要求	2分	
8		执法主体明确，执法权限设置合理、责权分明。执法授权或委托符合法律规定	2分	
9		执法程序完善，执法对象权利有充分保障	2分	
10		公民、法人及其他社会组织的权利义务分配合理	2分	
11		民族文化遗产的保护措施没有给自治县居民增设过多义务，没有给居民的日常生产、生活造成负担，能够和自治县社会经济发展相协调	2分	
12	可操作性（10分）	各类保护主体在实践中分工明确，能够较好地沟通和协调	2分	
13		条例所规范的行为模式容易被辨识和理解	2分	
14		民族文化遗产保护措施切实可行、易于操作	2分	
15		法律责任承担方式适当	2分	
16		条例的规定能够得到相应的人力和财政支持	2分	
17	地方特色性（20分）	条例的保护范围能够包含自治县境内的各类民族文化遗产	4分	
18		条例能够为传统村寨保护提供明确的依据和指引	4分	
19		条例规定了多样化的民族文化遗产传承方式	4分	
20		扶持措施的范围较为全面地覆盖了自治县各类文化遗产从艺者和传承人	4分	
21		激励措施提高了社会各界参与民族文化遗产保护的积极	4分	

续上表

序号	一级指标	二级指标	分值	评分
22	实效性 （40分）	条例颁布后，各主管机构的责权划分是否明确，实践中有无责权不清的情况	4分	
23		民族文化遗产保护专家库制度是否有筹备计划或已经开展	4分	
24		文化主管部门对传承人群的扶持措施是否有效	4分	
25		民族文化遗产保护制度是否与社会经济发展相适应	4分	
26		民族文化遗产保护人才队伍的建设情况是否有所改善	4分	
27		多元化的民族文化遗产保护资金机制是否建立	4分	
28		濒危民族文化遗产的消亡是否得到一定程度的遏制	4分	
29		条例的普法宣传工作是否深入开展，村民是否了解和遵守条例	4分	
30		公众参与民族文化遗产保护的积极性是否有所提高	4分	
31		条例的实施是否有利于活跃民族自治地方的特色文化	4分	

附件二：

《连南瑶族自治县民族文化遗产保护条例》立法后评估调查问卷

《连南瑶族自治县民族文化遗产保护条例》（以下简称《条例》）已经于 2018 年 3 月实施。为考察条例实施以来的情况，评估立法质量，发现问题，总结经验，组织此次问卷调查。

1. 《连南瑶族自治县民族文化遗产保护条例》全文可以在连南瑶族自治县人大常委会、人民政府的办事机构及网站获取。

2. 问卷包括"评估内容""相关条文""分值""评分"四项，请根据自己对条例及其实施情况的了解，给出评分。

	评估内容	相关条文	分值	评分
1	《条例》规定的保护范围涵盖了自治县民族文化遗产需要保护的范围	第二条　本条例所称民族文化遗产包括： （一）具有代表性的瑶族建筑物、设施、标识和传统瑶族村寨； （二）瑶族经文、过山榜、民间传说、谚语、礼词、诗歌等传统文学以及作为其载体的瑶语； （三）瑶族长鼓舞、民歌、口技等传统舞蹈、音乐； （四）瑶族银饰、扎染、刺绣、食品、传统服饰、生产生活器具等传统制作技艺； （五）瑶族耍歌堂、香歌堂、众人堂、婚俗、传统体育等传统节庆、礼仪民俗； （六）瑶族医药； （七）其他非物质文化遗产、文物、场所等民族文化遗产。	10 分	
2	《条例》规定的文化遗产保护管理体制职权明确，分工合理	第五条　自治县人民政府应当将民族文化遗产保护工作纳入国民经济和社会发展规划，并将保护经费列入本级财政预算。 自治县人民政府文化主管部门负责非物质文化遗产、文物等保护工作；城乡规划建设主管部门会同民族宗教主管部门和文化主管部门负责传统瑶族村寨、建筑物、设施、标识等保护工作；其他有关部门在各自职责范围内，负责有关民族文化遗产保护工作。 镇人民政府在自身职责范围内，开展民族文化遗产发掘、整理、保护、保存、传承、传播和开发利用等工作。 村（居）民委员会协助镇人民政府开展民族文化遗产发掘、整理、保护、保存、传承、传播和开发利用等工作。 自治县人民政府应当鼓励和支持公民、法人和其他组织参与民族文化遗产保护工作。	10 分	

续上表

	评估内容	相关条文	分值	评分
3	《条例》规定的执法主体分工明确，在实践中能较好地沟通协调	说明：执法主体及其职责的内容较多，涉及民族文化遗产的调查、管理与保护，传承、传播与利用，保障与激励等。为充分了解执法主体及其职责范围，建议阅读《条例》全文。 **第六条** 自治县人民政府应当建立民族文化遗产保护协调机制，加强对民族文化遗产保护工作的组织领导。	10分	
4	《条例》规定的保护传统瑶族村寨的措施得当 《条例》颁行后传统瑶族村寨的保护有较好的效果	**第十条** 文化主管部门、城乡规划建设主管部门和民族宗教主管部门应当会同其他部门，对民族文化遗产濒危项目采取下列抢救性保护措施，予以重点保护： …… （二）保护、维护、修缮具有民族特色的传统民族村寨； **第十二条** 城乡规划建设主管部门负责制定传统瑶族村寨的认定标准，并负责组织制定传统瑶族村寨保护发展规划和保护项目，通过日常监督、定期巡查等方式保障规划和项目的实施。 城乡规划建设等有关主管部门制定传统瑶族村寨保护发展规划和保护项目，应当充分尊重村民意愿和专家意见，建立和完善公众参与机制，公开规划和项目相关的信息，并接受公众监督。 **第十三条** 传统瑶族村寨所在的村民委员会应当协助镇人民政府开展传统瑶族村寨保护工作。 村民委员会应当根据传统瑶族村寨发展规划和保护项目名录，引导和推动村民制定相关村规民约，并组织实施。 **第十四条** 城乡规划建设主管部门、文化主管部门和民族宗教主管部门应当为具有代表性的瑶族建筑物和传统瑶族村寨等设置民族文化遗产保护标志，建立保护档案。任何单位和个人不得随意改变具有代表性的瑶族建筑物和传统瑶族村寨的原貌。 **第十五条** 文化主管部门、民族宗教主管部门和民族文化遗产代表性项目保护单位应当提供传承平台，在学校、传统瑶族村寨、旅游景区等场所设立民族文化遗产传承基地、生产性保护基地和民族文化艺术中心等，对民族文化遗产加以传承和保护。	10分	

续上表

	评估内容	相关条文	分值	评分
5	《条例》规定的民族文化遗产保护的多渠道资金筹集机制对民族文化遗产保护的资金有较好的促进作用	**第二十五条** 自治县人民政府应当设立民族文化遗产保护专项资金，资金规模随着本级财政收入的增长而增加。 保护专项资金用于民族文化遗产调查、发掘、鉴定、整理、评估、申报、保护、传承、补助、管理、利用、基地建设以及队伍的培养、培训和建设等方面。 **第二十六条** 文化主管部门按规定牵头组建民族文化遗产代表性项目保护基金，用于支持民族文化遗产传承活动。	10分	
6	对民族文化遗产传承人的保护在《条例》颁行后有较明显的改善	**第十六条** 文化主管部门应当建立非物质文化遗产传承机制，加强对传承人群的培养、培训及监督。 文化主管部门建立完善的非物质文化遗产项目及其代表性传承人的认定机制和保障制度，提供给传承人必要的经费，资助其开展授徒、传艺、交流等传承活动。 未享受政府经费补贴的非物质文化遗产项目代表性传承人，自治县人民政府可以采取政府购买服务等方式，支持其开展传承活动。 文化主管部门应当定期聘请专家对传承人群进行培训，帮助传承人开展活动，提高展演水平，提升其民族文化创作能力。 **第十七条** 自治县人民政府应当对下列非物质文化遗产代表性项目的传承人群给予资助或扶持： （一）濒危民族文化遗产的学艺者； （二）已达到初级职称或同等技艺水平，但因经济困难无法完成学习的学艺者； （三）其他需要资助或者扶持的传承人。 未列入省级及以上非物质文化遗产代表性项目名录的，自治县人民政府可以采取政府购买服务等方式，扶持资助传承人开展传习活动。 **第十八条** 民族文化遗产传承和传播活动形式： （一）组织非物质文化遗产代表性项目传承人到国内外参加展演活动； **第十九条** 知识产权主管部门和文化主管部门应当尊重和保护传承人，指导传承人将民族文化遗产项目申请注册商标、申报地理标志、登记版权，开展与民族文化遗产相关的知识产权保护、运用工作。	10分	

续上表

	评估内容	相关条文	分值	评分
7	《条例》规定的民族文化遗产保护措施没有给民众增设过多的义务，能够与自治县的社会经济发展相协调	说明：《条例》规定的民族文化遗产保护措施较多，部分措施虽没有明确增设民众义务，但在执行过程中可能会间接增加民众负担。建议阅读《条例》全文，并结合自己的了解给出评分。 **第十二条** 城乡规划建设主管部门负责制定传统瑶族村寨的认定标准，并负责组织制定传统瑶族村寨保护发展规划和保护项目，通过日常监督、定期巡查等方式保障规划和项目的实施。 城乡规划建设等有关主管部门制定传统瑶族村寨保护发展规划和保护项目，应当充分尊重村民意愿和专家意见，建立和完善公众参与机制，公开规划和项目相关的信息，并接受公众监督。 **第十三条** 传统瑶族村寨所在的村民委员会应当协助镇人民政府开展传统瑶族村寨保护工作。 村民委员会应当根据传统瑶族村寨发展规划和保护项目名录，引导和推动村民制定相关村规民约，并组织实施。 **第十四条** 城乡规划建设主管部门、文化主管部门和民族宗教主管部门应当为具有代表性的瑶族建筑物和传统瑶族村寨等设置民族文化遗产保护标志，建立保护档案。任何单位和个人不得随意改变具有代表性的瑶族建筑物和传统瑶族村寨的原貌。	10分	
8	《条例》颁行后使濒临消亡的文化遗产保护有较好的改善	**第九条** 自治县人民政府相关主管部门应当建立民族文化遗产濒危项目名录，包括下列民族文化遗产项目： （一）中华人民共和国成立之前已形成的具有代表性的传统瑶族村寨； （二）已列入非物质文化遗产代表性项目名录的； （三）尚未列入市级以上非物质文化遗产代表性项目名录的； （四）传承人年事已高且缺少年轻一代传承人的； （五）濒临失传的技艺； （六）其他民族文化遗产濒危项目。 **第十条** 文化主管部门、城乡规划建设主管部门和民族宗教主管部门应当会同其他部门，对民族文化遗产濒危项目采取下列抢救性保护措施，予以重点保护： （一）收集、整理、修复、保存有代表性的民族文化遗产实物和资料； （二）保护、维护、修缮具有民族特色的传统民族村寨； （三）利用文字、图片、音像、多媒体或实物保存等方式，真实系统记录民族文化遗产代表性传承人口述史、传统技艺流程、代表剧（节）目、仪式规程等信息，并建立民族文化遗产档案管理制度； （四）整理出版图书、刊物、音像制品等相关学术研究成果和宣传资料； （五）其他抢救性保护措施。	10分	

续上表

	评估内容	相关条文	分值	评分
9	《条例》促进了公众参与民族文化遗产保护的积极性	**第五条第五款** 自治县人民政府应当鼓励和支持公民、法人和其他组织参与民族文化遗产保护工作。 **第十二条第二款** 城乡规划建设等有关主管部门制定传统瑶族村寨保护发展规划和保护项目，应当充分尊重村民意愿和专家意见，建立和完善公众参与机制，公开规划和项目相关的信息，并接受公众监督。 **第二十一条第二款** 鼓励、支持社会各界通过创办文化团体、展演队伍等方式，宣传民族文化遗产中所体现的优秀传统文化。 **第二十七条** 自治县人民政府表彰和奖励下列单位或个人： （一）从事民族文化遗产调查、整理、保护、保存、传承、传播和开发利用，工作积极，成绩显著的； （二）将收藏的珍贵民族文化遗产原物或者载体，无偿捐献给国家的； （三）为保护民族文化遗产，阻止、举报违法犯罪行为的； （四）其他应当表彰或者奖励的。	10分	
10	对《条例》完善有何建议		10分	

参 考 文 献

[1] 孙国华，朱景文，等. 法理学［M］. 北京：中国人民大学出版社，1999.

[2] 包桂荣，等. 民族自治地方少数民族非物质文化遗产的法律保护研究——以蒙古族为例［M］. 北京：民族出版社，2010.

[3] 吴宗金，敖俊德. 中国民族立法理论与实践［M］. 北京：中国法制出版社，1998.

[4] 王允武. 中国少数民族自治地方立法研究［M］. 成都：四川人民出版社，2005.

[5] 张文山. 通往自治的桥梁——自治条例与单行条例研究［M］. 北京：中央民族大学出版社，2009.

[6] 吉雅. 民族区域自治地方自治立法研究［M］. 北京：法律出版社，2010.

[7] 祁庆富，史晖. 少数民族非物质文化遗产研究［M］. 北京：中央民族大学出版社，2015.

[8] 汪全胜，等. 立法后评估研究［M］. 北京：人民出版社，2012.

[9] 刘作翔，冉井富. 立法后评估的理论与实践［M］. 北京：社会科学文献出版社，2013.

[10] 孙晓东. 立法后评估的原理与应用［M］. 北京：中国政法大学出版社，2016.

[11] 吴宗金. 民族法制的理论与实践［M］. 北京：中国民主法制出版社，1998.

[12] 韩延龙，常兆儒. 中国新民主主义革命时期根据地法制文献选编（第一卷）［M］. 北京：中国社会科学出版社，1981.

[13] 张尔驹. 中国民族区域自治史纲［M］. 北京：民族出版社，1995.

[14] 王铁志，沙伯力. 国际视野中的民族区域自治［M］. 北京：民族出版社，2002.

[15] 王允武，田钒平. 西部开发背景下民族地区经济法制问题研究［M］. 北京：中央民族大学出版社，2008.

[16] 周旺生. 立法学（第二版）［M］. 北京：法律出版社，2009.

[17] 康耀坤，马洪雨，梁亚民. 中国民族自治地方立法研究［M］. 北京：民族出版社，2007.

[18] 曾天然，张洪林. 少数民族非物质文化遗产的保护与传承——以民族地方文化遗产保护立法为考察对象［J］. 学术研究，2018（6）.

[19] 王亚平. 论地方性法规的质量评价标准及其指标体系［J］. 人大研究，2007（2）.

[20] 卿泳. 立法评价对于提高立法质量的意义［J］. 民主与法制建设，2005（5）.

[21] ［美］马克·霍哲. 公共部门业绩评估与改善［J］. 张梦中，译. 中国行政管理，2000（3）.

[22] 俞荣根，刘艺. 地方性法规质量评估的理论意义与实践难题［J］. 华中科技大学学报（社会科学版），2010（3）.

[23] 刘魁立. 非物质文化遗产的共享性本真性与人类文化多样性发展［J］. 山东社会科学，2010（3）.

[24] 贺学君. 关于文化遗产保护的理论思考［J］. 江西社会科学，2005（2）.

[25] 蒋万来. 从现代性和文化多样性看非物质文化遗产的法律保护［J］. 知识产权，2015（2）.

[26] 田艳. 非物质文化遗产代表性传承人认定制度探究［J］. 政法论坛，2013（4）.

[27] 王巨山. 非物质文化遗产保护原则辨析——对原真性原则和整体性原则的再认识［J］. 社会科学辑刊，2008（3）.

[28] 刘志军. 非物质文化遗产保护的人类学透视［J］. 浙江大学学报（人文社科版），2009（4）.

[29] 张舜玺. 习近平文物事业法治思想研究［J］. 中国法学，2017（4）.

[30] 张伟涛. 遗产保护法视角下少数民族非物质文化遗产的保护和传承［J］. 贵州民族研究，

2018（10）.

[31] 诸国本. 传统医药与非物质文化遗产保护［J］. 中央民族大学学报，2011（3）.

[32] 朴永光. 传统舞蹈保护中的价值判断［J］. 北京舞蹈学院学报，2006（3）.

[33] 罗婉红. 寻根传舞：非物质文化遗产视角下传统舞蹈学术史的回顾与评述［J］. 2018（2）.

[34] 杨彬. 国外少数民族语言保护及其对我国的借鉴［J］. 贵州民族研究，2018（11）.

[35] 温军. 中国少数民族丧葬的类别、成因及改革建议［J］. 西北民族学院学报（哲学社会科学版），2002（2）.

[36] 汪舟. 日本非物质文化遗产的保护与传承经验及对我国完善相关保护体系的启示［J］. 城市规划，2006（1）.

[37] 乔晓光. 关注现实，以无形遗产申报推动本土文化的传承发展——"中国非物质文化遗产·民间剪纸国际学术研讨会"综述［J］. 美术研究. 2004（3）.

[38] 王吉林，陈晋璋. 非物质文化遗产的权利主体研究［J］. 天津大学学报（社会科学版），2011（4）.

[39] 伊志强. 陕西社火民俗体育文化的研究［J］. 长春师范学院学报，2013（12）.

[40] 朱兵. 我国非物质文化遗产保护与立法［J］. 文化遗产，2012（2）.

[41] 戴健. 我国非物质文化遗产立法保护探析［J］. 河南教育学院学报（哲学社会科学版），2016（5）.

[42] 孙昊亮. 我国非物质文化遗产保护的困境与出路［J］. 法学杂志，2009（8）.

[43] 刘魁立. 非物质文化遗产及其保护的整体性原则［J］. 广西师范学院学报，2004（4）.

[44] 李荣启. 论非物质文化遗产保护的主要原则与方法［J］. 广西民族研究，2008（2）.

[45] 杨昆. 从非物质文化遗产视角看唐卡的保护——基于"原真性"和"完整性"原则［J］. 西藏民族学院学报（哲学社会科学版），2012（3）.

[46] 牟延林，吴安新. 非物质文化遗产保护中的政府主导与政府责任［J］. 现代法学，2008（1）.

[47] 李虎. 论传承人流动与少数民族非物质文化遗产保护［J］. 中南民族大学学报（人文社会科学版），2018（5）.

[48] 谭东丽，曹新明. 少数民族非物质文化遗产知识产权保护探究［J］. 贵州民族研究，2018（2）.

[49] 徐辉鸿. 非物质文化遗产传承人的法律保护机制探讨［J］. 理论导刊，2008（1）.

[50] 康耀坤. 建国以来我国民族立法的历史进程与经验启示［J］. 求索，2010（7）.

[51] 郑毅.《立法法》修改三年来我国自治州立法权的实施问题研究——以××自治州为例［J］. 中央民族大学学报（哲学社会科学版），2018（5）.

[52] 郑毅. 对我国《立法法》修改后若干疑难问题的诠释与回应［J］. 政治与法律，2016（1）.

[53] 余俊.《立法法》在民族自治地区施行的相关问题［J］. 地方立法研究，2017（1）.

[54] 沈寿文. 民族区域自治立法权与一般地方立法权的关系——以"优惠照顾理论"范式为视角［J］. 广西民族研究，2016（3）.

[55] 彭振. 民族自治地方的立法完善与改革——以《立法法》修改为视角［J］. 经济与社会发展，2016（1）.

[56] 管志利. 民族自治地方立法探论［J］. 理论研究，2018（2）.

[57] 向明. 我国民族自治州的立法困境及对策［J］. 吉首大学学报（社会科学版），2005（4）.

[58] 李雷. 自治州自治立法权与地方立法权的竞合及消解［J］. 广西民族研究，2016（6）.

［59］黄铸. 中国共产党民族政策的重大转变——从联邦制到民族区域自治制度［J］. 民族问题研究，2003（10）.

［60］韦丽利. 完善民族法制，加快制定自治区自治条例——自治区自治条例情况专家会议综述［J］. 湖北民族学院学报（哲学社会科学版），2009（2）.

［61］李巍. 论民族自治地方立法的缺陷及完善［J］. 内蒙古民族大学学报（社会科学版），2015（4）.

［62］戴小明，黄木. 论民族自治地方立法［J］. 西南民族学院学报（哲学社会科学版），2002（7）.

［63］杨临宏. 论完善民族区域自治地方立法［J］. 西南边疆民族研究，2015（1）.

［64］胡继平，彭建军. 民族自治地方立法存在的问题及原因分析［J］. 中南民族大学学报（社科版），2008（6）.

［65］郑毅. 《立法法》修改后自治州一般地方立法权与自治立法权关系研究［J］. 法学评论，2018（4）.

［66］雷伟红. 论民族自治地方自治法规立法权与地方性法规立法权的协调［J］. 中南民族大学学报（人文社会科学版），2018（4）.

［67］郑毅. 论民族自治地方变通权条款的规范结构［J］. 政治与法律，2017（2）.

［68］祁庆富. 少数民族非物质文化遗产的抢救与维护［N］. 光明日报，2005-06-17.

［69］高勇. 法规质量评估，走向地方立法前台［N］. 人民之声报，2006-07-13.

［70］张娟. 中国民族区域自治地方立法权的理论与实践［D］. 北京：中国政法大学，2011.

［71］付明喜. 中国民族自治地方立法自治研究［D］. 昆明：云南大学，2012.

［72］邱科星. 论我国传统医药国际保护的途径［D］. 北京：中国政法大学，2008.

［73］刘程程. 非物质文化遗产的知识产权保护研究［D］. 西安：长安大学，2015.

［74］黄弋. 《立法法》修改后民族自治地方立法产生的问题与对策——以自治立法与地方立法的边界为中心［D］. 长沙：湖南师范大学，2017.

附录一

《连南瑶族自治县民族文化遗产保护条例》

目　录
第一章　总则
第二章　调查、管理与保护
第三章　传承、传播与利用
第四章　保障与激励
第五章　法律责任
第六章　附则

第一章　总则

第一条　为了保护、传承和开发利用连南瑶族自治县（以下简称自治县）民族文化遗产，根据《中华人民共和国非物质文化遗产法》《中华人民共和国文物保护法》《历史文化名城名镇名村保护条例》等有关法律、法规，结合本自治县实际，制定本条例。

第二条　本条例所称民族文化遗产包括：

（一）具有代表性的瑶族建筑物、设施、标识和传统瑶族村寨；

（二）瑶族经文、过山榜、民间传说、谚语、礼词、诗歌等传统文学以及作为其载体的瑶语；

（三）瑶族长鼓舞、民歌、口技等传统舞蹈、音乐；

（四）瑶族银饰、扎染、刺绣、食品、传统服饰、生产生活器具等传统制作技艺；

（五）瑶族耍歌堂、香歌堂、众人堂、婚俗、传统体育等传统节庆、礼仪民俗；

（六）瑶族医药；

（七）其他非物质文化遗产、文物、场所等民族文化遗产。

第三条　本条例适用于自治县行政区域内民族文化遗产发掘、整理、抢救、保护、保存、传承、传播和开发利用等活动。

第四条　民族文化遗产保护坚持保护为主、抢救第一、民族特色、合理利用的原则。

第五条　自治县人民政府应当将民族文化遗产保护工作纳入国民经济和社会发展规划，并将保护经费列入本级财政预算。

自治县人民政府文化主管部门负责非物质文化遗产、文物等保护工作；城乡规划建设主管部门会同民族宗教主管部门和文化主管部门负责传统瑶族村寨、建筑物、设施、标识等保护工作；其他有关部门在各自职责范围内，负责有关民族文化遗产保护工作。

镇人民政府在自身职责范围内，开展民族文化遗产发掘、整理、保护、保存、传承、传播和开发利用等工作。

村（居）民委员会协助镇人民政府开展民族文化遗产发掘、整理、保护、保存、传承、传播和开发利用等工作。

自治县人民政府应当鼓励和支持公民、法人和其他组织参与民族文化遗产保护工作。

第六条 自治县人民政府应当建立民族文化遗产保护协调机制，加强对民族文化遗产保护工作的组织领导。

第二章 调查、管理与保护

第七条 自治县人民政府和相关主管部门应当按照民族文化遗产的沿革、发展、分布和保存现状等内容对民族文化遗产进行调查，并对民族文化遗产归类建档，编制保护规划。

文化主管部门、城乡规划建设主管部门和民族宗教主管部门应当对保护规划实施情况进行年度监督检查，对保护规划未能有效实施的，应当及时纠正。

第八条 文化主管部门应当建立民族文化遗产专家库，制定民族文化遗产保护专家制度。

专家对民族文化遗产下列相关工作进行指导、评估和鉴定：

（一）制定民族文化遗产项目目录及保护规划；

（二）划定民族文化生态展示区，民族文化遗产集中区域、建筑物、设施、标识；

（三）选定非物质文化遗产代表性项目及项目代表性传承人；

（四）其他可以由专家指导、评估和鉴定的事项。

第九条 自治县人民政府相关主管部门应当建立民族文化遗产濒危项目名录，包括下列民族文化遗产项目：

（一）中华人民共和国成立之前已形成的具有代表性的传统瑶族村寨；

（二）已列入非物质文化遗产代表性项目名录的；

（三）尚未列入市级以上非物质文化遗产代表性项目名录的；

（四）传承人年事已高且缺少年轻一代传承人的；

（五）濒临失传的技艺；

（六）其他民族文化遗产濒危项目。

第十条 文化主管部门、城乡规划建设主管部门和民族宗教主管部门应当会同其他部门，对民族文化遗产濒危项目采取下列抢救性保护措施，予以重点保护：

（一）收集、整理、修复、保存有代表性的民族文化遗产实物和资料；

（二）保护、维护、修缮具有民族特色的传统民族村寨；

（三）利用文字、图片、音像、多媒体或实物保存等方式，真实系统记录民族文化遗产代表性传承人口述史、传统技艺流程、代表剧（节）目、仪式规程等信息，并建立民族文化遗产档案管理制度；

（四）整理出版图书、刊物、音像制品等相关学术研究成果和宣传资料；

（五）其他抢救性保护措施。

第十一条 自治县人民政府应当将体现瑶族优秀传统文化，具有重大历史、文学、艺术、科学价值的文化遗产项目列入名录予以保护，在民族文化遗产集中、特色鲜明、形式和内涵保持完整的核心区域设立民族文化生态展示区。

在民族文化生态展示区内，应当确立与民族文化遗产表现形式关系紧密、内容系统完整的文化区域，实行区域性的整体性保护。

自治县人民政府统一协调民族文化生态展示区内的民族文化遗产保护工作，城乡规划建设主管部门依法制定民族文化生态展示区专项建设规划。

第十二条 城乡规划建设主管部门负责制定传统瑶族村寨的认定标准，并负责组织制定传统瑶族村寨保护发展规划和保护项目，通过日常监督、定期巡查等方式保障规划和项目的实施。

城乡规划建设等有关主管部门制定传统瑶族村寨保护发展规划和保护项目，应当充分尊重村民意愿和专家意见，建立和完善公众参与机制，公开规划和项目的相关信息，并接受公众监督。

第十三条 传统瑶族村寨所在的村民委员会应当协助镇人民政府开展传统瑶族村寨保护工作。

村民委员会应当根据传统瑶族村寨发展规划和保护项目名录，引导和推动村民制定相关村规民约，并组织实施。

第十四条 城乡规划建设主管部门、文化主管部门和民族宗教主管部门应当为具有代表性的瑶族建筑物和传统瑶族村寨等设置民族文化遗产保护标志，建立保护档案。任何单位和个人不得随意改变具有代表性的瑶族建筑物和传统瑶族村寨的原貌。

第三章 传承、传播与利用

第十五条 文化主管部门、民族宗教主管部门和民族文化遗产代表性项目保护单位应当提供传承平台，在学校、传统瑶族村寨、旅游景区等场所设立民族文化遗产传承基地、生产性保护基地和民族文化艺术中心等，对民族文化遗产加以传承和保护。

第十六条 文化主管部门应当建立非物质文化遗产传承机制，加强对传承人群的培养、培训及监督。

文化主管部门建立完善的非物质文化遗产项目及其代表性传承人的认定机制和保障制度，提供给传承人必要的经费，资助其开展授徒、传艺、交流等传承活动。

未享受政府经费补贴的非物质文化遗产项目代表性传承人，自治县人民政府可以采取政府购买服务等方式，支持其开展传承活动。

文化主管部门应当定期聘请专家对传承人群进行培训，帮助传承人开展活动，提高展演水平，提升其民族文化创作能力。

第十七条 自治县人民政府应当对下列非物质文化遗产代表性项目的传承人群给予资

助或扶持：

（一）濒危民族文化遗产的学艺者；

（二）已达到初级职称或同等技艺水平，但因经济困难无法完成学习的学艺者；

（三）其他需要资助或者扶持的传承人。

未列入省级及以上非物质文化遗产代表性项目名录的，自治县人民政府可以采取政府购买服务等方式，扶持资助传承人开展传习活动。

第十八条 民族文化遗产传承和传播活动形式：

（一）组织非物质文化遗产代表性项目传承人到国内外参加展演活动；

（二）利用报刊、广播、电视和互联网等媒体进行宣传报道；

（三）建立研究学会，开展文化研究、学术交流；

（四）建立瑶族文化数据库，出版书籍、音像资料；

（五）尊重穿戴瑶族服饰、使用瑶族语言；

（六）采用瑶族传统建筑风格和元素新建瑶族民居；

（七）其他与民族文化遗产传承和传播相关的活动形式。

第十九条 知识产权主管部门和文化主管部门应当尊重和保护传承人，指导传承人将民族文化遗产项目申请注册商标、申报地理标志、登记版权，开展与民族文化遗产相关的知识产权保护、运用工作。

第二十条 教育主管部门应当制定符合民族文化教育特点的管理制度，编制民族文化遗产的有关课程，开展民族文化遗产教育。

鼓励民族文化遗产代表性项目传承人和民间艺人到学校、传统瑶族村寨等民族文化遗产传承场所开展传承教育活动。

第二十一条 文化主管部门应当开展民族文化遗产的宣传交流和推介工作，设立民族文化遗产传承场所，普及民族文化遗产知识。

鼓励、支持社会各界通过创办文化团体、展演队伍等方式，宣传民族文化遗产中所体现的优秀传统文化。

第二十二条 自治县人民政府应当加强对民族文化遗产项目的合理利用，重点扶持瑶族刺绣、服饰、医药、食品、传统饰品与手工艺等具有瑶族文化特色的产品，打造瑶族文化品牌。

第二十三条 自治县人民政府应当依托瑶族民间习俗、节庆特色资源，开展丰富多彩的民俗文化活动，带动自治县民族文化产业和旅游产业的发展。

第四章 保障与激励

第二十四条 自治县人民政府应当与上级人民政府有关部门或者高等院校、科研院所等机构建立长期交流合作机制，加强瑶族传统文化专门人才培养，选派民族文化工作者接受继续教育，建立健全民族文化遗产保护的人才引进和培育机制。

第二十五条　自治县人民政府应当设立民族文化遗产保护专项资金，资金规模随着本级财政收入的增长而增加。

保护专项资金用于民族文化遗产调查、发掘、鉴定、整理、评估、申报、保护、传承、补助、管理、利用、基地建设以及队伍的培养、培训和建设等方面。

第二十六条　文化主管部门按规定牵头组建民族文化遗产代表性项目保护基金，用于支持民族文化遗产传承活动。

民族文化遗产代表性项目保护基金主要由下列来源组成：

（一）自治县人民政府财政拨款；

（二）上级人民政府及其部门的经费资助；

（三）企业和个人捐赠；

（四）其他资金来源。

第二十七条　自治县人民政府表彰和奖励下列单位或个人：

（一）从事民族文化遗产调查、整理、保护、保存、传承、传播和开发利用，工作积极，成绩显著的；

（二）将收藏的珍贵民族文化遗产原物或者载体，无偿捐献给国家的；

（三）为保护民族文化遗产，阻止、举报违法犯罪行为的；

（四）其他应当表彰或者奖励的。

第五章　法律责任

第二十八条　依法承担民族文化遗产保存、保护职责的单位或者个人，违反本条例规定，对民族文化遗产资料、实物保护管理不力的，由相关主管部门责令改正；造成遗失或者严重损坏的，对直接负责的主管人员和其他直接责任人员依法追究相应的责任。

第二十九条　各主管部门及其工作人员违反本条例规定，有下列情形的，由其上级主管部门或者监察机关责令改正；情节严重的，对直接负责的主管人员和其他直接责任人依法追究相应的责任。

（一）违反本条例第七条的规定，未对民族文化遗产项目进行调查、制定保护规划，或者未对保护规划的实施情况进行监督检查的；

（二）违反本条例第九条、第十条规定，未及时建立民族文化遗产濒危项目名录或者未对民族文化遗产濒危项目进行抢救性保护的；

（三）违反本条例第十四条规定，未设置民族文化遗产保护标志或者未建立保护档案的；

（四）违反本条例第二十五条第二款、第二十六条第一款规定，侵占、挪用民族文化遗产保护专项资金、保护基金的；

（五）其他违反本条例规定的行为。

第三十条　违反本条例规定，具有侵占、破坏列入民族文化遗产保护项目的资料、实物、建筑物、场所等情形的单位或个人，由有关主管部门责令改正、恢复原状或赔偿损失，并依法追究相应的责任。

第三十一条 违反本条例规定，破坏传统瑶族村寨保护项目的，承担下列责任：

（一）破坏传统瑶族村寨或违反传统瑶族村寨保护发展规划进行建设活动和行为的，城乡规划建设主管部门应当及时责令停止相关活动和行为；已构成破坏的，责令恢复原貌，并依法追究相应的责任。

（二）在项目开发中对传统建筑和历史风貌造成破坏性影响的，文化主管部门和城乡建设主管部门应当发出警示。构成违反治安管理行为的，依法给予治安处罚；构成犯罪的，依法追究刑事责任。

（三）违反传统瑶族村寨项目保护规划要求或者保护工作不力，造成民族文化遗产资源破坏的，应当对直接负责的主管人员和其他直接责任人依法追究相应的责任。

第六章　附则

第三十二条 本条例自2018年3月1日起施行。

附录二

《连南瑶族自治县民族文化遗产保护条例》注释稿

第一章 总则

第一条【立法目的与依据】

为了保护、传承和开发利用连南瑶族自治县(以下简称自治县)民族文化遗产,根据《中华人民共和国非物质文化遗产法》《中华人民共和国文物保护法》《历史文化名城名镇名村保护条例》等有关法律、法规,结合本自治县实际,制定本条例。

【立法说明】

本条是关于立法目的与依据的规定。

连南瑶族自治县的民族文化遗产保护的内容丰富,涵盖物质文化遗产保护、非物质文化遗产保护、传统瑶族村寨保护等方面,上位法涉及《中华人民共和国非物质文化遗产法》《中华人民共和国文物保护法》《历史文化名城名镇名村保护条例》等多部法律、法规。为明确立法依据,本条对三部重要的上位法在条文中作出列举。

【立法依据】

1.《中华人民共和国非物质文化遗产法》

第一条 为了继承和弘扬中华民族优秀传统文化,促进社会主义精神文明建设,加强非物质文化遗产保护、保存工作,制定本法。

2.《中华人民共和国文物保护法》

第一条 为了加强对文物的保护,继承中华民族优秀的历史文化遗产,促进科学研究工作,进行爱国主义和革命传统教育,建设社会主义精神文明和物质文明,根据宪法,制定本法。

3.《历史文化名城名镇名村保护条例》

第一条 为了加强历史文化名城、名镇、名村的保护与管理,继承中华民族优秀历史文化遗产,制定本条例。

4.《广东省非物质文化遗产条例》

第一条 为了继承和弘扬优秀的传统文化,加强对非物质文化遗产的保护、保存工作,根据《中华人民共和国非物质文化遗产法》等有关法律、法规,结合本省实际,制定本条例。

第二条【保护对象】

本条例所称民族文化遗产包括:

（一）具有代表性的瑶族建筑物、设施、标识和传统瑶族村寨；

（二）瑶族经文、过山榜、民间传说、谚语、礼词、诗歌等传统文学以及作为其载体的瑶语；

（三）瑶族长鼓舞、民歌、口技等传统舞蹈、音乐；

（四）瑶族银饰、扎染、刺绣、食品、传统服饰、生产生活器具等传统制作技艺；

（五）瑶族耍歌堂、香歌堂、众人堂、婚俗、传统体育等传统节庆、礼仪民俗；

（六）瑶族医药；

（七）其他非物质文化遗产、文物、场所等民族文化遗产。

【立法说明】

本条是关于立法保护对象的说明。

《中华人民共和国非物质文化遗产法》《中华人民共和国文物保护法》《历史文化名城名镇名村保护条例》都对立法的调整对象进行了概括或列举。本条例是民族自治地方的单行条例，应结合当地以瑶族文化特色为主进行具体性的规定。

在本条第（一）至（六）项中，所列举的民族文化遗产都与瑶族文化遗产相关，但第（七）项也涉及自治县行政区域内其他民族的文化遗产保护。规定的依据为《中华人民共和国立法法》第七十五条的规定："民族自治地方的人民代表大会有权依照当地民族的政治、经济和文化的特点，制定自治条例和单行条例。"本单行条例在着力体现自治县瑶族文化特点的同时，对其他民族的文化遗产也加以保护。

【立法依据】

1. 《中华人民共和国非物质文化遗产法》

第二条 本法所称非物质文化遗产，是指各族人民世代相传并视为其文化遗产组成部分的各种传统文化表现形式，以及与传统文化表现形式相关的实物和场所。包括：

（一）传统口头文学以及作为其载体的语言；

（二）传统美术、书法、音乐、舞蹈、戏剧、曲艺和杂技；

（三）传统技艺、医药和历法；

（四）传统礼仪、节庆等民俗；

（五）传统体育和游艺；

（六）其他非物质文化遗产。

属于非物质文化遗产组成部分的实物和场所，凡属文物的，适用《中华人民共和国文物保护法》的有关规定。

2. 《中华人民共和国文物保护法》

第二条 在中华人民共和国境内，下列文物受国家保护：

（一）具有历史、艺术、科学价值的古文化遗址、古墓葬、古建筑、石窟寺和石刻、壁画；

（二）与重大历史事件、革命运动或者著名人物有关的以及具有重要纪念意义、教育意义或者史料价值的近代现代重要史迹、实物、代表性建筑；

（三）历史上各时代珍贵的艺术品、工艺美术品；

（四）历史上各时代重要的文献资料以及具有历史、艺术、科学价值的手稿和图书资料等；

（五）反映历史上各时代、各民族社会制度、社会生产、社会生活的代表性实物。

文物认定的标准和办法由国务院文物行政部门制定，并报国务院批准。

具有科学价值的古脊椎动物化石和古人类化石同文物一样受国家保护。

3.《历史文化名城名镇名村保护条例》

第七条 具备下列条件的城市、镇、村庄，可以申报历史文化名城、名镇、名村：

（一）保存文物特别丰富；

（二）历史建筑集中成片；

（三）保留着传统格局和历史风貌；

（四）历史上曾经作为政治、经济、文化、交通中心或者军事要地，或者发生过重要历史事件，或者其传统产业、历史上建设的重大工程对本地区的发展产生过重要影响，或者能够集中反映本地区建筑的文化特色、民族特色。

第三条【适用范围】

本条例适用于自治县行政区域内民族文化遗产发掘、整理、抢救、保护、保存、传承、传播和开发利用等活动。

【立法说明】

本条是关于立法适用范围的规定。

本条例坚持以传承与保护为导向开展民族文化遗产保护工作，注重民族文化遗产保护工作的全面性与持续性。因此，对发掘、整理、抢救、保护、保存、传承、传播和开发利用等多种活动进行了规定。

传播和开发利用在上位法有明确规定，本条例的规定更有助于民族文化遗产保护工作获得全社会的关注与支持，从而更好地促进民族文化遗产的保护、保存与传承。

【立法依据】

1.《广东省非物质文化遗产条例》

第二条 本条例适用于本省行政区域内非物质文化遗产的保护、保存活动。

本条例所称非物质文化遗产是指各族人民世代相传并视为其文化遗产组成部分的各种传统文化表现形式，以及与传统文化表现形式相关的实物和场所。包括：

（一）传统口头文学以及作为其载体的语言；

（二）传统美术、书法、音乐、舞蹈、戏剧、曲艺和杂技；

（三）传统技艺、医药和历法；

（四）传统礼仪、节庆等民俗；

（五）传统体育和游艺；

（六）其他非物质文化遗产。

2. 《广东省实施〈中华人民共和国文物保护法〉办法》

第二条 本办法适用于本省行政区域内文物的保护、利用和管理。

第四条【保护原则】

民族文化遗产保护坚持保护为主、抢救第一、民族特色、合理利用的原则。

【立法说明】

本条是关于民族文化遗产保护原则的规定。

目前，非物质文化遗产保护、文物保护、传统瑶族村寨保护等面临着共同的问题，即濒临失传或损毁。本条规定"保护为主、抢救第一"，意指应当加大保护力度，对濒临失传的非物质文化遗产项目、濒临损毁的文物或传统瑶族村寨进行抢救性的保护。本条规定"民族特色"意指民族文化遗产保护应当突出连南当地的民族特色，在保护对象和保护措施上突出对瑶族传统文化的保护。本条规定"合理利用"意指应当注重民族文化遗产的传承性，在条件允许的前提下借助现代化、社会化、市场化的方式和手段合理利用民族文化遗产，以合理利用促进保护传承。

【立法依据】

1. 《中华人民共和国非物质文化遗产法》

第四条 保护非物质文化遗产，应当注重其真实性、整体性和传承性，有利于增强中华民族的文化认同，有利于维护国家统一和民族团结，有利于促进社会和谐和可持续发展。

第五条 使用非物质文化遗产，应当尊重其形式和内涵。

禁止以歪曲、贬损等方式使用非物质文化遗产。

2. 《中华人民共和国文物保护法》

第四条 文物工作贯彻保护为主、抢救第一、合理利用、加强管理的方针。

3. 《广东省实施〈中华人民共和国文物保护法〉办法》

第三条 文物工作贯彻保护为主、抢救第一、合理利用、加强管理的方针。

第五条【管理体制】

自治县人民政府应当将民族文化遗产保护工作纳入国民经济和社会发展规划，并将保护经费列入本级财政预算。

自治县人民政府文化主管部门负责非物质文化遗产、文物等保护工作；城乡规划建设主管部门会同民族宗教主管部门和文化主管部门负责传统瑶族村寨、建筑物、设施、标识等保护工作；其他有关部门在各自职责范围内，负责有关民族文化遗产保护工作。

镇人民政府在自身职责范围内，开展民族文化遗产发掘、整理、保护、保存、传承、传播和开发利用等工作。

村（居）民委员会协助镇人民政府开展民族文化遗产发掘、整理、保护、保存、传承、传播和开发利用等工作。

自治县人民政府应当鼓励和支持公民、法人和其他组织参与民族文化遗产保护工作。

【立法说明】

本条是关于民族文化遗产保护管理体制的规定，共五款。

第一款是关于自治县人民政府职责的规定。

第二款是关于文化主管部门、城乡规划建设主管部门、民族宗教主管部门与其他部门职责的规定。

第三款是关于镇人民政府职责的规定。

第四款是关于村（居）民委员会职责的规定。

第五款是关于公众参与的规定。

国家、省有关法律法规明确规定了非物质文化遗产保护、文物保护、历史名村保护的管理层级、管理部门与管理职责。结合自治县工作实际情况，本条规定对管理体制进行了细化，以下是对本条五款的解释。

第一款：民族文化遗产保护工作应当与经济社会发展协调一致，而且保护工作涉及政府工作的多个方面，应将民族文化遗产保护纳入自治县国民经济和社会发展规划。民族文化遗产保护需要财政经费支持，因此将民族文化遗产保护经费列入财政预算。

第二款：非物质文化遗产工作由文化主管部门具体负责，对此上位法已有明确规定，本条进行必要重申。文物保护工作由文物行政主管部门负责，连南县并未专门设立文物管理机构，根据《连南瑶族自治县文化广电旅游文体局（文广旅体局）主要职责内设机构和人员编制规定》，文物工作由县文化广电旅游文体局（文广旅体局）文化综合股负责。因此，非物质文化遗产和文物保护工作的管理部门统一规定为文化主管部门。传统瑶族村寨、建筑物、设施、标识等的保护工作，上位法并未作明确规定，但结合《历史文化名城名镇名村保护条例》的相关规定，本条例规定城乡规划建设主管部门会同民族宗教主管部门和文化主管部门共同承担管理职责。其他涉及瑶族医药、瑶语教育、财政支持等工作，由相关主管部门具体负责。

第三款：镇人民政府职能的规定依据是《中华人民共和国文物保护法》第八条第二款、《广东省实施〈中华人民共和国文物保护法〉办法》第五条第一款以及《历史文化名城名镇名村保护条例》第五条第二款。规定镇人民政府在自身职责范围内开展民族文化遗产保护各项工作的职责，有助于明确基层管理主体的职责，加强民族文化遗产保护工作。

第四款：村（居）民委员会职责的规定，依据是《广东省非物质文化遗产条例》第八条第二款以及《广东省实施〈中华人民共和国文物保护法〉办法》第七条第二款。规定村民委员会、居民委员会的协助职责有助于深入推进民族文化遗产保护工作的全面开展。

第五款：政府主导、社会参与是民族文化遗产保护工作应当遵循的基本思路，相关法律法规也对此进行了不同形式的表述。故本条对此予以规定。

【立法依据】

1.《中华人民共和国非物质文化遗产法》

第六条 县级以上人民政府应当将非物质文化遗产保护、保存工作纳入本级国民经济和社会发展规划，并将保护、保存经费列入本级财政预算。

国家扶持民族地区、边远地区、贫困地区的非物质文化遗产保护、保存工作。

第七条 国务院文化主管部门负责全国非物质文化遗产的保护、保存工作；县级以上地方人民政府文化主管部门负责本行政区域内非物质文化遗产的保护、保存工作。

县级以上人民政府其他有关部门在各自职责范围内，负责有关非物质文化遗产的保护、保存工作。

第九条 国家鼓励和支持公民、法人和其他组织参与非物质文化遗产保护工作。

2.《中华人民共和国文物保护法》

第八条 国务院文物行政部门主管全国文物保护工作。

地方各级人民政府负责本行政区域内的文物保护工作。县级以上地方人民政府承担文物保护工作的部门对本行政区域内的文物保护实施监督管理。

县级以上人民政府有关行政部门在各自的职责范围内，负责有关的文物保护工作。

3.《历史文化名城名镇名村保护条例》

第五条 国务院建设主管部门会同国务院文物主管部门负责全国历史文化名城、名镇、名村的保护和监督管理工作。

地方各级人民政府负责本行政区域历史文化名城、名镇、名村的保护和监督管理工作。

4.《广东省非物质文化遗产条例》

第四条 县级以上人民政府应当将非物质文化遗产保护、保存工作纳入本级国民经济和社会发展规划；将保护、保存经费列入本级财政预算，并随着财政收入的增长而增加。

县级以上人民政府应当设立非物质文化遗产保护专项资金，用于本行政区域内非物质文化遗产的调查、传承、传播、濒危项目抢救等保护、保存工作。

第七条 县级以上人民政府文化主管部门（以下简称文化主管部门）负责本行政区域内的非物质文化遗产保护、保存工作。

县级以上人民政府发展改革、经济和信息化、教育、民族宗教、财政、税务、国土资源、住房城乡建设、规划、旅游等有关部门，按照各自职责，负责有关的非物质文化遗产保护、保存工作。

第八条 各级非物质文化遗产保护工作机构在文化主管部门的领导下，组织实施非物质文化遗产保护、保存的相关工作。

文化馆（站）、村民委员会、居民委员会开展相应的非物质文化遗产保护、保存工作，文化主管部门应当给予指导和支持。

5.《广东省实施〈中华人民共和国文物保护法〉办法》

第五条 各级人民政府负责本行政区域内的文物保护工作。

县级以上人民政府文物行政主管部门对本行政区域内的文物保护实施监督管理。

县级以上人民政府有关行政部门在各自职责范围内，负责有关的文物保护工作。

第七条 各级文物管理委员会在本级人民政府的领导下负责协调、研究和审议文物保护管理工作中的重要事项。

乡镇文化站、文物保护管理所、村民委员会、居民委员会等应当在文物行政主管部门指导下开展相应的文物保护工作。

第六条【沟通协调机制】

自治县人民政府应当建立民族文化遗产保护协调机制，加强对民族文化遗产保护工作的组织领导。

【立法说明】

本条是关于沟通协调机制的规定。

民族文化遗产保护包括非物质文化遗产保护、文物保护、传统瑶族村寨保护，内容较多，且涉及多个主管部门，各部门既需要合理分工也需要沟通协调。因此，本条规定自治县人民政府应当建立沟通协调机制，统一组织领导民族文化遗产保护工作，确保保护工作顺利开展。

【立法依据】

《广东省非物质文化遗产条例》

第六条 县级以上人民政府建立非物质文化遗产保护协调机制，协调处理非物质文化遗产保护中涉及的重大事项。

非物质文化遗产保护、保存工作涉及两个以上行政区域的，由共同的上级人民政府及其文化主管部门予以协调。

第二章 调查、管理与保护

第七条【调查研究、归类建档、编制保护规划、监督保护规划实施】

自治县人民政府和相关主管部门应当按照民族文化遗产的沿革、发展、分布和保存现状等内容对民族文化遗产进行调查，并对民族文化遗产归类建档，编制保护规划。

文化主管部门、城乡规划建设主管部门和民族宗教主管部门应当对保护规划实施情况进行年度监督检查，对保护规划未能有效实施的，应当及时纠正。

【立法说明】

本条是关于民族文化遗产调查研究、归类建档、编制保护规划的规定，共两款。

第一款是关于民族文化遗产调查研究、归类建档、编制保护规划的一般性规定。

第二款是关于对保护规划实施情况进行监督检查的规定。

本条规定是对《中华人民共和国非物质文化遗产法》第十一条、《广东省非物质文化遗产条例》第十条与第二十二条以及《广东省实施〈中华人民共和国文物保护法〉办法》

第十六条相关规定的提炼、整合与补充。在实际工作中，民族文化遗产保护规划实施情况的监督由文化主管部门、城乡规划建设主管部门和民族宗教主管部门负责，对于这些部门的监督检查职责在本条中一并规定。

【立法依据】

1.《中华人民共和国非物质文化遗产法》

第十一条 县级以上人民政府根据非物质文化遗产保护、保存工作需要，组织非物质文化遗产调查。非物质文化遗产调查由文化主管部门负责进行。

县级以上人民政府其他有关部门可以对其工作领域内的非物质文化遗产进行调查。

2.《广东省非物质文化遗产条例》

第十条 县级以上人民政府及其有关部门应当对本行政区域内的非物质文化遗产资源状况进行调查，建立非物质文化遗产档案和相关数据库。

鼓励公民、法人和其他组织向文化主管部门提供非物质文化遗产信息。

第二十二条 文化主管部门应当组织制定保护规划，对本级人民政府批准公布的非物质文化遗产代表性项目予以保护，并对濒危的非物质文化遗产代表性项目予以重点保护。保护规划由非物质文化遗产保护工作机构负责执行。

文化主管部门应当对保护规划的实施情况进行监督检查；发现保护规划未能有效实施的，应当及时纠正、处理。

3.《广东省实施〈中华人民共和国文物保护法〉办法》

第十六条 县级以上人民政府应当组织编制本辖区内文物保护单位的保护规划。文物保护单位的保护规划可根据文物保护单位的规模和复杂程度分为总体规划和专项规划。

全国重点文物保护单位的保护规划，应当经省文物行政主管部门会同建设等部门组织评审并征得国务院文物行政主管部门同意后，报省人民政府批准公布。

省级和市、县级文物保护单位的保护规划，经同级文物行政主管部门会同规划等行政主管部门组织评审后，由本级人民政府批准公布。

第八条【民族文化遗产保护专家制度】

文化主管部门应当建立民族文化遗产专家库，制定民族文化遗产保护专家制度。

专家对民族文化遗产下列相关工作进行指导、评估和鉴定：

（一）制定民族文化遗产项目目录及保护规划；

（二）划定民族文化生态展示区，民族文化遗产集中区域、建筑物、设施、标识；

（三）选定非物质文化遗产代表性项目及项目代表性传承人；

（四）其他可以由专家指导、评估和鉴定的事项。

【立法说明】

本条是关于民族文化遗产保护专家制度的规定，共两款。

第一款是关于民族文化遗产保护专家制度的一般性规定。

第二款是关于专家指导、评估、鉴定范围的规定。

上位法对民族文化遗产保护专家制度的规定多是程序性规定或原则性规定。本条规定既落实了上位法的相关规定，同时也结合自治县实际情况对专家指导、评估和鉴定的工作范围进行了具体规定，是对上位法进行的必要补充。

【立法依据】

1.《中华人民共和国非物质文化遗产法》

第二十二条 国务院文化主管部门应当组织专家评审小组和专家评审委员会，对推荐或者建议列入国家级非物质文化遗产代表性项目名录的非物质文化遗产项目进行初评和审议。

初评意见应当经专家评审小组成员过半数通过。专家评审委员会对初评意见进行审议，提出审议意见。

评审工作应当遵循公开、公平、公正的原则。

2.《广东省非物质文化遗产条例》

第十六条 非物质文化遗产代表性项目的认定实行专家评审制度。

评审工作应当遵循公开、公平、公正的原则。

第十七条 文化主管部门可以建立由具有较高学术水平和良好职业道德的专家组成的非物质文化遗产专家库。

第九条【民族文化遗产濒危项目名录】

自治县人民政府相关主管部门应当建立民族文化遗产濒危项目名录，包括下列民族文化遗产项目：

（一）中华人民共和国成立之前已形成的具有代表性的传统瑶族村寨；

（二）已列入非物质文化遗产代表性项目名录的；

（三）尚未列入市级以上非物质文化遗产代表性项目名录的；

（四）传承人年事已高且缺少年轻一代传承人的；

（五）濒临失传的技艺；

（六）其他民族文化遗产濒危项目。

【立法说明】

本条是关于民族文化遗产濒危项目名录的规定。

本条规定体现了本条例第四条规定的"保护为主、抢救第一"的原则，主要针对传统瑶族村寨和非物质文化遗产项目。文物的抢救性保护工作，上位法已有规定，本条不再重复规定。本条所列举的各项是结合自治县实际情况对上位法未作具体规定之事项所进行的必要补充。

【立法依据】

1.《广东省非物质文化遗产条例》

第二十一条：文化主管部门对通过调查或者其他途径发现因自然或者人为原因而面临消亡、失传的非物质文化遗产项目，应当建立非物质文化遗产濒危项目目录，并将该目录报上一级文化主管部门。

文化主管部门应当会同有关部门制定非物质文化遗产濒危项目抢救方案，采取有效措施及时进行抢救性保护、保存。在建立非物质文化遗产代表性项目名录时，对体现优秀传统文化，具有历史、文学、艺术、科学价值的非物质文化遗产濒危项目予以优先考虑。

第十条【抢救性保护措施】

文化主管部门、城乡规划建设主管部门和民族宗教主管部门应当会同其他部门，对民族文化遗产濒危项目采取下列抢救性保护措施，予以重点保护：

（一）收集、整理、修复、保存有代表性的民族文化遗产实物和资料；

（二）保护、维护、修缮具有民族特色的传统民族村寨；

（三）利用文字、图片、音像、多媒体或实物保存等方式，真实系统记录民族文化遗产代表性传承人口述史、传统技艺流程、代表剧（节）目、仪式规程等信息，并建立民族文化遗产档案管理制度；

（四）整理出版图书、刊物、音像制品等相关学术研究成果和宣传资料；

（五）其他抢救性保护措施。

【立法说明】

本条是关于抢救性保护措施的规定。

本条规定参考《文化部关于开展 2013 年度国家非物质文化遗产保护专项资金申报工作的通知》，其中规定："2013 年度补助经费继续重点支持：①抢救性记录和保存。支持采取文字、图片、音像、多媒体等方式，真实、系统地记录国家级代表性传承人口述史、传统技艺流程、代表剧（节）目、仪式规程等全面信息，包括设备购置、采集记录、数字化加工处理、档案保存、成果出版等。列入文化部国家级非物质文化遗产代表性传承人抢救性记录工程的项目补助经费，优先支持。②传承工作。包括租赁传承场所、购置传承设备、举办培训、复排剧目、编写教材等。"本条结合自治县实际情况，依据法律、法规和有关规定，作此规定。

【立法依据】

1.《中华人民共和国非物质文化遗产法》

第十七条 对通过调查或者其他途径发现的濒临消失的非物质文化遗产项目，县级人民政府文化主管部门应当立即予以记录并收集有关实物，或者采取其他抢救性保存措施；对需要传承的，应当采取有效措施支持传承。

2.《广东省非物质文化遗产条例》

第二十一条 文化主管部门对通过调查或者其他途径发现因自然或者人为原因而面临消亡、失传的非物质文化遗产项目，应当建立非物质文化遗产濒危项目目录，并将该目录报上一级文化主管部门。

文化主管部门应当会同有关部门制定非物质文化遗产濒危项目抢救方案，采取有效措施及时进行抢救性保护、保存。在建立非物质文化遗产代表性项目名录时，对体现优秀传统文化，具有历史、文学、艺术、科学价值的非物质文化遗产濒危项目予以优先考虑。

第十一条【民族文化生态展示区】

自治县人民政府应当将体现瑶族优秀传统文化，具有重大历史、文学、艺术、科学价值的文化遗产项目列入名录予以保护，在民族文化遗产集中、特色鲜明、形式和内涵保持完整的核心区域设立民族文化生态展示区。

在民族文化生态展示区内，应当确立与民族文化遗产表现形式关系紧密、内容系统完整的文化区域，实行区域性的整体性保护。

自治县人民政府统一协调民族文化生态展示区内的民族文化遗产保护工作，城乡规划建设主管部门依法制定民族文化生态展示区专项建设规划。

【立法说明】

本条是关于民族文化生态展示区的规定，共三款。

第一款是关于设立民族文化生态展示区的规定。

第二款是关于民族文化生态展示区内实行区域性整体保护的规定。

第三款是关于对民族文化生态展示区协调管理与建设规划职责的规定。

根据国家与省的相关政策，本条规定自治县人民政府应当设立民族文化生态展示区，同时也规定在民族文化生态展示区内应当确立若干文化区域实行区域性的整体性保护。这在本条一、二两款有所体现。根据上位法和本条例第六条的规定，本条第三款规定了民族文化生态展示区协调管理与建设规划的职责分别由自治县人民政府和城乡规划建设主管部门承担。

【立法依据】

1.《中华人民共和国非物质文化遗产法》

第二十六条 对非物质文化遗产代表性项目集中、特色鲜明、形式和内涵保持完整的特定区域，当地文化主管部门可以制定专项保护规划，报经本级人民政府批准后，实行区域性整体保护。确定对非物质文化遗产实行区域性整体保护，应当尊重当地居民的意愿，并保护属于非物质文化遗产组成部分的实物和场所，避免遭受破坏。

实行区域性整体保护涉及非物质文化遗产集中地村镇或者街区空间规划的，应当由当地城乡规划主管部门依据相关法规制定专项保护规划。

第十二条【传统瑶族村寨的认定和保护】

城乡规划建设主管部门负责制定传统瑶族村寨的认定标准，并负责组织制定传统瑶族村寨保护发展规划和保护项目，通过日常监督、定期巡查等方式保障规划和项目的实施。

城乡规划建设等有关主管部门制定传统瑶族村寨保护发展规划和保护项目，应当充分尊重村民意愿和专家意见，建立和完善公众参与机制，公开规划和项目相关的信息，并接受公众监督。

【立法说明】

本条是关于传统瑶族村寨认定和保护的规定,共两款。

第一款是关于传统瑶族村寨认定和保护的一般性规定。

第二款是关于瑶族传统村寨保护公众参与机制的规定。

瑶族传统村寨的认定和保护既需要政府主管部门依法履职,制定保护发展规划和保护项目,监督规划和项目的实施,同时也需要发挥社会力量的积极作用,建立公众参与机制,在尊重村民意愿的前提下发挥专家意见的优势,接受公众监督,实现政府与公众的有机互动。

【立法依据】

1.《中华人民共和国非物质文化遗产法》

第二十六条 对非物质文化遗产代表性项目集中、特色鲜明、形式和内涵保持完整的特定区域,当地文化主管部门可以制定专项保护规划,报经本级人民政府批准后,实行区域性整体保护。确定对非物质文化遗产实行区域性整体保护,应当尊重当地居民的意愿,并保护属于非物质文化遗产组成部分的实物和场所,避免遭受破坏。

实行区域性整体保护涉及非物质文化遗产集中地村镇或者街区空间规划的,应当由当地城乡规划主管部门依据相关法规制定专项保护规划。

第九条 国家鼓励和支持公民、法人和其他组织参与非物质文化遗产保护工作。

2.《中华人民共和国城乡规划法》

第二十六条 城乡规划报送审批前,组织编制机关应当依法将城乡规划草案予以公告,并采取论证会、听证会或者其他方式征求专家和公众的意见。公告的时间不得少于三十日。

第十三条【传统瑶族村寨村民委员会的义务】

传统瑶族村寨所在的村民委员会应当协助镇人民政府开展传统瑶族村寨保护工作。

村民委员会应当根据传统瑶族村寨发展规划和保护项目名录,引导和推动村民制定相关村规民约,并组织实施。

【立法说明】

本条是关于传统瑶族村寨村民委员会职责的规定,共两款。

第一款是关于村民委员会协助义务的规定。

第二款是关于村民委员会具体义务的规定。

传统瑶族村寨保护工作既需要政府主导、社会参与,同时也需要发挥基层自治组织的积极性与主动性。本条规定了村民委员会的义务,是为了发挥基层自治组织的作用。村民委员会应根据民族文化遗产保护的需要,依照相关政策,积极引导和推动村民制定自治章程、村规民约,主动体现传统瑶族村寨保护的要求。

【立法依据】

1.《中华人民共和国文物保护法实施条例》

第十二条 文物保护单位有使用单位的,使用单位应当设立群众性文物保护组织;没有使用单位的,文物保护单位所在地的村民委员会或者居民委员会可以设立群众性文物保护组织。文物行政主管部门应当对群众性文物保护组织的活动给予指导和支持。

负责管理文物保护单位的机构,应当建立健全规章制度,采取安全防范措施;其安全保卫人员,可以依法配备防卫器械。

2.《广东省实施〈中华人民共和国文物保护法〉办法》

第七条 各级文物管理委员会在本级人民政府的领导下负责协调、研究和审议文物保护管理工作中的重要事项。

乡镇文化站、文物保护管理所、村民委员会、居民委员会等应当在文物行政主管部门指导下开展相应的文物保护工作。

第十四条 【传统瑶族村寨保护的措施】

城乡规划建设主管部门、文化主管部门和民族宗教主管部门应当为具有代表性的瑶族建筑物和传统瑶族村寨等设置民族文化遗产保护标志,建立保护档案。任何单位和个人不得随意改变具有代表性的瑶族建筑物和传统瑶族村寨的原貌。

【立法说明】

本条是关于传统瑶族村寨保护措施的规定。

传统瑶族村寨的法律地位相对特殊,既不同于一般的非物质文化遗产,也无法全部认定为文物保护单位。因此在上位法相关规定尚属空白的情况下,需要整合上位法对相关问题的规定,并对传统瑶族村寨的保护措施进行专门性、补充性的规定。

【立法依据】

《广东省非物质文化遗产条例》

第三十六条 县级以上人民政府应当对与非物质文化遗产代表性项目直接关联的建筑物、场所、遗迹及其附属物划定保护范围,作出标志说明,建立专门档案,并在城乡规划和建设中采取有效措施予以保护。

前款所称标志说明包括非物质文化遗产代表性项目的名称、级别、简介和立标机关、立标日期等内容。

第三章 传承、传播与利用

第十五条 【传承平台的建设】

文化主管部门、民族宗教主管部门和民族文化遗产代表性项目保护单位应当提供传承平台,在学校、传统瑶族村寨、旅游景区等场所设立民族文化遗产传承基地、生产性保护基地和民族文化艺术中心等,对民族文化遗产加以传承和保护。

【立法说明】

本条是关于传承平台建设的规定。

民族文化遗产的传承既需要制度和政策的支持，也需要相应的传承平台予以配套落实。上位法对民族文化遗产的传承传播的具体措施进行了规定，本条对上位法的相关规定进行提炼整合，对传承平台的设立主体、设立场所、运作形式等问题进行了规定。设立主体为文化主管部门、民族宗教主管部门和民族文化遗产代表性项目保护单位，设立场所为学校、传统瑶族村寨、旅游景区等，运作形式为民族文化遗产传承基地、生产性保护基地和民族文化艺术中心。

【立法依据】

1.《中华人民共和国非物质文化遗产法》

第三十二条 县级以上人民政府应当结合实际情况，采取有效措施，组织文化主管部门和其他有关部门宣传、展示非物质文化遗产代表性项目。

第三十六条 国家鼓励和支持公民、法人和其他组织依法设立非物质文化遗产展示场所和传承场所，展示和传承非物质文化遗产代表性项目。

2.《广东省非物质文化遗产条例》

第三十三条 县级以上人民政府可以结合节庆、文化活动、当地民间习俗等实际情况，组织开展非物质文化遗产代表性项目的展示、表演等活动。

第三十四条 县级以上人民政府应当在文化馆（站）内设立专门展室，或者根据需要建立非物质文化遗产专题的公共文化设施，用于非物质文化遗产代表性项目的传承、收藏和研究。

文化馆、图书馆、博物馆、美术馆等公共文化机构应当有计划地传播非物质文化遗产代表性项目，并依照国家和省有关规定向社会免费开放。

第十六条【非物质文化遗产传承机制】

文化主管部门应当建立非物质文化遗产传承机制，加强对传承人群的培养、培训及监督。

文化主管部门建立完善的非物质文化遗产项目及其代表性传承人的认定机制和保障制度，提供给传承人必要的经费，资助其开展授徒、传艺、交流等传承活动。

未享受政府经费补贴的非物质文化遗产项目代表性传承人，自治县人民政府可以采取政府购买服务等方式，支持其开展传承活动。

文化主管部门应当定期聘请专家对传承人群进行培训，帮助传承人开展活动，提高展演水平，提升其民族文化创作能力。

【立法说明】

本条是关于非物质文化遗产传承机制的规定，共四款。

第一款是关于非物质文化遗产传承机制的一般性规定。

第二款是关于传承人认定和保障机制的规定。

第三款是关于扶持未享受政府经费补贴的传承人的规定。

第四款是关于专家培训的规定。

本条第一款、第二款是对《中华人民共和国非物质文化遗产法》《广东省非物质文化遗产条例》相关规定的落实，包括传承机制的建立、传承人的认定与培养、对传承人资助补助等。第三款规定自治县人民政府可以采取的政府购买服务等方式，是为了解决未享受政府经费补贴的非物质文化遗产项目代表性传承人的保障问题，是结合自治县实际，对上位法规定的必要补充。本条第四款规定定期聘请专家对传承人群进行培训是对《中华人民共和国非物质文化遗产法》《广东省非物质文化遗产条例》的必要补充，以保障传承工作的顺利开展。

【立法依据】

1.《中华人民共和国非物质文化遗产法》

第二十九条 国务院文化主管部门和省、自治区、直辖市人民政府文化主管部门对本级人民政府批准公布的非物质文化遗产代表性项目，可以认定代表性传承人。

非物质文化遗产代表性项目的代表性传承人应当符合下列条件：

（一）熟练掌握其传承的非物质文化遗产；

（二）在特定领域内具有代表性，并在一定区域内具有较大影响；

（三）积极开展传承活动。

认定非物质文化遗产代表性项目的代表性传承人，应当参照执行本法有关非物质文化遗产代表性项目评审的规定，并将所认定的代表性传承人名单予以公布。

第三十条 县级以上人民政府文化主管部门根据需要，采取下列措施，支持非物质文化遗产代表性项目的代表性传承人开展传承、传播活动：

（一）提供必要的传承场所；

（二）提供必要的经费资助其开展授徒、传艺、交流等活动；

（三）支持其参与社会公益性活动；

（四）支持其开展传承、传播活动的其他措施。

2.《广东省非物质文化遗产条例》

第二十三条 对列入非物质文化遗产代表性项目名录的项目，文化主管部门可以认定保护单位和代表性传承人。

第二十六条 公民、法人和其他组织可以向文化主管部门推荐非物质文化遗产代表性项目的代表性传承人人选，公民也可以自行申请认定为代表性传承人。

公民、法人和其他组织推荐非物质文化遗产代表性项目的代表性传承人的，应当征得被推荐人的书面同意。

向文化主管部门提交的推荐材料或者申请材料应当包括：

（一）被推荐人或者申请人的基本情况；

（二）该项目的传承谱系以及被推荐人或者申请人的学艺与传承经历；

（三）被推荐人或者申请人的技艺特点、成就及相关的证明材料；

（四）被推荐人或者申请人持有该项目的相关实物、资料的情况；

（五）其他说明被推荐人或者申请人代表性的材料。

认定非物质文化遗产代表性项目的代表性传承人，应当参照执行本条例有关非物质文化遗产代表性项目评审的规定，代表性传承人名单经文化主管部门批准后予以公布。

第三十一条 县级以上人民政府对列入本级非物质文化遗产代表性项目名录的项目给予项目保护传承经费，对非物质文化遗产代表性项目的代表性传承人开展传承、传播活动给予传承人补助费。

任何单位和个人不得截留、挪用、挤占前款规定的项目保护传承经费和传承人补助费。

第十七条【资金资助或扶持】

自治县人民政府应当对下列非物质文化遗产代表性项目的传承人群给予资助或扶持：

（一）濒危民族文化遗产的学艺者；

（二）已达到初级职称或同等技艺水平，但因经济困难无法完成学习的学艺者；

（三）其他需要资助或者扶持的传承人。

未列入省级及以上非物质文化遗产代表性项目名录的，自治县人民政府可以采取政府购买服务等方式，扶持资助传承人开展传习活动。

【立法说明】

本条是关于给予非物质文化遗产代表性项目资助或扶持的规定，共两款。

第一款是关于接受资助或扶持的范围的界定。

第二款是关于以政府购买等方式提供扶持或资助的规定。

上位法仅规定了非物质文化遗产代表性项目传承人的权利和义务，但未对资助或扶持学艺者进行规定。学艺者是民族文化遗产传承的后续力量，完善民族文化遗产传承工作，必须重视对学艺者的资助或扶持。本条将学艺者与传承人均列入资助或扶持的范围，是对上位法进行的必要补充。

一些体现本区域民族文化特色但未列入省级及以上非物质文化遗产代表性项目名录的民族文化遗产同样需要重点资助或扶持，从而保障民族文化遗产保护的深入性与全面性。本条例第二款对此问题进行了规定，也是对上位法进行的必要补充。

【立法依据】

1. 《中华人民共和国非物质文化遗产法》

第三十条 县级以上人民政府文化主管部门根据需要，采取下列措施，支持非物质文化遗产代表性项目的代表性传承人开展传承、传播活动：

（一）提供必要的传承场所；

（二）提供必要的经费资助其开展授徒、传艺、交流等活动；

（三）支持其参与社会公益性活动；

（四）支持其开展传承、传播活动的其他措施。

2.《广东省非物质文化遗产条例》

第四条 县级以上人民政府应当将非物质文化遗产保护、保存工作纳入本级国民经济和社会发展规划；将保护、保存经费列入本级财政预算，并随着财政收入的增长而增加。

县级以上人民政府应当设立非物质文化遗产保护专项资金，用于本行政区域内非物质文化遗产的调查、传承、传播、濒危项目抢救等保护、保存工作。

第三十一条 县级以上人民政府对列入本级非物质文化遗产代表性项目名录的项目给予项目保护传承经费，对非物质文化遗产代表性项目的代表性传承人开展传承、传播活动给予传承人补助费。

任何单位和个人不得截留、挪用、挤占前款规定的项目保护传承经费和传承人补助费。

第十八条【传承传播活动的形式】

民族文化遗产传承和传播活动形式：

（一）组织非物质文化遗产代表性项目传承人到国内外参加展演活动；

（二）利用报刊、广播、电视和互联网等媒体进行宣传报道；

（三）建立研究学会，开展文化研究、学术交流；

（四）建立瑶族文化数据库，出版书籍、音像资料；

（五）尊重穿戴瑶族服饰、使用瑶族语言；

（六）采用瑶族传统建筑风格和元素新建瑶族民居；

（七）其他与民族文化遗产传承和传播相关的活动形式。

【立法说明】

本条是关于民族文化遗产传承传播活动形式的规定。

民族文化遗产的传承与传播是一脉相承、相辅相成的两大环节。上位法对非物质文化遗产的传承传播活动已有具体的规定。本条提炼、整合上位法的相关规定，结合自治县现已开展的传承传播活动的实际情况，对此问题做出细化的规定。

【立法依据】

1.《中华人民共和国非物质文化遗产法》

第三十三条 国家鼓励开展与非物质文化遗产有关的科学技术研究和非物质文化遗产保护、保存方法研究，鼓励开展非物质文化遗产的记录和非物质文化遗产代表性项目的整理、出版等活动。

第三十四条 学校应当按照国务院教育主管部门的规定，开展相关的非物质文化遗产教育。

新闻媒体应当开展非物质文化遗产代表性项目的宣传，普及非物质文化遗产知识。

第三十五条 图书馆、文化馆、博物馆、科技馆等公共文化机构和非物质文化遗产学术研究机构、保护机构以及利用财政性资金举办的文艺表演团体、演出场所经营单位等，应当根据各自业务范围，开展非物质文化遗产的整理、研究、学术交流和非物质文化遗产代表性项目的宣传、展示。

2.《广东省非物质文化遗产条例》

第三十八条 县级以上人民政府及其文化主管部门和报刊、广播、电视、互联网等媒体，应当通过非物质文化遗产代表性项目专题展示、专栏介绍等方式，普及非物质文化遗产知识，提高全社会的非物质文化遗产保护意识。

第十九条【传承项目的知识产权保护】

知识产权主管部门和文化主管部门应当尊重和保护传承人，指导传承人将民族文化遗产项目申请注册商标、申报地理标志、登记版权，开展与民族文化遗产相关的知识产权保护、运用工作。

【立法说明】

本条是关于民族文化遗产传承项目知识产权保护的规定。

民族文化遗产属于传统文化的一部分，但传承本身也是蕴含了创新的因素。因此，传承要与现代化的市场体系和法律体系相衔接。加强民族文化遗产传承项目的知识产权保护，有助于依法保护传承人的智力成果，增强民族文化遗产传承的积极性和创造性。

【立法依据】

1.《中华人民共和国非物质文化遗产法》

第四十四条 使用非物质文化遗产涉及知识产权的，适用有关法律、行政法规的规定。

对传统医药、传统工艺美术等的保护，其他法律、行政法规另有规定的，依照其规定。

2.《广东省非物质文化遗产条例》

第三十条 文化主管部门应当指导非物质文化遗产代表性项目保护单位和代表性传承人依法保护其享有的知识产权。

第二十条【民族文化遗产教育】

教育主管部门应当制定符合民族文化教育特点的管理制度，编制民族文化遗产的有关课程，开展民族文化遗产教育。

鼓励民族文化遗产代表性项目传承人和民间艺人到学校、传统瑶族村寨等民族文化遗产传承场所开展传承教育活动。

【立法说明】

本条是关于民族文化遗产教育的规定，共两款。

第一款是关于民族文化教育管理制度的规定。

第二款是关于民族文化遗产传承教育活动的规定。

民族文化遗产的传承应当获得青少年的关注，激发起青少年的兴趣，因此传承要与教育制度相衔接。制定具有针对性的教育管理制度，编制民族文化遗产课程，开展校园教育，是民族文化遗产教育的关键环节。本条第一款对上述问题进行了规定。

民族文化遗产代表性项目传承人和民间艺人亲自到学校、传统瑶族村寨等地开展传承活动，是民族文化遗产教育的重要形式。为了深入、广泛地推进民族文化遗产传承教育，本条第二款对前述问题进行了规定。

【立法依据】

1.《中华人民共和国民族区域自治法》

第三十六条 民族自治地方的自治机关根据国家的教育方针，依照法律规定，决定本地方的教育规划，各级各类学校的设置、学制、办学形式、教学内容、教学用语和招生办法。

2.《中华人民共和国非物质文化遗产法》

第三十四条 学校应当按照国务院教育主管部门的规定，开展相关的非物质文化遗产教育。

新闻媒体应当开展非物质文化遗产代表性项目的宣传，普及非物质文化遗产知识。

3.《广东省非物质文化遗产条例》

第三十九条 学校应当按照教育主管部门的规定，因地制宜开展非物质文化遗产教育活动，并将非物质文化遗产代表性项目教育列为素质教育的内容。

第二十一条【民族文化遗产宣传工作】

文化主管部门应当开展民族文化遗产的宣传交流和推介工作，设立民族文化遗产传承场所，普及民族文化遗产知识。

鼓励、支持社会各界通过创办文化团体、展演队伍等方式，宣传民族文化遗产中所体现的优秀传统文化。

【立法说明】

本条是关于民族文化遗产宣传工作的规定，共两款。

第一款是关于文化主管部门开展民族文化遗产宣传工作的一般性规定。

第二款是关于鼓励社会力量宣传民族文化遗产的规定。

宣传工作是民族文化遗产保护与传承的重要环节之一，既需要相关职能部门予以重视，同时也需要社会少数民族文化工作者、社会各界人士的共同参与。宣传的形式既有官方主办的宣传交流、推介、展示，同时也包括民间文化团体、民间展演队伍等。本条的规定旨在从多角度、多层次推动民族文化遗产的宣传工作。

【立法依据】

《中华人民共和国非物质文化遗产法》

第八条 县级以上人民政府应当加强对非物质文化遗产保护工作的宣传，提高全社会保护非物质文化遗产的意识。

第三十六条 国家鼓励和支持公民、法人和其他组织依法设立非物质文化遗产展示场所和传承场所，展示和传承非物质文化遗产代表性项目。

第三十七条　国家鼓励和支持发挥非物质文化遗产资源的特殊优势，在有效保护的基础上，合理利用非物质文化遗产代表性项目开发具有地方、民族特色和市场潜力的文化产品和文化服务。

开发利用非物质文化遗产代表性项目的，应当支持代表性传承人开展传承活动，保护属于该项目组成部分的实物和场所。

县级以上地方人民政府应当对合理利用非物质文化遗产代表性项目的单位予以扶持。单位合理利用非物质文化遗产代表性项目的，依法享受国家规定的税收优惠。

第二十二条【民族文化遗产产品开发】
自治县人民政府应当加强对民族文化遗产项目的合理利用，重点扶持瑶族刺绣、服饰、医药、食品、传统饰品与手工艺等具有瑶族文化特色的产品，打造瑶族文化品牌。

【立法说明】
本条是关于民族文化遗产产品开发的规定。

民族文化遗产产品的开发是民族文化遗产保护与传承的重要拓展，既有助于推动地方经济社会发展、产生经济效益、改善传承人生活，同时也有助于打造瑶族文化品牌，提高瑶族文化遗产的知名度，从而更好地实现民族文化遗产的保护与传承。结合自治县实际，本条例规定重点扶持瑶族刺绣、服饰、医药、食品、传统饰品与手工艺等民族文化遗产形式，是对上位法的落实与细化。

【立法依据】
1.《中华人民共和国非物质文化遗产法》

第三十七条　国家鼓励和支持发挥非物质文化遗产资源的特殊优势，在有效保护的基础上，合理利用非物质文化遗产代表性项目开发具有地方、民族特色和市场潜力的文化产品和文化服务。

开发利用非物质文化遗产代表性项目的，应当支持代表性传承人开展传承活动，保护属于该项目组成部分的实物和场所。

县级以上地方人民政府应当对合理利用非物质文化遗产代表性项目的单位予以扶持。单位合理利用非物质文化遗产代表性项目的，依法享受国家规定的税收优惠。

2.《广东省非物质文化遗产条例》

第三十二条　县级以上人民政府应当鼓励和扶持有关单位和个人在有效保护的前提下，合理利用非物质文化遗产资源。

鼓励采取与经贸、旅游相结合的方式保护和传承具有生产性、表演性或者观赏性的非物质文化遗产代表性项目。

第二十三条【民俗文化活动】
自治县人民政府应当依托瑶族民间习俗、节庆特色资源，开展丰富多彩的民俗文化活动，带动自治县民族文化产业和旅游产业的发展。

【立法说明】

本条是关于民俗文化活动的规定。

民俗文化活动是民族文化遗产开发利用的重要形式之一。充分利用民间习俗、民间信仰、礼仪、节庆等特色民族文化资源，开展民俗文化活动，能够带动民族文化产业的发展，促进民族文化遗产的保护与传承。

【立法依据】

1.《中华人民共和国非物质文化遗产法》

第三十七条 国家鼓励和支持发挥非物质文化遗产资源的特殊优势，在有效保护的基础上，合理利用非物质文化遗产代表性项目开发具有地方、民族特色和市场潜力的文化产品和文化服务。

开发利用非物质文化遗产代表性项目的，应当支持代表性传承人开展传承活动，保护属于该项目组成部分的实物和场所。

县级以上地方人民政府应当对合理利用非物质文化遗产代表性项目的单位予以扶持。单位合理利用非物质文化遗产代表性项目的，依法享受国家规定的税收优惠。

2.《广东省非物质文化遗产条例》

第三十二条 县级以上人民政府应当鼓励和扶持有关单位和个人在有效保护的前提下，合理利用非物质文化遗产资源。

鼓励采取与经贸、旅游相结合的方式保护和传承具有生产性、表演性或者观赏性的非物质文化遗产代表性项目。

第四章　保障与激励

第二十四条【文化遗产保护合作与人才引进】

自治县人民政府应当与上级人民政府有关部门或者高等院校、科研院所等机构建立长期交流合作机制，加强瑶族传统文化专门人才培养，选派民族文化工作者接受继续教育，建立健全民族文化遗产保护的人才引进和培育机制。

【立法说明】

本条是关于民族文化遗产保护合作与人才引进的规定。

在民族文化遗产的保护与传承中，人的因素起着重要的作用。人的智力活动、人才培养与教育、人才引进等，都与民族文化遗产的保护传承密切相关。

政府与高等院校、科研机构建立合作机制，既能够保障民族文化遗产相关智力活动的创造性，也能够保障文化系统专门人才的教育与培训。另外，民族文化遗产保护工作具有很强的专业性，在人才引进、队伍建设等方面的要求较高。应当完善人才引进和培育机制，提高待遇吸引专业人才加入，积极培养专业人才，建立符合客观规律的人才机制。

【立法依据】

《广东省非物质文化遗产条例》

第四十条 鼓励和支持公民、法人和其他组织依法通过资金资助、物资支持、提供场所等方式参与非物质文化遗产代表性项目的传承、传播活动。

鼓励和支持社会团体、研究机构、大专院校参与非物质文化遗产有关的科学技术研究和非物质文化遗产保护方法研究。

鼓励依法开展非物质文化遗产保护工作的地区和国际交流合作。

第四十一条 各级人民政府及其有关部门应当加强非物质文化遗产保护工作队伍的建设，培养非物质文化遗产保护、研究、传承等各类专门人才。

第二十五条【专项保护资金】

自治县人民政府应当设立民族文化遗产保护专项资金，资金规模随着本级财政收入的增长而增加。

保护专项资金用于民族文化遗产调查、发掘、鉴定、整理、评估、申报、保护、传承、补助、管理、利用、基地建设以及队伍的培养、培训和建设等方面。

【立法说明】

本条是关于民族文化遗产专项保护资金的规定，共两款。

第一款是关于民族文化遗产专项保护资金及相关财政预算的规定。

第二款是关于专项保护资金用途的规定。

经费保障是制度保障的基础。上位法明确规定要将民族文化遗产（非物质文化遗产、文物、历史文化名村）保存、保护经费列入本级财政预算。本条第一款规定是对上位法的落实与必要重申。

本条第二款对专项保护基金的用途进行了明确的规定，以专款专用的形式，保障经费严格依照预算使用，以保障资金利用效率的最大化。

【立法依据】

1.《中华人民共和国非物质文化遗产法》

第六条 县级以上人民政府应当将非物质文化遗产保护、保存工作纳入本级国民经济和社会发展规划，并将保护、保存经费列入本级财政预算。

国家扶持民族地区、边远地区、贫困地区的非物质文化遗产保护、保存工作。

2.《中华人民共和国文物保护法》

第十条 国家发展文物保护事业。县级以上人民政府应当将文物保护事业纳入本级国民经济和社会发展规划，所需经费列入本级财政预算。

国家用于文物保护的财政拨款随着财政收入增长而增加。

国有博物馆、纪念馆、文物保护单位等的事业性收入，专门用于文物保护，任何单位或者个人不得侵占、挪用。

国家鼓励通过捐赠等方式设立文物保护社会基金，专门用于文物保护，任何单位或者个人不得侵占、挪用。

3.《历史文化名城名镇名村保护条例》

第四条 国家对历史文化名城、名镇、名村的保护给予必要的资金支持。

历史文化名城、名镇、名村所在地的县级以上地方人民政府，根据本地实际情况安排保护资金，列入本级财政预算。

4.《广东省非物质文化遗产条例》

第四条 县级以上人民政府应当将非物质文化遗产保护、保存工作纳入本级国民经济和社会发展规划；将保护、保存经费列入本级财政预算，并随着财政收入的增长而增加。

县级以上人民政府应当设立非物质文化遗产保护专项资金，用于本行政区域内非物质文化遗产的调查、传承、传播、濒危项目抢救等保护、保存工作。

第五条 省、地级以上市人民政府应当在资金、人才培养、设施建设等方面加强对少数民族地区、贫困地区非物质文化遗产保护、保存工作的扶持，并在其设立的非物质文化遗产保护专项资金中加大对本行政区域内少数民族地区、贫困地区的扶持力度。

5.《广东省实施〈中华人民共和国文物保护法〉办法》

第八条 县级以上人民政府应当将文物保护事业纳入本级国民经济和社会发展规划，所需经费列入本级财政预算。用于文物保护的财政拨款应当随着财政收入增长而增加。

文物保护事业可以接受社会捐赠和吸纳社会资金投入。具体办法由省人民政府在本办法施行之日起一年内制定。

第二十六条【代表性项目保护基金】

文化主管部门按规定牵头组建民族文化遗产代表性项目保护基金，用于支持民族文化遗产传承活动。

民族文化遗产代表性项目保护基金主要由下列来源组成：

（一）自治县人民政府财政拨款；

（二）上级人民政府及其部门的经费资助；

（三）企业和个人捐赠；

（四）其他资金来源。

【立法说明】

本条是关于民族文化遗产代表性项目保护基金的规定，共两款。

第一款是关于保护基金及其用途的一般规定。

第二款是关于保护基金来源的规定。

本条规定的代表性项目保护基金与第二十五条规定的专项保护资金区别在于：一是专项保护资金来源是自治县人民政府财政拨款，而代表性项目保护基金不限于此，包括企业和民间捐赠、上级政府及其部门经费资助等；二是保护专项资金的用途较为广泛，而代表性项目保护基金则专门支持民族文化遗产传承活动。二者有所区别，故在第二十五条、第二十六条分别规定。

受连南瑶族自治县经济发展的制约，用于民族文化遗产保护工作的政府财政拨款有限，因此应当扩大经费来源，在上级政府及其部门的支持下，动员全社会的力量共同推动自治县民族文化遗产保护工作的顺利开展。上位法并未对企业和民间捐赠做出禁止性的规定，《中华人民共和国文物保护法》对其持鼓励态度，因此，本条规定是对上位法的落实与补充。

【立法依据】

1.《中华人民共和国非物质文化遗产法》

第六条 县级以上人民政府应当将非物质文化遗产保护、保存工作纳入本级国民经济和社会发展规划，并将保护、保存经费列入本级财政预算。

国家扶持民族地区、边远地区、贫困地区的非物质文化遗产保护、保存工作。

第九条 国家鼓励和支持公民、法人和其他组织参与非物质文化遗产保护工作。

第三十条 县级以上人民政府文化主管部门根据需要，采取下列措施，支持非物质文化遗产代表性项目的代表性传承人开展传承、传播活动：

（一）提供必要的传承场所；

（二）提供必要的经费资助其开展授徒、传艺、交流等活动；

（三）支持其参与社会公益性活动；

（四）支持其开展传承、传播活动的其他措施。

2.《中华人民共和国文物保护法》

第十条 国家发展文物保护事业。县级以上人民政府应当将文物保护事业纳入本级国民经济和社会发展规划，所需经费列入本级财政预算。

国家用于文物保护的财政拨款随着财政收入增长而增加。

国有博物馆、纪念馆、文物保护单位等的事业性收入，专门用于文物保护，任何单位或者个人不得侵占、挪用。

国家鼓励通过捐赠等方式设立文物保护社会基金，专门用于文物保护，任何单位或者个人不得侵占、挪用。

3.《广东省实施〈中华人民共和国文物保护法〉办法》

第八条 县级以上人民政府应当将文物保护事业纳入本级国民经济和社会发展规划，所需经费列入本级财政预算。用于文物保护的财政拨款应当随着财政收入增长而增加。

文物保护事业可以接受社会捐赠和吸纳社会资金投入。具体办法由省人民政府在本办法施行之日起一年内制定。

第二十七条【奖励措施】

自治县人民政府表彰和奖励下列单位或个人：

（一）从事民族文化遗产调查、整理、保护、保存、传承、传播和开发利用，工作积极，成绩显著的；

（二）将收藏的珍贵民族文化遗产原物或者载体，无偿捐献给国家的；

（三）为保护民族文化遗产，阻止、举报违法犯罪行为的；

（四）其他应当表彰或者奖励的。

【立法说明】

本条是关于表彰和奖励措施的规定。

民族文化遗产保护工作既需要相关的制度配套、经费支持，也需要通过表彰和奖励来提高单位和个人的参与积极性。本条提炼整合上位法相关规定，对奖励措施进行了规定。

【立法依据】

1.《中华人民共和国非物质文化遗产法》

第十条 对在非物质文化遗产保护工作中做出显著贡献的组织和个人，按照国家有关规定予以表彰、奖励。

2.《中华人民共和国文物保护法》

第十二条 有下列事迹的单位或者个人，由国家给予精神鼓励或者物质奖励：

（一）认真执行文物保护法律、法规，保护文物成绩显著的；

（二）为保护文物与违法犯罪行为作坚决斗争的；

（三）将个人收藏的重要文物捐献给国家或者为文物保护事业作出捐赠的；

（四）发现文物及时上报或者上交，使文物得到保护的；

（五）在考古发掘工作中作出重大贡献的；

（六）在文物保护科学技术方面有重要发明创造或者其他重要贡献的；

（七）在文物面临破坏危险时，抢救文物有功的；

（八）长期从事文物工作，作出显著成绩的。

3.《广东省非物质文化遗产条例》

第四十条 鼓励和支持公民、法人和其他组织依法通过资金资助、物资支持、提供场所等方式参与非物质文化遗产代表性项目的传承、传播活动。

鼓励和支持社会团体、研究机构、大专院校参与与非物质文化遗产有关的科学技术研究和非物质文化遗产保护方法研究。

鼓励依法开展非物质文化遗产保护工作的地区和国际交流合作。

第五章 法律责任

第二十八条【保存保护单位和个人的责任】

依法承担民族文化遗产保存、保护职责的单位或者个人，违反本条例规定，对民族文化遗产资料、实物保护管理不力的，由相关主管部门责令改正；造成遗失或者严重损坏的，对直接负责的主管人员和其他直接责任人员依法追究相应的责任。

【立法说明】

本条例是对民族文化遗产保存保护单位和个人责任的规定。

本条是对民族文化遗产保存保护单位和个人责任的概括性规定。之所以规定"相关"

主管部门，是因为民族文化遗产保存、保护各环节所对应的主管部门并不相同，非物质文化遗产和文物主要对应文化主管部门，传统瑶族村寨则由城乡规划建设主管部门会同民族宗教主管部门和文化主管部门共同负责。由法律明确规定或由相关主管部门指定的承担民族文化遗产保存保护职责的单位或个人应当积极履行相关职责，违反保存保护职责的，依照法律法规的规定由相应的主管部门进行处理。本条例在此进行必要重申。

【立法依据】

《中华人民共和国文物保护法》

第七十条　有下列行为之一，尚不构成犯罪的，由县级以上人民政府文物主管部门责令改正，可以并处二万元以下的罚款，有违法所得的，没收违法所得：

（一）文物收藏单位未按照国家有关规定配备防火、防盗、防自然损坏的设施的；

（二）国有文物收藏单位法定代表人离任时未按照馆藏文物档案移交馆藏文物，或者所移交的馆藏文物与馆藏文物档案不符的；

（三）将国有馆藏文物赠与、出租或者出售给其他单位、个人的；

（四）违反本法第四十条、第四十一条、第四十五条规定处置国有馆藏文物的；

（五）违反本法第四十三条规定挪用或者侵占依法调拨、交换、出借文物所得补偿费用的。

第七十三条　有下列情形之一的，由工商行政管理部门没收违法所得、非法经营的文物，违法经营额五万元以上的，并处违法经营额一倍以上三倍以下的罚款；违法经营额不足五万元的，并处五千元以上五万元以下的罚款；情节严重的，由原发证机关吊销许可证书：

（一）文物商店从事文物拍卖经营活动的；

（二）经营文物拍卖的拍卖企业从事文物购销经营活动的；

（三）文物商店销售的文物、拍卖企业拍卖的文物，未经审核的；

（四）文物收藏单位从事文物的商业经营活动的。

第七十六条　文物行政部门、文物收藏单位、文物商店、经营文物拍卖的拍卖企业的工作人员，有下列行为之一的，依法给予行政处分，情节严重的，依法开除公职或者吊销其从业资格；构成犯罪的，依法追究刑事责任：

（一）文物行政部门的工作人员违反本法规定，滥用审批权限、不履行职责或者发现违法行为不予查处，造成严重后果的；

（二）文物行政部门和国有文物收藏单位的工作人员借用或者非法侵占国有文物的；

（三）文物行政部门的工作人员举办或者参与举办文物商店或者经营文物拍卖的拍卖企业的；

（四）因不负责任造成文物保护单位、珍贵文物损毁或者流失的；

（五）贪污、挪用文物保护经费的。

前款被开除公职或者被吊销从业资格的人员，自被开除公职或者被吊销从业资格之日起十年内不得担任文物管理人员或者从事文物经营活动。

第二十九条【主管部门及其工作人员的责任】

各主管部门及其工作人员违反本条例规定，有下列情形的，由其上级主管部门或者监察机关责令改正；情节严重的，对直接负责的主管人员和其他直接责任人依法追究相应的责任。

（一）违反本条例第七条的规定，未对民族文化遗产项目进行调查、制定保护规划，或者未对保护规划的实施情况进行监督检查的；

（二）违反本条例第九条、第十条规定，未及时建立民族文化遗产濒危项目名录或者未对民族文化遗产濒危项目进行抢救性保护的；

（三）违反本条例第十四条规定，未设置民族文化遗产保护标志或者未建立保护档案的；

（四）违反本条例第二十五条第二款、第二十六条第一款规定，侵占、挪用民族文化遗产保护专项资金、保护基金的；

（五）其他违反本条例规定的行为。

【立法说明】

本条是关于主管部门及其工作人员责任的规定。

本条规定既是对上位法的落实与细化，同时也针对本条例所设定的重要条款，以凸显问题的重要性。

【立法依据】

1.《中华人民共和国非物质文化遗产法》

第三十八条 文化主管部门和其他有关部门的工作人员在非物质文化遗产保护、保存工作中玩忽职守、滥用职权、徇私舞弊的，依法给予处分。

2.《广东省非物质文化遗产条例》

第四十五条 行政主管部门、非物质文化遗产保护工作机构及其工作人员违反本条例规定，有下列情形之一的，由其上级主管部门或者监察机关责令改正；情节严重的，对直接负责的主管人员和其他直接责任人员依法给予处分；构成犯罪的，依法追究刑事责任：

（一）截留、挪用、挤占非物质文化遗产保护专项资金的；

（二）未按照本条例第九条规定处理举报或者投诉的；

（三）未按照本条例第十八条、第十九条、第二十条、第二十四条第二款、第二十六条第四款、第二十七条规定认定非物质文化遗产代表性项目、保护单位和代表性传承人的；

（四）未按照本条例第二十一条规定建立非物质文化遗产濒危项目目录或者及时进行抢救性保护的；

（五）未按照本条例第二十二条规定组织制定非物质文化遗产代表性项目保护规划，或者未对保护规划的实施情况进行监督检查的；

（六）有其他滥用职权、玩忽职守、徇私舞弊行为的。

第三十条【侵占和破坏民族文化遗产保护项目的责任】

违反本条例规定,具有侵占、破坏列入民族文化遗产保护项目的资料、实物、建筑物、场所等情形的单位或个人,由有关主管部门责令改正、恢复原状或赔偿损失,并依法追究相应的责任。

【立法说明】

本条是关于侵占和破坏民族文化遗产保护项目的责任的规定。

民族文化遗产保护项目的资料、实物、建筑物、场所等是民族文化遗产的具体表现形式,必须重点予以保护。《中华人民共和国非物质文化遗产法》对破坏属于非物质文化遗产组成部分的实物和场所的情形进行了笼统的规定,《中华人民共和国文物保护法》对擅自移动、破坏、占有、处分文物进行了细致的规定,本条例不再重复规定,仅在上位法允许的框架下为有关主管部门实施行政处罚提供必要的法律依据。

【立法依据】

1.《中华人民共和国非物质文化遗产法》

第四十条 违反本法规定,破坏属于非物质文化遗产组成部分的实物和场所的,依法承担民事责任;构成违反治安管理行为的,依法给予治安管理处罚。

2.《中华人民共和国文物保护法》

第六十五条 违反本法规定,造成文物灭失、损毁的,依法承担民事责任。

违反本法规定,构成违反治安管理行为的,由公安机关依法给予治安管理处罚。

违反本法规定,构成走私行为,尚不构成犯罪的,由海关依照有关法律、行政法规的规定给予处罚。

第三十一条【破坏传统瑶族村寨保护项目的责任】

违反本条例规定,破坏传统瑶族村寨保护项目的,承担下列责任:

(一)破坏传统瑶族村寨或违反传统瑶族村寨保护发展规划进行建设活动和行为的,城乡规划建设主管部门应当及时责令停止相关活动和行为;已构成破坏的,责令恢复原貌,并依法追究相应的责任。

(二)在项目开发中对传统建筑和历史风貌造成破坏性影响的,文化主管部门和城乡建设主管部门应当发出警示。构成违反治安管理行为的,依法给予治安处罚;构成犯罪的,依法追究刑事责任。

(三)违反传统瑶族村寨项目保护规划要求或者保护工作不力,造成民族文化遗产资源破坏的,应当对直接负责的主管人员和其他直接责任人依法追究相应的责任。

【立法说明】

本条例是关于破坏传统瑶族村寨保护项目责任的规定。

本条第(一)项主要参考《历史文化名城名镇名村保护条例》第四十四条,第(二)项主要参考《历史文化名城名镇名村保护条例》第三十七条,第(三)项主要参考《历史文化名城名镇名村保护条例》第四十三条第一款。根据自治县实际，本条是对上位法规定的具体落实。

【立法依据】

1.《中华人民共和国非物质文化遗产法》

第四十条 违反本法规定，破坏属于非物质文化遗产组成部分的实物和场所的，依法承担民事责任；构成违反治安管理行为的，依法给予治安管理处罚。

2.《中华人民共和国文物保护法》

第六十五条 违反本法规定，造成文物灭失、损毁的，依法承担民事责任。

违反本法规定，构成违反治安管理行为的，由公安机关依法给予治安管理处罚。

违反本法规定，构成走私行为，尚不构成犯罪的，由海关依照有关法律、行政法规的规定给予处罚。

3.《历史文化名城名镇名村保护条例》

第三十七条 违反本条例规定，国务院建设主管部门、国务院文物主管部门和县级以上地方人民政府及其有关主管部门的工作人员，不履行监督管理职责，发现违法行为不予查处或者有其他滥用职权、玩忽职守、徇私舞弊行为，构成犯罪的，依法追究刑事责任；尚不构成犯罪的，依法给予处分。

第四十三条第一款 违反本条例规定，未经城乡规划主管部门会同同级文物主管部门批准，有下列行为之一的，由城市、县人民政府城乡规划主管部门责令停止违法行为、限期恢复原状或者采取其他补救措施；有违法所得的，没收违法所得；逾期不恢复原状或者不采取其他补救措施的，城乡规划主管部门可以指定有能力的单位代为恢复原状或者采取其他补救措施，所需费用由违法者承担；造成严重后果的，对单位并处 5 万元以上 10 万元以下的罚款，对个人并处 1 万元以上 5 万元以下的罚款；造成损失的，依法承担赔偿责任：

（一）改变园林绿地、河湖水系等自然状态的；

（二）进行影视摄制、举办大型群众性活动的；

（三）拆除历史建筑以外的建筑物、构筑物或者其他设施的；

（四）对历史建筑进行外部修缮装饰、添加设施以及改变历史建筑的结构或者使用性质的；

（五）其他影响传统格局、历史风貌或者历史建筑的。

第四十四条 违反本条例规定，损坏或者擅自迁移、拆除历史建筑的，由城市、县人民政府城乡规划主管部门责令停止违法行为、限期恢复原状或者采取其他补救措施；有违法所得的，没收违法所得；逾期不恢复原状或者不采取其他补救措施的，城乡规划主管部门可以指定有能力的单位代为恢复原状或者采取其他补救措施，所需费用由违法者承担；造成严重后果的，对单位并处 20 万元以上 50 万元以下的罚款，对个人并处 10 万元以上 20 万元以下的罚款；造成损失的，依法承担赔偿责任。

后　记

《连南瑶族自治县民族文化遗产保护条例》的制定，由连南瑶族自治县人大及其常委会主导，自治县相关部门予以支持并参与，也得到了广东省人大华侨民族宗教委员会和人大常委会法制工作委员会的悉心指导，广东省人大常委会各地方立法研究评估与咨询服务基地也提出了中肯的建议。正是因为有了《连南瑶族自治县民族文化遗产保护条例》，才给本书的研究奠定了基础，在此一并感谢！

本书的出版得到华南理工大学出版基金的资助，非常感谢！

由于本书的研究涉及民族法学、立法学、地方法制等领域的研究，作者研究能力有限，存在的疏漏尚请各界不吝赐教。

本书的分工为：第一章、第四章、第五章、第六章的作者为张洪林（主编）、曾天然（华南理工大学建筑学院博士后）、薛锐（华南理工大学法学院博士生）、沈买到一（连南瑶族自治县人大常委会法律工作委员会主任）；第二章、第三章的作者为朱志昊（华南理工大学法学院副教授、博士）。

张洪林

2019 年 6 月 16 日